职业院校饭店服务与管理专业系列教材

现代饭店礼仪

主　编　陈　瑜

副主编　张海燕

主　审　苗雅杰

中国物资出版社

图书在版编目（CIP）数据

现代饭店礼仪/陈瑜主编．—北京：中国物资出版社，2009.9
（职业院校饭店服务与管理专业系列教材）
ISBN 978-7-5047-3187-6

Ⅰ．现…　Ⅱ．陈…　Ⅲ．饭店—商业服务—礼仪—高等学校：技术学校—教材
Ⅳ．F719.2

中国版本图书馆 CIP 数据核字（2009）第 140351 号

策划编辑　涂　晟
责任编辑　寇俊玲
责任印制　何崇杭
责任校对　孙会香　梁　凡

中国物资出版社出版发行
网址：http://www.clph.cn
社址：北京市西城区月坛北街 25 号
电话：（010）68589540　邮政编码：100834
全国新华书店经销
中国农业出版社印刷厂印刷

开本：787mm×1092mm　1/16　印张：11.25　字数：280 千字
2009 年 9 月第 1 版　2009 年 9 月第 1 次印刷
书号：ISBN 978-7-5047-3187-6/F·1249
印数：0001—4000 册
定价：16.80 元
（图书出现印装质量问题，本社负责调换）

出版说明

职业教育与普通教育的不同在于普通教育强调较强的系统理论基础，培养的是学术型、工程型人才；而职业教育强调较强的实践技术和专门技能，培养的是技术型、技能型人才。因此，职业教育既有高等教育在教育领域的某些共性，更有职业教育的个性，即特色。这种特色首先表现为独特的办学理念和办学思路：以就业为导向，与社会经济发展紧密结合，以社会需要为出发点和落脚点，以行业企业为主导的校企合作、产学研结合等。

实现职业教育的目标、体现职业教育的价值离不开优秀的教材！

事实却是市场上的教材不是本科教材的简单删减，就是培训教材的粗略扩充，导致职业教育教材中的部分内容是已被淘汰的知识，新知识、新技术、新内容、新工艺、新材料不能及时反映到教材中来，教材与紧密联系生产一线的职业教育专业设置不符，给学生就业带来弊端。

为了解决上述问题，我们策划并组织编写了这套“职业院校饭店服务与管理专业系列教材”，期望能够满足广大老师和学生的需求。本套教材从策划伊始到问世，都伴随着策划人详尽的调研和编写老师严谨的耕耘。这些使得本套教材具有以下特点：

1. 通俗易读，深浅有度。理论知识广而不深，基本技能贯穿教材的始终。图文并茂，以例释理的方法得到广泛的应用，十分符合职业院校学生的学习特点。

2. 注重“双学型”特点的体现。职业教育对“双师”和“双证”的要求，必然呼唤教材具备“双学”的特点：一方面，教材能够协助教师对学生进行在校的理论和实践教育；另一方面，还能够帮助学生取得相关职业技能证书，向劳动部门颁发的职能鉴定标准看齐，为就业做好准备。为了做到这点，本套教材与这些技能考试相结合，以考试的试题为课堂训练或者拓展模块，实现两者的有机结合。

3. “套餐式”教材，电子教案请专业人士制作。现代化的手段可以丰富和发展传统的教材，PPT 可以使学生的注意力更加集中，书本的附加内容可以使书本内容形象生动，适量的配套练习、详细的参考答案可以培养学生自学自测的能力……特别是本套教材的这些“套餐式”严禁流于形式，那些不能用、不适用的课件做了还不如不做。

4. 模块式的编写思路。以大模块嵌套小模块的方式来编写。实践证明，这种模块式的教材更能吸引学生产生学习兴趣。

“职业院校饭店服务与管理专业系列教材”符合职业教育的教学理念和发展趋势，能够成为广大教师和学生教与学的优秀教材，同时也可以作为饭店管理人员、相关从业人员的自学读物。

出版说明

前　言

《现代饭店礼仪》为专业核心课程的学习奠定了意识基础。学好礼仪，才能更好的开展其他科目的教学，对学生也有一个深远而长久的影响。饭店专业的学生学习这门课程，就是要达到“内强素质，外塑形象”这样一个目的，更好的为将来的饭店工作奠定基础。因为对于饭店行业的工作人员来说，个人的礼仪不仅仅代表着员工自己的形象，从另一个侧面也反映了饭店的形象，是饭店的一张“活名片”。提供良好的礼仪服务，不仅是饭店行业发展的需要，也是树立良好的企业形象的需要。

本教材结合了饭店对员工的礼仪要求，改变了以往按类别划分章节的方法，从服务意识、职业形象、专业礼仪服务、独特的专业礼仪服务四个方面进行循序渐进式由局部到全面的学习。让饭店专业学生养成良好的服务意识和职业道德；同时利用行业标准，打造符合企业要求的职业形象。具体要做到：能对礼仪在日常生活及将来工作中的重要作用有一个大概了解；学会如何在生活和工作中培养良好的职业意识和道德；学会在工作中养成积极主动、迎难而上的心态；学会从仪容、仪表和仪态三个方面为自己塑造良好的外表和气质；学会在不同的场合为自己打造不同的形象；学会在社交过程中规范的运用握手礼仪；学会在社交过程中规范的运用名片礼仪；学会在社交过程中规范的运用电话服务礼仪；学会在社交过程中规范的运用饮宴礼仪；学会使用标准的普通话；学会使用标准的普通话进行自我介绍和相互沟通；学会在自我介绍与相互沟通中运用语言艺术及技巧；掌握饭店不同部分的专业礼仪服务；在与外国顾客或有宗教习惯的顾客进行沟通交往时，会在运用一段社交手段的同时尊重对方国家的文化、礼仪风俗及宗教习惯。以上的内容构成了本书的主要内容。本书在一些操作性比较强的章节配合了相应的图片，这样编排更加直观，便于读者理解。同时，本书在每个章节后配合了相应的实训项目和案例分析以及习惯练习，做到理论和实践能充分的结合，对教师的教学和学生的学习都有一定的指导作用。

本书在编写过程中得到了广州白云工商高级技工学校及本校旅游与酒店管理系的大力支持。本书由陈瑜、张海燕负责主要的编写工作。在此，对参加编写工作的同志所付出的辛勤劳动表示诚挚的谢意！同时，本书在撰写过程中参阅引用了有关书籍、教材的资料、案例等，在此说明并向作者表示衷心的感谢。

由于作者水平有限，本书中难免有疏漏和不足之处，敬请读者指正，以臻完善。

陈　瑜

2009 年 7 月

前言

目　　录

第一章　树立良好的服务意识

礼仪礼貌周

1996年3月1日，在宁波东港大酒店员工餐厅的通道上，一位二十来岁的姑娘，身上斜披着一条红色绶带，上面绣着：礼仪礼貌规范服务示范员。每当员工从此经过，示范员小姐便展露微笑并问候致意。广播中正在播放描写酒店员工文明待客的散文诗。之后是一位员工畅谈自己对礼仪礼貌的认识和体会。原来这是东港大酒店正在举办"礼仪礼貌周"，今天是第一天。

东港大酒店自被评为"四星级酒店"以来，一直处于营业的高峰期，由于工作繁忙，个别员工的服务操作程序有点走样，酒店接到了顾客投诉，酒店领导觉察到这一细微变化后，抓住苗头进行整改，在员工中间开展"礼仪礼貌周"活动。"礼仪礼貌周"定于每月的第一周，届时在员工通道上有一位礼仪礼貌示范员迎送过往的员工，每天换一位示范员，连总经理都轮流充当服务员，这一活动在员工中引起很大反响。为丰富"礼仪礼貌周"活动的内容，员工餐厅还利用广播，宣传以礼仪礼貌为中心的优质服务：有发言，有表演，有报道。内容生动活泼，形式丰富多彩，员工从中获得很大启迪和教育。同时，酒店在员工进出频繁的地方张挂照片，宣传文明服务的意义，示范礼仪礼貌的举止行为，介绍在礼仪礼貌方面表现突出的员工。

1996年4月1日，又一个"礼仪礼貌周"开始了。一月一度的"礼仪礼貌周"活动在东港大酒店已成为一项雷打不动的制度，整个酒店的礼仪礼貌水平大大提高。

思考：这则案例对你有什么启示？开展"礼仪礼貌周"对酒店有什么帮助？

第一节　饭店礼仪员工必知

一、什么是礼仪

礼仪是人们在社会交往过程中形成的并得到共同认可的各种行为规范，它是人们以一定的程序、方式来表现的律己、敬人的完整行为。它体现了一个国家、一个民族、一个地区的道德风尚和人们的精神面貌。所以，礼仪是人类精神文明的产物。

礼仪是人们步入文明社会的"通行证"。人类自诞生那天起，便开始了对文明与美的追求。礼仪体现了人类社会不断摆脱愚昧、野蛮、落后，促使整个社会的进化程度，也是一个国家、一个民族进步、开化与兴旺的标志。我国作为东方文明古国和东方文化的发源地，素有“礼仪之邦”的美誉。数千年对文明的不懈追求，形成了丰富多彩的东方文化和礼仪。

今天，随着社会生产力的不断发展，物质生活条件的逐步改善，社会文明程度的日益提高，人们对礼仪倍加推崇。讲文明、懂礼貌，尊重他人，服务社会已成为人们的共识。无论是人际的、社会的乃至国与国之间的交往，抑或是旅游、商业、服务业等行业的接待服务工作，都离不开对礼仪规范的遵守。现代人都开始注重文明修养，讲究礼仪，几乎每个人都成为礼仪的载体、文明的化身。

二、什么是饭店礼仪

（一）饭店礼仪的含义

礼仪礼貌是饭店企业文化的重要表现，它同员工的知识结构、修养有着密切的关系。饭店行业是服务的行业。礼仪、礼节、礼貌是饭店培植和弘扬企业文化的重点，贯穿在接待服务活动的全过程之中，它可以为饭店和顾客之间架起友谊的桥梁。

饭店礼貌礼仪无处不在。无论是语言、行为，还是服务人员的一举一动，无不渗透着礼仪的内涵。如接待或与人见面时的称呼、握手；服务时的语言技巧、语音语调、风度、气质；与人相处或在公共场合的举手、投足、站立姿势、行走姿势等；在参加约会、舞会、宴会、会议等服务工作中都应注意仪表、仪态、装束等。

（二）饭店礼仪的重要性

1. 文明有礼是饭店服务的宗旨

饭店是综合性很强的服务行业，要为顾客提供吃、住、购物、旅游、娱乐等比较齐全的服务设施，同时还要给顾客提供满意的服务，其总的宗旨是顾客至上、服务周到、文明有礼。

2. 礼貌礼仪是提高饭店服务质量的保证

客源是饭店的财源，是饭店赖以生存和发展的基础。招揽客源，最根本最基础的就是靠提高服务质量。然而，服务员的服务水平则决定着饭店的服务质量，服务员的素质、形象、仪表、举止、言行等直接影响顾客是否住宿的决定。

3. 礼貌礼仪能使顾客满意

只有做到礼貌服务才能够使顾客满意，给顾客留下美好的印象，并且同时能弥补设施等方面的不足。

4. 礼仪礼貌是评价饭店服务水平的标准

现代饭店经常讲“要有一流的服务员，一流的服务水平”，在饭店的物质条件确定的前提下，饭店员工是否能达到一流服务水平是关键，而饭店员工素质要达到一流服务水平，其中很重要的一条就是礼貌礼仪。

三、饭店礼仪的功能

（一）沟通功能

人际关系是人类社会生活中极为重要的关系。礼仪作为一种规范、程序和传承至今的文化传统，对人与人之间的相互关系起着固定、维护和调节的作用。人际交往中尊重是相互的，当你向对方表示敬意时，对方也会还之以礼，即“礼尚往来”。只要双方按照礼仪规范行事，彼此就容易沟通感情，使得交往能够顺利进行，进而有助于其事业的发展。

（二）协调功能

礼仪是人际交往的润滑剂，是人际关系和谐发展的调节器。以礼仪规范约束自己的言行，有助于建立和加强人与人之间互相尊重、友好合作的新型关系，缓和或避免某些不必要的情感对立与矛盾冲突。礼仪使得人际关系更为和谐，社会生活更为有序。

（三）维护功能

礼仪是整个社会文明发展程度的反映和标志，同时礼仪又反作用于社会，对精神文明产生广泛、持久和深刻的影响，使社会更加和谐稳定。在维护社会秩序方面，礼仪起着法律所起不到的作用。礼仪作为行为规范，对人们的社会行为具有很强的约束力。礼仪一经制订和推行，便成为社会的行为规范和习俗。如果一个人我行我素，不遵守社会上普遍的礼仪要求，他会受到道德和舆论的谴责，甚至要负有关法律责任。

（四）教育功能

礼仪通过评价、劝阻、示范等教育形式纠正人们不正确的行为习惯，倡导人们按礼仪规范的要求去协调人际关系，维护社会正常生活。遵守礼仪原则的人客观上也起着榜样的作用，无声地影响着周围的人。礼仪作为一种道德习俗，对全社会的每一个人都在施行教育。礼仪一经形成和巩固，就成为社会传统文化的重要组成部分，世代相传。在人类社会的发展和进步中，礼仪的教育作用具有重要意义。

四、饭店礼仪的特点

（一）礼仪的特点

从根本上说，礼仪作为人们的行为模式，属于社会领域中的上层建筑。它由一定的社会经济基础决定，并随着经济基础的变化而变化，随着社会实践的发展而不断发展。礼仪具有以下特点。

1. 国际性

礼仪作为一种文化现象，不是哪一个国家所独有的，而是属于全人类所共有的。尽管不同的国家、地区、民族，不同的社会制度，礼仪的具体内容有一定的差异性，但其所蕴涵的基本精神，即相互尊重、信任和友谊，却是一致的。在当今世界经济一体化的趋势下，各国、各地区间交往日益频繁，国际礼仪跨越了国家和民族的界限，许多交往礼节已被各国人民广泛承认和运用，成为了全人类所拥有的宝贵财富。如见面握手、打招呼说“您好”等已成为世界性的礼仪形式。

2. 差异性

所谓礼仪的差异性是指礼仪具有民族性和地域性的特点。一个国家、地区或民族的礼仪是约定俗成的，它总是从不同的角度反映那里的文化和社会风尚，从而具有明显的民族特色。

3. 传统性

礼仪作为人类文明的产物，同人类创造的所有文明一样，具有传统性。一些符合人性基本需要的礼仪具有超越时代和社会的适用性。因此，我们也可以把礼仪解读为一个民族或一定区域的人们在长期的历史发展过程中逐渐形成并世代相传的文化传统。例如，孔子的“礼”作为一种制度早已烟消云散。但是，他的“礼之用，和为贵”，“责己严，待人宽”，“敬老爱幼”，“温、良、恭、俭、让”等基本思想和行为规范却影响着一代又一代炎黄子孙，成为中华民族的传统美德。

4. 时代性

礼仪是时代的产物，它与一个时代的经济、文化、生活方式等息息相关，随着社会的进步而进步。古今中外，社会的每一次重大变革，也必然会带来礼节礼仪等多方面的深刻变化。凡是不能适应时代变化的礼仪规范不可避免地会被抛弃。如在我国，社会上曾经非常盛行“同志”称呼，因其带有一定的政治色彩，现在多作为党内称呼使用。一般社交场合，人们大多数习惯使用“先生”、“女士”、“小姐”等国际化称呼。

5. 社会性

礼仪是人类文明的一种变现和象征，具有明显的社会性。礼仪产生于人类社会之初，与只存在于阶级社会的政治、法律不同，它将贯穿于人类社会的始终。尽管在阶级社会，不同的阶级对礼仪有多种选择，其中一些带有明显的阶级色彩，但从本质上讲，礼仪是超阶级的，是人们在社会生活中相互交往或表达愿望的形式和手段。

（二）饭店礼仪的特点

饭店礼仪是饭店形象的重要表现，其主要特点有以下几点。

1. 广泛性

现代饭店业是一种综合性强的服务行业。饭店礼仪贯穿于饭店服务的全过程。在饭店各个工作环节中，都需要按照一定的礼仪规范做好相应的服务。任何一个环节发生故障或质量问题，都会影响其接待服务的形象。因此，只有加强全行业的礼仪素养，严格按照饭店礼仪的各种规范接待顾客，并注意各部门间的协调与衔接，才能适应顾客的消费需求。

2. 共同性

饭店礼仪的共同性是指它具有一定的规范和要求，是饭店员工在接待过程中应当共同遵循的。同时，饭店礼仪也是在饭店接待活动中调节顾客与企业相互之间最一般关系的行为规范，是饭店全体工作人员应该共同遵守的人际和社交的准则。例如，“顾客第一”、“把尊贵让给顾客”就是饭店各个部门共同的行为准则。

3. 灵活性

饭店礼仪的灵活性是指在不同的场合下，根据交往对象的不同特点，礼仪行为不尽相同。例如，饭店经理在楼层与顾客相遇时应避让一旁，主动问候；但是，若在洗手间与顾客相遇，点头致意则并不为失礼。

4. 民族差异性

饭店礼仪应注意尊重来自不同民族、不同国家或地区的顾客各自的文化背景，了解他们的风俗民情，以有利于在接待服务工作中对顾客更为体贴和周到。例如，接待西方旅游者可以行握手礼，而接待来自佛教国家的旅游者则只行合十礼。

张良拜师

张良是西汉高祖刘邦的军师，他的祖先是韩国人。在秦灭韩后，张良立志为韩国报仇。有一次，因刺杀秦始皇未遂，受到追捕而避居到下邳。

张良在下邳闲暇无事。有一天他到下邳桥上散步，碰到一个老人，穿着粗布短衣，走到张良旁边，故意把他的鞋子掉到桥下。然后回过头来冲着张良说："孩子！下桥去给我把鞋子拾上来！"张良听了一愣，很想打他一下，但一看他是个老人，就强忍着怒气，到桥下把鞋拾了上来。那老人竟又命令说："把鞋子给我穿上！"张良一想，既然已经给他拾来了鞋子，不如就给他穿上吧，于是就跪在地上给他穿鞋。那老人把脚伸着，让张良给他穿好后，就笑嘻嘻地走了。张良一直用惊奇的目光注视着他的去向。突然又见老人折回来，对张良说："你这个孩子是能培养成才的。五天以后的早上，天一亮，就到这里来同我会面！"张良跪下来说："是。"第五天天刚亮，张良到了下邳桥上。不料那老人已经等在那里了，见了张良就生气地说："和老人约会，怎么迟到了？以后的第五天早上再来相会！"说完就离去了。到第五天早上，鸡一叫，张良就赶去，可是那老人又等在那里了，见了张良又生气地说："怎么又掉在我后面了？过了五天再早点来！"说完又走了。到第五天，张良没到半夜就赶到桥上，等了好久，那老人也来了，他高兴地说："这样才好。"然后他拿出一本书来，指着说道："认真研读这本书，就能做帝王的老师了！过10年，天下形势有变，你就会发迹了。以后13年，你就会在济北郡谷城山下看到我，那儿有块黄石就是我了。"老人说完就走了。

早上天亮时，张良拿出那本书来一看，原来是《太公兵法》（辅佐周武王伐纣的姜太公的兵书）！张良十分珍爱它，经常熟读，反复地学习、研究。

10年过去了，陈胜等人起兵反秦，张良也聚集了100多人响应。沛公刘邦率领了几千人马，在下邳的西面攻占了一些地方，张良就归附于他，成为他的部属。从此张良根据《太公兵法》经常向沛公献计献策，得到沛公的赏识，常常采用他的计谋，后来成了刘邦运筹帷幄，决胜千里的军师。刘邦称帝后，封他为留侯。

张良始终不忘那个给他《太公兵法》的老人。13年后，他随从刘邦经过济北时，果然在谷城山下看见有块黄石，并把它取回，称之为"黄石公"，作为珍宝供奉起来，按时祭祀。张良死后，家属把这块黄石和他葬在一起。

第二节　树立正确的服务观念

现代饭店是服务性行业，它主要向顾客提供服务商品。饭店员工应该有正确全面的服务观念。服务观念的树立，对搞好饭店经营管理，提高服务质量，取得双重效益都有重要的意义。

一位经济学家曾经说过："市场经济就是消费者至上的经济，市场经济带来了产品的竞争、销售的竞争，要想在竞争中取胜，就要牢固树立适应市场需要，一切为顾客着想，一切从顾客出发的观念。

现代许多饭店为了吸引更多的顾客，想方设法增加各种便利顾客的服务项目，力求完美周到。在美国，一些饭店为了满足顾客希望不受到吸烟危害的要求，专门划出部分楼层客房设为禁烟客房，并对禁烟客房彻底装修，更换全部地毯、墙纸、窗帘及床上用品，以招徕不吸烟或不能忍受别人吸烟的顾客入住。由于妇女经济地位的改善，如何吸引女顾客，成为不少饭店经营者关注的问题。例如，雅加达和新加坡的希尔顿酒店对女顾客实行特别安全措施，尽量将女顾客安排在靠近电梯的房间，如果她们的房间在比较僻静的位置，饭店会安排专人送她们回房等。

一、培养良好的服务意识

（一）如何认识服务意识

意识是人类所固有的一种特性，它是人的头脑对于客观世界的一种反映，是感觉、思维等各种心理活动过程的总和。存在决定意识，意识又反作用于存在。意识是通过感觉、思维而形成的。思维是人类特有的、反映现实的高级形式。服务意识是通过对服务的感觉、认识、思维而形成的。它与饭店的精神、职业道德、价值观念和文化修养等密切联系在一起。

饭店精神、职业道德、价值观念、文化修养等决定着服务意识。饭店员工有什么样的服务意识，饭店就有什么样的服务。有好的服务意识，当然提供的就是优质的服务，而差的服务意识，当然提供的就是劣质的服务。因此，服务意识关系着服务水准、服务质量的高低。饭店若要使自己立于常胜之地，就必须培养良好的服务意识。

（二）"顾客至上"

"顾客至上"可以说是现代饭店服务行业的普遍共识。但这一共识有时却缺乏可操作性。这一意识如何具体化到成为一个饭店中全体员工共同的可操作的行为准则呢？有的饭店经过专门研讨，最终归结为"竭诚尽力为顾客提供最美好的消费感受"。这样，就为"顾客至上，服务第一"的行业口号填充了具体运作的标准，既有原则性，又体现了灵活性。细细分析，可以看出，这种归结是一切服务规范程序方式所必须遵循的基本的，而且是唯一的原则。在特定场合，只要符合这一条，就可以变通既定的规范程式，从而显出对人服务的灵活性。同时，决定了饭店所提供的产品具有独一性，即无论饭店的服务有多少项目，服务时间有多长，服务人员变化有多少次，对于顾客而言，这只是一个产品。因而每一个环节，每一时刻若稍出差错，就不可能给顾客提供“最美好的消费感受”，这就要求饭店的每一位员工都必须时刻自觉地改变思考问题的角度，变“我想怎样”为“顾客会怎么认为”。这样的做法应该从很大程度上保证了每一位到饭店的顾客，自其进入饭店员工的视野就成了饭店员工心目中的“上帝”。

即使是遇到一些故意挑剔的顾客，饭店员工也一定要有强烈的“角色”意识，遵循“顾客永远是对的”服务准则，摆正关系，清醒地认识自己所扮演的角色，绝对维护顾客的利益和满足他们的合理正当要求，哪怕需要克服许多困难。因为从某种意义上讲，维护了顾客的利益，实际也就是维护了饭店的利益。饭店员工必须在这种特定场合放下“个人尊严”，自觉地站在顾客的立场上，设身处地，换位思考。

（三）一视同仁的意识——来者都是客

饭店为顾客服务是指为所有来饭店旅居的顾客，不管顾客各自的背景、地位、经济状况、外观、衣着有何不同，遵循价值规律，在交换的双方，地位是平等的。对饭店来说，热情微笑，殷勤周到的服务正是和顾客互相平等的必要条件，做不到这一点，饭店就是怠慢了顾客，平衡的天平就会发生倾斜。再则，在人格上，顾客之间、饭店员工和顾客之间也都是平等的。对每位顾客的尊重，对每位顾客提供优质服务正是这种平等观念的外化表现形式。

对于饭店服务人员来说，必须牢牢记住；只要顾客按规定取得了在饭店旅居的使用权，就应该一视同仁地为顾客提供应有的服务。

（四）如何做好礼仪礼貌服务

饭店员工如何才能做好礼仪礼貌服务呢？首先，要理解顾客，服务是给人提供方便的，是在人与人之间形成的。服务不仅与提供者有关，而且与接受者也有关。顾客的地位、身份、修养和心情如何？怎样做好礼仪礼貌服务？首先，要有一颗理解顾客的心。只要具备了这种意识，才是做好礼仪礼貌服务工作的起点。具有体谅顾客的心情，是良好的饭店精神、职业道德、文化修养的重要表现。其次，要注意服务细节，提供优质礼仪服务。饭店员工每天做着重复的，甚至是简单的礼仪服务工作，但要专注、认真、严谨，要注意细微之处。对员工来说，这种服务是经常的甚至是繁杂而琐碎的。但对顾客来说，可能是第一次感受，甚至是唯一的一次感受。因此，饭店员工，要认真细致地做好礼仪服务工作的每一个环节，使顾客感到这种接待服务是一种美好的经历和享受。最后，要增加文化内涵，提高礼仪服务的水准。礼仪服务工作，不只是迎来送往，还要通过各种形式、各种方法的服务增加文化内涵，使服务含有文化的附加值，使顾客不仅享受了礼仪服务，同时也享受了礼仪服务的文化。

二、服务礼仪的原则

服务礼仪的原则是指在人际交往过程中，各种礼仪规范和行为应共同遵守的基本准则。它是现实生活中具体礼仪规范的提炼、概括和升华，具有普遍的指导意义。

（一）平等原则

现代礼仪中的平等原则，是指以礼待人，有来有往，既不能盛气凌人，也不能卑躬屈膝。平等原则是现代礼仪的基础，是现代礼仪有别于以往礼仪的最根本的原则。平等原则的适用范围非常广泛。例如，在社会组织中，同事之间、领导和群众之间、上下级之间，都应当平等相待，互相尊重，既要反对上级对下级的颐指气使，也要反对下级对上级的阿谀奉承，低三下四；在亲朋中，应以礼待人，礼尚往来；在公众形象中，应自尊而不自傲，自信而不盛气凌人；在国内事务中，坚持建立同志式平等的人际关系；在对外交往中，坚持平等互利原则，国家不分大小，一律平等。

但是，平等是相对的。由于现实生活中，人们之间存在着经济条件、政治地位、尊卑长幼、男女性别方面的差异，反映到礼仪上来，必然产生礼仪形式上的某种差异。比如，按照中国人的习惯，长者对年幼者可以直呼其名，而年幼者对长者也直呼其名则被视为无礼；当介绍顾客时，应先将社会地位高、年龄较大、女性介绍给其他人；待客时，主人应首先征询顾客的意见。职业礼仪中主人应首先向来宾施礼。这些礼仪形式的差异及过程的先后并非看人行事，而是平等原则的必要补充。

（二）遵守原则

礼仪规范是为维护社会生活的稳定而形成和存在的，实际上是反映了人们的共同利益要求。社会上的每个成员不论身份高低、职位大小、财富多寡，都有自觉遵守、应用礼仪的义务，都要以礼仪去规范自己的一言一行、一举一动。如果违背了礼仪规范，会受到社会舆论的谴责，自然交际就难以成功。

前苏联领导人赫鲁晓夫在这方面就有前车之鉴，他在一次联合国会议上为了让人们安静下来，竟然脱下鞋子，并用鞋子敲打会议桌子，他的不雅之举显然违背了礼仪规范，更有损他本人及前苏联的国际形象，在这次会议上联合国做出决定：对苏联代表团罚款一万美元，可见违背交际礼仪应遵守的原则是要负责任的。从遵守原则出发，还要养成良好的生活习惯，有这样一个实例：某省会城市一家三星级酒店的女经理，衣着得体大方，语言热情适度，正在宴请北京来的专家。席间，秘书突然过来说有急事，请她暂时离席去送外宾，可惜这位女经理迟迟未起身，原来是双脚不堪忍受高跟鞋的束缚，出来“解放”了一会儿，突然有了情况，一时找不到“归宿”，令女经理好不难堪。造成这种情况的原因恐怕不是不懂礼仪知识，主要还是没有养成良好的习惯，对礼仪规则遵守不够造成的。

（三）敬人原则

孔子说：“礼者，敬人也。”敬人是礼仪的一个基本原则，它要求人们在交际活动中互尊互敬，友好相待，对交往对象要重视、恭敬。其实“礼”的本源就是敬人，尊敬是“礼”的本义，是礼仪的重点和核心。在对待他人的诸多做法中最重要的一条，就是要敬人之心长存，处处不可失敬于人，不可伤害他人的个人尊严，更不能侮辱对方的人格。可以说，掌握了敬人的原则就等于掌握了礼仪的灵魂。尊敬的作用是十分巨大的，日本东芝电器公司，曾一度陷入困境，员工士气低落。当士光敏夫出任董事长时，他经常不带秘书，一个人深入各工厂与工人聊天，听取工人的意见，更有意思的是，士光敏夫还经常提着一瓶酒去慰劳员工，和他们共饮。他终于赢得了公司上下的支持，员工的士气也高涨了起来。在三年内，士光敏夫终于重振了暮日穷途的东芝公司。士光敏夫的诀窍就是关心、重视、尊重每一个员工，“敬人者，人恒敬之”，同时他也赢得了员工的信服与支持。

（四）宽容原则

一般来说，交往双方的心理总存在一定的距离，存在不相容的心理状态，这种差异会在交往者之间产生思想隔膜，甚至会使关系僵化，要想缩小这种心理上的差异，求得人与人之间能多一份和谐、多一份信赖，就必须抱着宽容之心。宽容就是要求人们既要严于律己，又要宽以待人，要多容忍他人，多体谅他人，多理解他人，而不能求全责备，斤斤计较，过分苛求，咄咄逼人。唯有宽容才能排除人际交往中的各种障碍，不能宽容他人的人，往往会得理不饶人，使人际间关系恶化。共性是寓于个性之中的，人们应该维护和发展共性，以理解和宽容来增强人们之间的凝聚力。

（五）真诚原则

交际礼仪的运用基于交际主体对他人的态度，如果能抱着诚意与对方交往，那么交际主体的行为自然而然地便显示出对对方的关切与爱心。因为无论用何种语言表达，行为则是最好的证明。在通常情况下人们可以用假话来掩饰自己的企图，但却无法用行为来掩饰自己的空虚，因为体态语是无法掩饰虚假的。因此唯有真诚，才能使你的行为举止自然得体，与此相反，倘若仅把运用礼仪作为一种道具和伪装，在具体操作礼仪规范时口是心非，言行不一，弄虚作假，投机取巧，或是当面一个样，背后一个样，有求于人时一个样，被人所求时又一个样，将礼仪等同于“厚黑学”，是违背交际礼仪的基本原则的。

受人欢迎的秘密

卡耐基说：如果我们只是要在别人面前表现自己，使别人对我们感兴趣的话，我们将永远不会有许多真实而诚挚的朋友，真正的朋友不是以这种方法来交往的。受人欢迎的全部秘密和最高的艺术在于满足别人的需求，处处关心和帮助别人。

（六）适度原则

俗话说“礼多人不怪”。人们讲究礼仪是基于对对方的尊重，这是无可厚非的，但是，凡事过犹不及，人际交往要因人而异，要考虑时间、地点、环境等条件。如果施礼过度或不足，都是失礼的表现。比如，见面时握手时间过长，或是见谁都主动伸手，不讲究主次、长幼、性别；告别时一次次地握手，或是不住地感谢，让人觉得厌烦。礼仪的施行只是内心情感的表露，只要内心情感表达出来，就完成了礼仪的使命。如果反复重复，似乎有别人不理解、不领情之嫌，画蛇添足，实无必要。

三、文明服务与礼貌服务

文明礼貌是饭店服务最基本的要求，在接待服务过程中，饭店员工应做到仪表整洁、举止大方、微笑服务、礼貌待客、尽心尽责。

饭店业是个服务性行业，自改革开放以来，我国的饭店业有了长足的进步，为旅游业和商贸业的发展做出了积极贡献。饭店业的服务对象是人，它的消费对象也是人。作为一位饭店从业人员，要以“顾客至上”的宗旨服务于顾客。但是，饭店礼貌服务意识和行为规范不是一朝一夕养成的。饭店员工应该在日常生活中养成良好的行为习惯，培养自己各方面的兴趣爱好，丰富自己的知识，提高自己的综合素质，只有这样，才能为顾客提供最真诚的文明服务和礼貌服务。具体要做到以下几点。

（一）注意仪容仪表

饭店从业人员应注意仪容仪表。作为饭店员工，仪表仪容极为重要，因为饭店的工作是给顾客提供直接面对面的服务，要让来自四面八方的顾客对饭店留下深刻的印象。有位饭店管理专家曾说过：“一进饭店大堂，只要看一下员工的形象，再告诉我客房数量，就能大致评估出这家饭店营业的收入和利润。”形象代表档次，档次决定价格，价格产生效益，这是一个连锁反应的循环圈。对饭店从业人员来说，外貌修饰是很必要的，可以弥补先天的不足，也是尊重顾客的体现，但不要刻意追求打扮；也不要过分浓妆艳抹，这样会影响顾客的情绪。还需要讲究个人卫生，养成良好的卫生习惯，在工作岗位上要避免一些不良的习惯性小动作。如皱眉、眯眼、挖鼻孔等。

（二）注意语言谈吐

饭店从业人员应注意语言谈吐。在语言上要做到谈吐文雅，语调亲近甜润，音量适中，语句流畅。要“请”字当先，“谢”字随后，“您好”不离口。提倡饭店员工在服务时要有“五声”、忌“四语”。有“五声”即顾客来时要有迎客声；遇到顾客时要有招呼声；受人帮助时要有致谢声；麻烦顾客时要有致歉声；顾客离店时要有送客声。忌“四语”是指忌讲蔑视语、烦躁语、否定语、斗气语。饭店员工有时需要担任演员的角色，当出现尴尬场面时，要善于随机应变。比如在顾客不小心打破碗碟，可用“落地开花，富贵荣华”之语来缓解紧张气氛。人人都渴望自己能出口成章、富有文采、幽默风趣、谈笑自如，这需要各方面知识的储备，平时多加锻炼，到用时方能得心应口。

（三）树立良好的服务态度

饭店从业人员应树立良好的服务态度。饭店员工要在工作岗位上表现出热情、诚恳、和蔼、耐心，做到微笑服务。微笑服务是良好服务的外在表现形式。微笑能给人一种亲切、和蔼、礼貌、热情的感觉。微笑要发自内心，要笑得甜美、亲切，不能笑得僵硬，让顾客无所适从，也不能傻笑，让顾客恐慌。因此，饭店员工在工作岗位上，要善于调节自己的情绪，让自己有一个愉快的心境，才能开心面对工作，微笑面对顾客。风靡全球的希尔顿酒店之所以有如此的效益，其成功的秘诀之一就是服务人员的微笑，他们的微笑永远属于顾客的阳光。

（四）懂礼仪讲礼貌

饭店从业人员在行动方面要不亢不卑、落落大方。顾客进入饭店，渴望的是得到享受和尊重。饭店员工要注重各种各样的礼貌、礼节，使顾客步入饭店就因受到饭店的礼遇和尊重而留下深刻的印象。在饭店里顾客来自四面八方，员工就应了解各国及一些少数民族的风俗习惯，尊重他们的礼仪规范，不要因缺少这方面的知识而引起顾客的不满。

四、职业道德

所谓职业道德，是人们在从事各项职业活动时应该遵循的道德规范以及与之相适应的道德观念、道德情操和道德品质等。职业，是人们在社会生活中对社会所承担的一定的职责和所从事的专门业务，它既是人们谋生的主要手段，又是人们对社会应尽的职责和义务。道德是一种普遍的社会现象，是调整人与人之间、个人与社会之间相互关系的行为准则。它渗透到社会生活的各个领域和社会关系的各个角落，依照社会生活各个不同领域的特殊要求，形成各具特点的道德意识和规范。总的来说，职业道德有以下几个特点。

（一）职业意识的自觉性

职业道德是在个人与社会的联系中产生的，它是一般社会道德的具体化，既是该行业从业人员在职业活动中的行为规范，又是本行业对社会所承担的道德责任和道德义务。饭店职业道德不同于社会法律，也不同于企业的规章制度，后者都带有强制性，而职业道德主要是企业职工自觉遵守的职业规范。一个不犯法、能够遵守饭店规章制度的职工，并不一定是一个职业道德高尚的人。只有道德意识强烈，并且自觉树立了饭店职业道德观念，具有饭店职业道德品质，全心全意为顾客服务，敢于同各种不道德的行为作斗争的人，才能成为一个职业道德高尚的人。

（二）行业行为的规范性

在道德观念和道德意识支配下所形成的职业道德标准可以约束职工道德行为，具有评价是非曲直、善恶美丑的作用。饭店职业道德的规范性，主要是通过道德结论、道德信念、道德习惯和道德榜样的作用来调节职工的行为。饭店职业道德和企业的规章制度、劳动纪律、操作程序等融合在一起，共同发挥作用，但它们又有区别。职业道德的这种特点要求饭店十分重视道德舆论、道德信念和道德习惯的力量，树立饭店服务先进典型，制订行为标准。要在饭店内部形成一种人人关心职业道德，人人遵守职业道德，自觉抵制和反对不道德行为的一种团体氛围。

（三）作用范围的广泛性

饭店职业道德属于社会上层建筑，是一种思想境界，一种信念，一种情感和一种道德愿望。由于这种精神力量形成的道德品质、道德规范和道德舆论可以发挥广泛的作用。如缺乏礼貌的行为、恶劣的服务态度、刁钻耍滑的工作作风等，都可以通过道德舆论的作用来进行制止和干预。职业道德的这种特点要求酒店管理人员要充分发挥道德舆论的作用，敢于树立先进典型，敢于扬善抑恶，坚持一手抓企业管理，一手抓职业道德，才能充分发挥饭店职业道德的作用。

经典案例

某大学旅游系与某饭店有着关于饭店管理专业学习的合作项目。某饭店是一家三星级外资饭店，以前在社会和旅游业界有较好的声誉。但最近，饭店的经营状况不尽如人意。在饭店实习的学生写信向系里反映情况，流露了中止在该饭店实习的想法。为了让实习生专心完成实习任务，某老师受旅游系委派，到该饭店了解实习生实习情况，协助饭店进行实习生管理工作。经到人事部了解情况并召来实习在岗上班的学生谈话，基本达到目的。已近中午 12 点，为不给饭店增添麻烦，某老师向主管人员告辞，主管人员提出与饭店主管人事的总监女士见个面，于是又逗留了些许时间。之后，某老师在人事部的走廊等候下班的实习生一道去宿舍，借此看看饭店内部橱窗内容。这时，一个眼熟的身影走过，朝其背影看了看，“哦，总监女士下班了。”几分钟前还在一起谈话的人，她竟视而不见，擦身而过。

案例分析

实习生为什么不安心在这家饭店实习的原因：作为饭店重要部门的人事部，在接待协助饭店工作的外地学校教师两个多小时没有倒上一杯水；作为饭店高级管理人员的总监连正常人的礼节礼貌都不懂。由此，可以看出这个饭店的旅游服务接待工作做得不好，所以直接影响饭店良好形象的塑造，导致饭店经营管理失败。

经验总结

作为饭店的工作人员，无论是哪一个部门，在面对顾客时，都要非常重视个人礼仪及基本的交际礼仪。因为这些都从一个侧面体现了饭店的精神面貌，影响饭店的形象。所以要将服务意识牢记在心中。

本章小结

在学习礼仪在生活、工作中的具体操作之前，要对礼仪有一个认识，什么是礼仪，什么是社交礼仪，什么是饭店礼仪。本章重点介绍了礼仪的基本概念，饭店礼仪有什么样的功能和特点。同时知道饭店礼仪的灵魂便是服务礼仪。作为饭店的员工，要树立良好的服务观念，因此要培养良好的服务意识，了解服务意识的原则，懂得文明服务与礼貌服务，同时具备良好的职业道德。

一、填空题

1. 饭店礼仪的功能有________、________、________、________。

2. 饭店礼仪的灵魂是________。

3. 礼仪的特点是________、________、________、________、________、________。

4. 服务礼仪的原则有________、________、________、________、________、________。

5. ________是饭店服务最基本的要求。

6. ________是在个人与社会的联系中产生的，它是一般社会道德的具体化，既是该行业从业人员在职业活动中的行为规范，又是本行业对社会所承担的道德责任和道德义务。

7. 有“五声”即顾客来时要有迎客声，____________，受人帮助时要有____________声，麻烦顾客时要有致歉声，____________；忌“四语”是指忌________、________、________、________。

二、简答题

1. 什么是礼仪及饭店礼仪？

2. 饭店礼仪有哪些功能，你是怎么理解的？

3. 向大家介绍一段你周围的人继承中华民族礼节礼仪传统美德的故事。

走近饭店

实训项目一：

【实训名称】

饭店礼仪情景模拟

【实训内容】

将自己在入住饭店过程中或通过其他渠道所了解的发生在饭店中礼仪事件用小品的方式模拟出来。

【实训步骤】

1. 由教师布置本次实训任务
2. 分组并选定组长
3. 组员讨论并确定本组表演的主题
4. 由组长对本组队员进行任务及角色分工
5. 排练小品
6. 模拟表演（2课时）
7. 组长对本小组案例进行点评

【实训点评】

1. 礼仪礼貌对于饭店的重要性
2. 服务意识对于员工的重要性

第二章　塑造良好的职业形象

动脑筋

“您好，先生。”

一天中午，一位住在某饭店的国外顾客到饭店餐厅去吃饭，走出电梯时，站在电梯口的一位女服务员很有礼貌地向顾客点点头，并且用英语说：“先生，您好！”顾客微笑地回道：“你好，小姐。”当顾客走进餐厅后，引位员发出同样的一句话：“您好，先生。”那位顾客微笑着点了一下头，没有开口。顾客吃好午饭后，顺便到饭店的庭院中去溜溜，当走出内大门时，一位男服务员又是同样的一句话：“您好，先生”。这时顾客下意识地只是点了一下头了事。等到顾客重新走进内大门时，劈头见面的仍然是那个服务员，“您好，先生。”的声音又传入顾客的耳中，此时这位顾客已感到不耐烦了，默默无语地径直去乘电梯准备回房间休息。恰好在电梯口又碰见那位女服务员，自然又是一成不变的套话：“您好，先生。”顾客实在不高兴了，装作没有听见的样子，皱起了眉头，而这位女服务员却丈二和尚摸不着头脑！

这位顾客在离店时，在写给饭店总经理的一封投诉信中写道：“……我真不明白你们饭店是怎样培训员工的？在短短的时间内，我遇到的几位服务员竟千篇一律地简单重复一句话：您好，先生，”难道不会使用其他的语句吗？

思考：敬语为何招致不愉快？饭店员工要怎么注意语言的运用？

第一节　塑造良好的仪容、仪表、仪态

仪容、仪表、仪态就是指一个人的个人形象，个人形象是个人的精神面貌、内在素质的外在表现，是一个人的文化素养和道德情操等内涵。在与人交往的最初阶段，对方是通过对你的第一印象认识的，这第一印象就是人的形象。著名的管理学博士兰斯登曾这样描述过：一个人给人的初步印象几乎永远是视觉上的。《三国演义》中的庞统当初准备效力东吴，于是去面见孙权。孙权见庞统相貌丑陋，心中已有一些不喜欢，后又见他傲慢不羁，更加觉得不快。最后，这位广招人才的孙权，竟然把可以与诸葛亮比肩齐名的奇才庞统拒之门外，与自己失之交臂。又如，孔门弟子子羽其貌不扬，结果被孔子认为是“才薄”、“不堪造就”。后来，子羽离开孔子南游，讲授儒学，从学于他的弟子有300人，声名远扬。孔子为此感慨万分：“以貌取人，失之子羽。”虽然，人的相貌与才华没有必然的联系，但是，礼贤下士的孙权和素以善于识人而著称的孔子都不能避免以貌取人的偏见，可见一个人给人的第一印象是多么重要。因此必须把个人的礼仪当作一种职业要求加以重

视，从一点一滴做起。

一、标准的站姿、坐姿、行姿、蹲姿

仪态是指人在行为中的姿态和风度，主要表现为饭店员工的站姿、坐姿、行姿和蹲姿。饭店员工美的仪态，不仅是自身良好形象、气质和丰富的体现，也是饭店良好企业形象和管理水平的体现。

（一）站姿

1. 基本站姿

基本站姿，从正面看，全身笔直，精神饱满，两眼正视（而不是斜视），两肩平齐，两臂自然下垂，两脚跟并拢，两脚尖张开 60 度，身体重心落于两腿正中；从侧面看，两眼平视，下颌微收，挺胸收腹，腰背挺直，手中指贴裤缝，整个身体庄重挺拔。

站姿的要领是：一要平，即头平正、双肩平、两眼平视；二是直，即腰直、腿直，后脑勺、背、臀、脚后跟成一条直线；三是高，即重心上拔，看起来显得高。

2. 饭店服务的站姿

在饭店服务工作中，许多岗位需要站立服务，在为顾客服务时，站姿一定要规范。饭店员工在工作中的站姿有以下几种：

（1）垂臂式站姿。跟基本站姿相同，如图 2 - 1 所示。

图 2 - 1　垂臂式站姿

（2）腹前握指式站姿。在基本站姿的基础上，两手握于腹前，右手在上，握住左手手指部位，两手交叉放在衣扣垂直线上。如图 2 - 2 所示。

◆女——在基本站姿的基础上，两脚尖略展开，左脚在前，将左脚跟靠于右脚内侧前端，两手指交于腹前，身体重心可在两脚上，也可在一只脚上，通过两脚重心的转移减轻疲劳。

◆男——在基本站姿的基础上，左脚向左横迈一步，两脚之间距离不得超过肩宽，两脚分开平行站立，两手握指于腹前，身体重心在两脚上，身体直立，注意不要挺腹或后仰。

(3) 后背握指式站姿。在基本站姿的基础上，两臂后摆，两手在身后相握，右手握住左手手指部位，左手在上，置于髋骨处，两臂肘关节自然内收，如图 2-3 所示。

图 2-2　腹前握指式站姿

图 2-3　后背握指式站姿

(4) 单臂后背式站姿。

◆左臂后背式站姿：在基本站姿的基础上，左手后背，右手自然下垂，身体重心在两脚上，如图 2-4 所示。

◆右臂后背式站姿：在基本站姿的基础上，右手后背，左手自然下垂，身体重心在两脚上。如图 2-5 所示。

图 2－4　左臂后背式站姿

图 2－5　右臂后背式站姿

(5) 单臂前曲式站姿。

◆左臂前曲式站姿：在基本站姿的基础上，右脚前移，将脚跟靠于左脚内侧中间位置，两脚尖展开 90 度，左臂肘关节弯曲，前臂抬至横膈膜处，左手手心向里，手指自然弯曲，右手自然下垂，身体重心在两脚上。如图 2－6 所示。

◆右臂前曲式站姿：在基本站姿的基础上，左脚前移，将脚跟靠于右脚内侧中间位置，两脚尖展开 90 度，右臂肘关节弯曲，前臂抬至横膈膜处，右手手心向里，手指自然弯曲，左手自然下垂，身体重心在两脚上。如图 2－7 所示。

以上站姿男女都适合，一般情况男士更适合后背式，而女士更适合前曲式。在饭店站式服务中常见一些不良站姿，如头不正，颈不直，或仰头，或低头，或左右偏头，或探着颈；身不直，或弯腰驼背、含胸挺腹，或塌腰、撅臀、挺腹、身子前倾，或倚门靠墙、扒桌靠椅，或耸肩、斜肩；指手画脚，抱臂、握拳、叉腰，手放在衣裤兜里，或插在腰际，或两脚交叉，一腿弯曲，脚尖点地，或两脚分开太远，腿脚抖动等。这些姿态会让人产生没有礼貌、懒散无力、自卑猥琐或缺乏教养的印象。作为饭店而言，会令人感到缺乏管理、服务较差。

图 2-6　左臂前曲式站姿

图 2-7　右臂前曲式站姿

（二）坐姿

1. 入座和起坐

优美的坐姿不仅包括坐的静态姿势，还包括其动态姿势，即入座和起坐。“入座”作为坐的“序幕”，“起坐”作为坐的“尾声”，直接影响坐姿是否优美。

（1）入座。入座时从容大方地走到座位前，自然转身，背对座位，双腿并拢，右脚后退半步，轻稳自如地坐下，然后将右脚与左脚并齐，身体挺直，呈基本坐姿状。女士入座时若穿的是裙装，应用手沿大腿侧后部轻轻地把裙子向前拢一下，并顺势坐下，不要等坐下来再来整理衣裙。

（2）起坐。起坐时，右脚向后收半步，用力蹬地站起，右脚再收回与左脚靠拢。起身时，动作不要太迅猛。

2. 基本坐姿

基本坐姿是其他各种坐姿演变的基础，其规范要求为：头正，颈直，下颌微收，双目平视前方，或注视对方；身体正直，挺胸收腹，腰背挺直；双腿并拢，小腿与地面垂直，双膝和双脚脚跟并拢；双肩放松下沉，双臂自然弯曲内收，双手呈握指式，右手在上，手指自然弯曲，放于腹前双腿上。忌弯腰驼背，含胸挺腹，双膝分开。

3. 常见坐姿

（1）双腿垂直式坐姿。与基本坐姿相同，有时根据情况，上体可稍微前倾。这种坐姿是正式场合最基本的坐姿，它给人以诚恳、认真的印象。如图 2-8 所示。

（2）开膝合手式坐姿。在基本坐姿的基础上，双脚向外平移，两脚间距离不得超过肩宽，两脚垂直于地面，两膝分开，两手平放于两膝盖上。此坐姿仅适于男士，如图 2－9 所示。

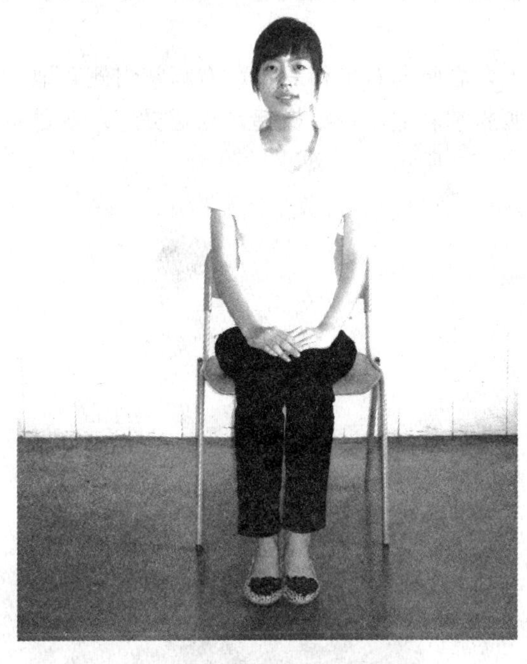

图 2－8　双腿垂直式坐姿

图 2－9　开膝合手式坐姿

（3）双腿前伸式坐姿。在基本坐姿的基础上，女士左脚向前伸出，全脚着地，小腿与地面的夹角不得小于 45 度，右脚跟上，右脚内侧脚弓部靠于左脚跟处，全脚着地，脚尖不可上翘，如图 2－10 所示。男士双脚前伸并拢，小腿与地面的夹角不得小于 45 度。

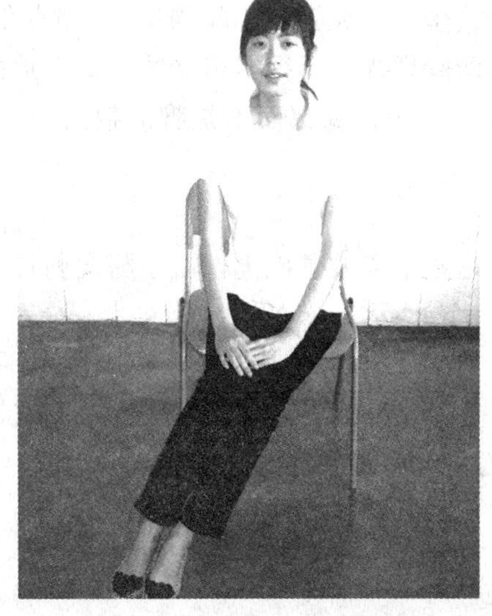

图 2－10　双腿前伸式坐姿

（4）双腿斜放式坐姿。

◆双腿左斜放式：在基本坐姿的基础上，左脚向左平移一步，左脚掌内侧着地，右脚左移，右脚内侧中部靠于左脚脚跟处，右脚脚掌着地，脚跟提起，双脚靠拢斜放。两膝在整个过程中，始终相靠。如图 2－11 所示。

◆双腿右斜放式：在基本坐姿的基础上，右脚向右平移一步，右脚掌内侧着地，左脚右移，左脚内侧中部靠于右脚脚跟处，左脚脚掌着地，脚跟提起，双腿提起，双腿靠拢斜放。两膝在整个过程中，始终相靠。如图 2－12 所示。

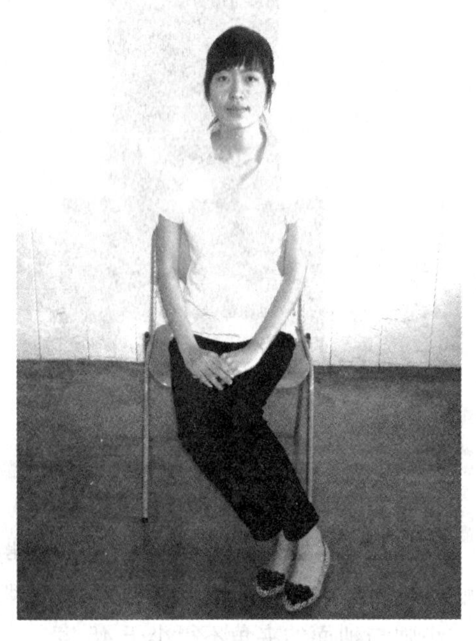

图 2－11　双腿左斜放式坐姿

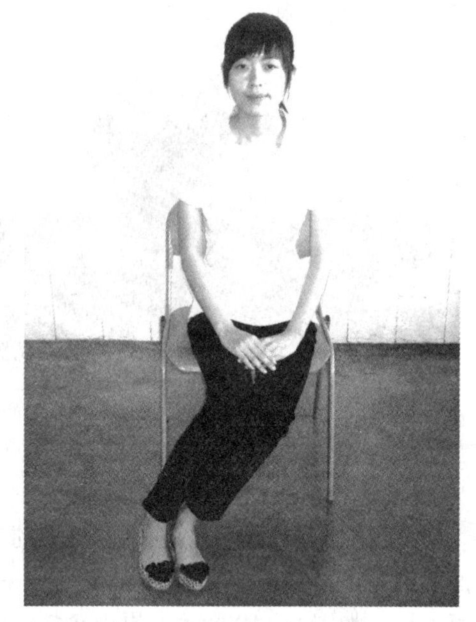

图 2－12　双腿右斜放式坐姿

无论左斜放式或右斜放式坐姿，大腿与小腿均呈 90 度直角，小腿不回屈，充分显示小腿的长度。两脚、两腿、两膝靠拢，不得露出缝隙。未着地的脚掌内外侧切不可上翘，否则会有失雅观。若旁边有人，应将膝部而不是脚部朝向他人。双腿斜放式坐姿仅适于女士。

（5）双脚交叉式坐姿。

◆双腿前伸交叉式：在基本坐姿的基础上，右小腿向前伸出 45 度，左小腿在下与右脚交叉于踝关节处。如图 2－13 所示。

◆双腿左斜放交叉式：在基本坐姿的基础上，左脚向左平移，左脚掌及脚跟内侧着地，右脚在下与左脚相交，右脚掌外侧着地，脚跟提起，两脚交叉于踝关节处，双小腿成斜放，两腿靠拢。此坐姿仅适于女士，如图 2－14 所示。

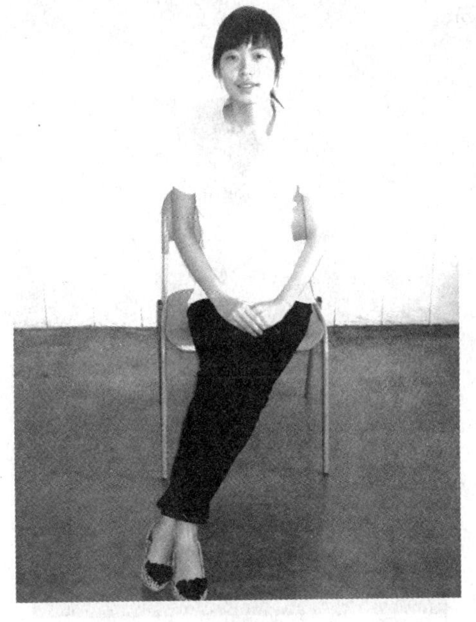

图 2－13 双脚前伸交叉式坐姿

◆双腿右斜放交叉式：在基本坐姿的基础上，右脚向右平移，左右脚掌及脚跟内侧着地，左脚在下与右脚相交，左脚掌外侧着地，脚跟提起，两脚交叉于踝关节处，双小腿成斜放，两腿靠拢。此坐姿仅适于女士，如图 2－15 所示。

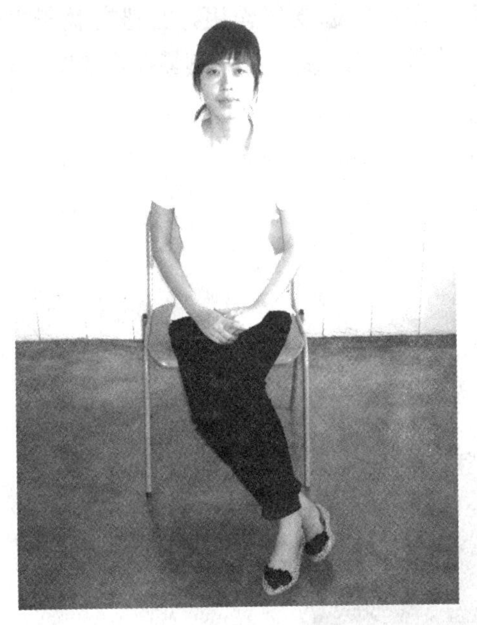

图 2－14 双脚左斜放交叉式坐姿

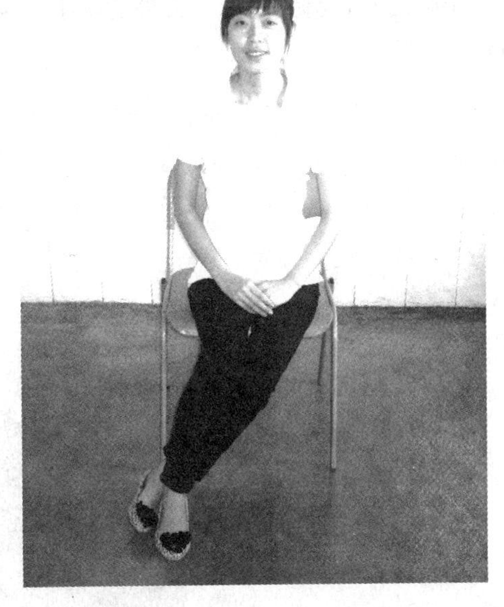

图 2－15 双脚右斜放交叉式坐姿

◆后收交叉式：在基本坐姿的基础上，双脚后收于椅下，两脚脚掌着地，脚跟提起，两腿靠拢，如图 2 - 16 所示。

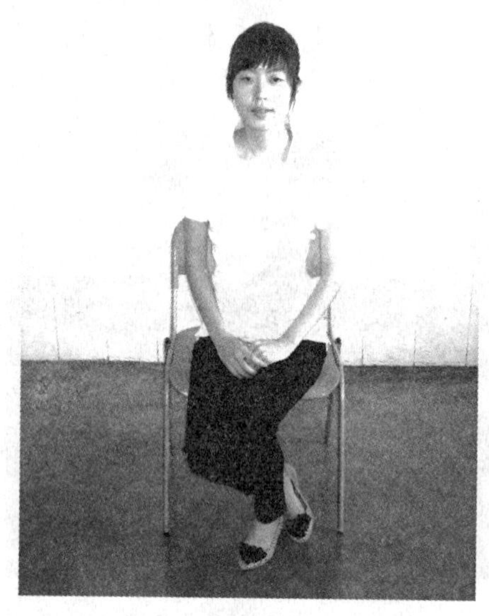

图 2 - 16 双脚后收交叉式坐姿

双脚交叉式坐姿也适宜于坐低矮凳时采用。但需注意，无论是前伸交叉式，还是左斜放交叉式，或者右斜放交叉式，都不得将双脚伸得太出去。后收交叉式适于座椅凳下为空者，沙发类椅子则不宜采用此坐姿。

(6) 双腿交叠式坐姿。在基本坐姿的基础上，左小腿起支撑作用，右腿交叠于左腿上，小腿内收，脚尖向下，交叠的两小腿紧靠呈一直线。此坐姿适于高脚凳椅，如图 2 - 17 所示。

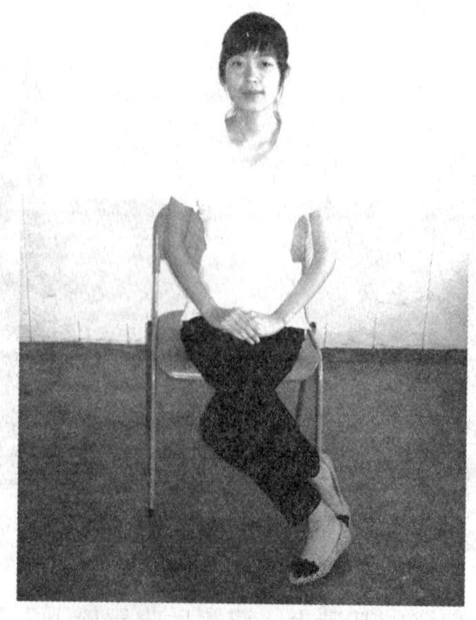

图 2 - 17 双腿交叠式坐姿

(7) 双脚点地式坐姿。

◆后点地式：在基本坐姿的基础上，两脚后收，脚掌着地，脚跟紧靠，双腿并拢。此坐姿适于凳椅下有空间者。

◆左侧点地式：在基本坐姿的基础上，两脚向左侧伸出，左脚跟靠于右脚内侧部，左脚掌内侧着地，右脚脚跟提起，脚掌着地，双腿两膝并拢。此坐姿仅适于女士，如图2-18所示。

◆右侧点地式：在基本坐姿的基础上，两脚向右侧伸出，右脚跟靠于左脚内侧中部，右脚掌内侧着地，左脚脚跟提起，脚掌着地，双腿两膝并拢。此坐姿仅适于女士，如图2-19所示。

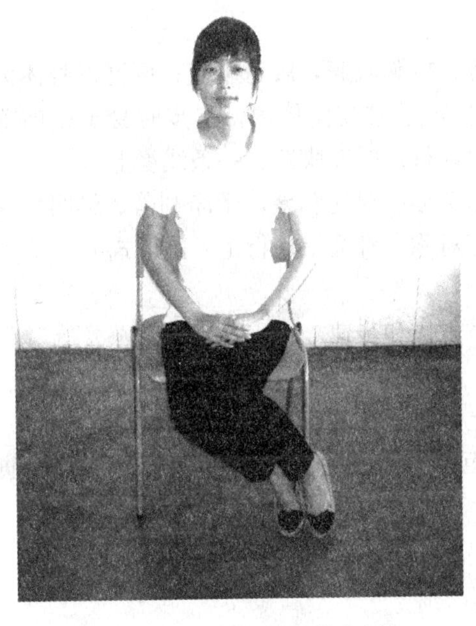

图2-18 双脚左侧点地式坐姿

图2-19 双脚右侧点地式坐姿

(8) 开并式坐姿。在基本坐姿的基础上，两脚外移分开，两脚间分开的距离不得超出肩宽，两脚尖约向外，两膝并拢，两腿呈下开上并之态，此坐姿适于坐在低矮的凳椅或不起眼的地方。

(9) 曲伸式坐姿。在基本坐姿的基础上，右脚后收，脚掌着地，右脚呈后曲状；左脚前伸，全脚着地，左腿呈前伸状，膝部靠拢，两脚前后在一条直线上。

坐姿中除了注意两腿两脚的摆放外，两臂两手的摆放姿势也很重要。两臂双手的摆放除两臂自然弯曲内收，两手呈握指式放于腹前双腿之上，还可根据坐姿的变化两手呈握指式放于一腿上。若椅子有扶手，女士可将两手重叠或呈握指式放于扶手上，也可将一手臂放在扶手上，掌心朝下，另一手臂横放于双腿上，不要把双手放在扶手上，男士则可双手掌心向下放在扶手上。若前有桌子，也可将两臂弯曲，双手相握放在桌子上。

无论哪种坐姿，一般不要满坐。如与德高望重的长辈、上级等谈话时，为表示尊重、敬意可坐凳面的三分之一；如坐宽大的椅子或沙发，不可满坐，也不可坐得太靠里面，坐满三分之二即可，否则会使小腿靠着椅子边或沙发边而有失雅观；若坐得太少太靠边会使人感到你在暗示对方你随时都会离开。与人谈话时要目视对方，若对方不是与你对面相坐，而是有一定的角度或坐于你的一侧，那么我们的上体和腿应同时转向一侧面对着对方。

（三）行姿

步态是人们行走时的姿态，即行姿。行姿能直接反映出一个人的精神面貌、性格特点等。优美的行姿具有动态美，能体现出一个人良好的精神风貌和良好的气质与风度。因此，饭店员工，非常有必要对行姿加以训练。

1. 标准的行姿

行姿的动作口诀，体现了行姿的要领：双眼平视臂放松，以胸领动肩轴摆，提髋提膝小腿迈，跟落掌接趾推送。

标准的行姿为：上身基本保持站立的标准姿势，挺胸收腹，腰背笔直；两臂以身体为中心，前后自然摆动。前摆约 35 度，后摆约 15 度，手掌朝向体内；起步时身子稍向前倾，中心落前脚掌，膝盖伸直；脚尖向正前方伸出，行走时双脚踩在一条线缘上。

正确的行走，上体的稳定与下肢的频繁规律运动形成对比和谐，干净利落、鲜明均匀的脚步，形成节奏感，前后、左右行走动作的平衡对称，都会呈现行走时的形式美。

2. 行姿三要素

所谓行姿三要素，即一个人在行走时的步位、步幅和步速。

（1）步位，即脚落地时的位置。女士行走时，两脚内侧着地的轨迹要在一条直线上。男士行走时，两脚内侧着地的轨迹不在一条直线上，而是在两条直线上。

（2）步幅，即跨步时前脚跟与后脚尖之间的距离。标准的步幅是本人的 1～1.5 个脚长，如图 2－20 所示。

图 2－20　行姿步幅

(3) 步速，即行走时的速度。一般步速标准为女士每分钟 118～120 步，男士为每分钟 108～110 步。

3. 不同场合的行姿

参加喜庆活动，步态应轻盈、欢快、有跳跃感，以反映喜悦的心情。

参加吊丧活动，步态要缓慢、沉重、有忧伤感，以反映悲哀的情绪。

参观展览、探望病人，环境安谧，不宜出声响，脚步应轻柔。

进入办公场所，登门拜访，在室内这种特殊场所，脚步应轻而稳。

走入会场、走向话筒、迎向顾客，步伐要稳健、大方、充满热情。

举行婚礼、迎接外宾等重大正式场合，脚步要稳健，节奏稍缓。

办事联络，往来于各部门之间，步伐要快捷又稳重，以体现办事者的效率、干练。

陪同来宾参观，要照顾来宾行走速度，并善于引路。

(四) 蹲姿

在日常生活中，在各种公众场合，人们有时难免会有需捡起掉在地上的东西，或取放在低处的物品。下面介绍两种常用的不失雅观的蹲姿。

1. 高低式蹲姿

下蹲时左脚在前，全脚着地，右脚稍后，脚掌着地，后跟提起。右膝低于左膝，臀部向下，身体基本上由右腿支撑，女士下蹲时两腿要紧，男士两腿间可保持适当距离。如图 2-21 所示。

图 2-21 高低式蹲姿

2. 交叉式蹲姿

下蹲时右脚置步于左脚的左前侧，使右腿从前面与左腿交叉，下蹲时，右小腿垂直于地面，右腿全脚着地。左膝从右腿后面向右侧伸出，左脚脚跟抬起，脚掌着地，两腿前后靠紧，合力支撑身体；臀部向下，上身稍前倾。此蹲姿女士较为适用。

二、不同场合的着装规范

服饰被称为人的第二皮肤，它在人类的生活中，发挥着三大作用。一是实用性作用，如御寒、遮体等；二是装饰性作用，正如俗话所说“人靠衣装马靠鞍”，得体的衣着可以扬长避短；三是社会性作用，如职业的区别、年龄的划分、性别的标识和礼仪的工具等。从社会文化角度说，服饰是一系列符号的集合。

（一）着装的基本原则

着装应遵循人们公认的三原则——“TPO”原则，即：时间原则（Time）、环境原则（Place）和目的原则（Object）。

1. 时间原则

它是指在不同的时代、不同的季节、不同的时间应穿不同的服装。服装是有时代性的。比如，封建时代，女士一律穿旗袍，男士一律是长袍马褂、对襟开衫，若有人穿西装就会被讥笑为“假洋鬼子”。毛泽东时代，不分男女老少一律是蓝制服或绿军装，谁若穿着讲究一点，必然被视为资产阶级情调；而现在服装已成为显示风度气质、文化修养和身份地位的重要工具。服装有季节性，如在深秋时节穿一件无袖轻薄的连衣裙，很难给人留下美感。服装还有时间性。一般有日装、晚装之分。日装要求轻便、舒适，便于活动，但款式不可以使身体裸露，而晚装则要求艳丽、华贵、珠光宝气，可适当裸露。

2. 环境原则

它是指处于不同的工作环境、社交场面，着装要有所不同。比如，一个在外贸公司工作的公关小姐，总是喜欢穿款式陈旧、色泽暗淡的服装，尽管她努力工作，能力也不错，但好几次富有吸引力的工作机会都被那些衣着更时髦、打扮更精神的同事争取到了，因为她的衣着似乎在说：“我是一个安分守己的人，我对目前的状况很满意。”因此，着装还要根据环境场合的变化而变化，上班时不必穿高档服装，不能过于艳丽、裸露，而是穿端庄大方的西装、衬衫、套裙比较适合；上街不可穿居家服、睡衣睡裤；探亲访友着装应沉稳；去医院看望病人，应随意大方；郊游运动，应轻松随便；晚会舞会则可鲜艳华丽。

3. 目的原则

代表目的、目标、对象，即根据交往对象的特点，有目标地选择服饰，达到给对方留下深刻印象的目的。

（二）着装的注意事项

1. 注意协调

所谓穿着的协调，是指一个人的穿着要与他的年龄、体形、职业和所处的场合等吻合，表现出一种和谐，这种和谐能给人以美感。具体包括以下几点。

（1）穿着要和年龄相协调。在穿着上要注意你的年龄，与年龄相协调，不管青年人还是老年人，都有权利打扮自己，但是在打扮时要注意，不同年龄的人有不同的穿着要求。

年轻人应穿着鲜艳、活泼、随意一些，这样可以充分体现出青年人的朝气和蓬勃向上的青春之美。而中、老年人的着装则要注意庄重、雅致、整洁，体现出成熟和稳重，透出那种年轻人所没有的成熟美。因此，无论你是青年、中年，还是老年，只要你的穿着与年龄相协调，那么都会使你显出独特的美来。

(2) 穿着要与体形相协调。关于人体美的标准，古今中外众说纷纭。有关专家综合我国人口的健美标准，提出两性不同的体形标准。女性的标准体形是：骨骼匀称、适度。具体表现为：站立时头颈、躯干和脚的纵轴在同一垂直线上。肩稍宽，四肢比例以及头、颈、胸的比例。以肚脐为界，上下身的比例符合“黄金分割”的1.618∶1，也可用近乎8∶5来表示。若身高160厘米，则其较为理想的体重是50～55千克，肩宽是36～38厘米，胸围是84～86厘米，腰围是60～62厘米，臀围是86～88厘米；男性的标准体形应基本遵循两臂侧平举等于身高的原则，若身高167～170厘米，则其较为理想的体重是68～70千克，胸围是95～98厘米，腰围是75～78厘米，颈围是30～40厘米，上臂围是32～33厘米，大腿围是55～56厘米，小腿围是37～38厘米。

然而，在现实生活中，并非每个人的体形都十分理想，人们或多或少地存在着形体上的不完美或欠缺，或高或矮，或胖或瘦。若能根据自己的体形挑选合适的服装，扬长避短，则能实现服装美和人体美的和谐统一。

一般来说，身材较高的人，上衣应适当加长，配以低圆领或宽大而蓬松的袖子，宽大的裙子、衬衣，这样能给人以“矮”的感觉，衣服颜色上最好选择深色、单色或柔和的颜色。身材较矮的人，不宜穿大花图案或宽格条纹的服装，最好选择浅色的套装，上衣应稍短一些，使腿比上身突出，服装款式以简单直线为宜，上下颜色应保持一致。体形较胖的人应选择小花纹、直条纹的衣料，最好是冷色调，以达到显“瘦”的效果，在款式上，胖人要力求简洁，中腰略收，后背扎一中缝为好，不宜采用关门领，以“V”形领为最佳。体形较瘦的人应选择色彩鲜明、大花图案以及方格、横格的衣料，给人以宽阔、健壮的视觉效果。在款式上，瘦人应当选择尺寸宽大、上下分割花纹、有变化的、较复杂的、质地不太软的衣服，切忌穿紧身衣裤，也不要穿深色的衣服。另外，肤色较深的人穿浅色服装，会获得健美的色彩效果，肤色较白的人穿深色服装，更能显出皮肤的细洁柔嫩。

(3) 穿着要和职业相协调。穿着除了要和身材、体形协调之外，还要与你的职业相协调。这一点非常重要，不同的职业有不同的穿着要求。例如，教师、干部一般要穿着的庄重一些，不要打扮得过于妖冶，衣着款式也不要过于怪异，这样可以给人留下一个良好的印象；医生穿着要力求显得稳重和富有经验，一般不宜穿着过于时髦给人以轻浮的感觉，这样不利于对病人进行治疗；青少年学生穿着要朴实、大方、整洁，不要过于成人化；而演员、艺术家则可以根据他们的职业特点，穿着时尚一些。

(4) 穿着要和环境相协调。穿着还要与你所处的环境相协调。办公室是一个很严肃的地方，因此在穿着上就应整齐、庄重一些。外出旅游，穿着应以轻装为宜，力求宽松、舒适，方便运动。平日居家，可以穿着随便一些，但如有顾客来访，应请顾客稍坐，自己立即穿着整齐，如果只穿睡衣睡裤来接待顾客，那就显得失礼了。除此之外，在一些较为特殊的场合，还有一些专门的穿着要求。例如，在喜庆场合不宜穿得太素雅、古板；庄重的场合不能穿得太宽松、随便；悲伤场合不能穿得太鲜艳，等等。对于这些穿着要求，我们在下面还要作具体的介绍。

2. 注意色彩

色彩，是服装留给人们记忆最深的印象之一，而且在很大程度上也是服装穿着成败的关键所在。色彩对他人的刺激最快速，最强烈，最深刻，所以被称为“服装之第一可视物”。

一般来讲，不同色彩的服饰在不同的场合所产生的效果是不同的，为此，我们需要对色彩的象征性有一定的了解。

色彩的意义

黑色，象征神秘、悲哀、静寂、死亡，或者刚强、坚定、冷峻；

白色，象征纯洁、明亮、朴素、神圣、高雅、恬淡，或者空虚、无望；

黄色，象征炽热、光明、庄严、明丽、希望高贵、权威；

大红，象征活力、热烈、激情、奔放、喜庆、福禄、爱情、革命；

粉红，象征柔和、温馨、温情；

紫色，象征谦和、平静、沉稳、亲切；

绿色，象征生命、新鲜、青春、新生、自然、朝气；

浅蓝，象征纯洁、清爽、文静、梦幻；

深蓝，象征自信、沉静、平静、深邃；

灰色是中间色，象征中立、和气、文雅。

对一般人而言，在服装的色彩上要想获得成功，最重要的是掌握色彩的特性，色彩的搭配，以及正装色彩的选择这三个方面。

第一，色彩的特性。色彩具有冷暖、轻重、缩扩等特性。

色彩的冷暖。使人产生温暖、热烈、兴奋之感的色彩为暖色，如红色、黄色；使人有寒冷、抑制、平静之感的色彩叫冷色，如蓝色、黑色、绿色。

色彩的轻重。色彩明暗变化程度，被称为明度。不同明度的色彩往往给人以轻重不同的感觉。色彩越浅，明度越强，它使人有上升之感、轻感。色彩越深，明度越弱，它使人有下垂之感、重感。人们平日的着装，通常讲究上浅下深。

色彩的缩扩。色彩的波长不同给人收缩或扩张的感觉有所不同。一般来讲，冷色、深色属收缩色，暖色、浅色则为扩张色。运用到服装上，前者使人苗条，后者使人丰满，二者皆可使人在形体方面避短扬长，运用不当则会在形体上出丑露怯。

第二，色彩的搭配。色彩的搭配主要有统一法、对比法、呼应法。

统一法。即配色时尽量采用同一色系之中各种明度不同的色彩，按照深浅不同的程度搭配，以便创造出和谐感。例如，穿西服按照统一法可以选择这样搭配，如果采用灰色色系，可以由外向内逐渐变浅，深灰色西服—浅灰底花纹的领带—白色衬衫。这种方法使用于工作场合或庄重的社交场合的着装配色。

对比法。即在配色时运用冷色、深色，明暗两种特性相反的色彩进行组合的方法。它可以使着装在色彩上反差强烈，静中求动，突出个性。但有一点要注意，运用对比法时忌讳上下二分之一对比，否则给人以拦腰一刀的感觉，要找到黄金分割点即身高的三分之一点上（即穿衬衣从上往下第四、第五个扣子之间），这样才有美感。

呼应法。即在配色时，在某些相关部位刻意采用同一色彩，以便使其遥相呼应，产生美感。例如，在社交场合穿西服的男士讲究“三一律”。所谓“三一律”就是男士在正式场合时应使公文包、腰带、皮鞋的色彩相同，即为此法的运用。

第三，正装色彩的选择。

非正式场合所穿的便装，色彩上要求不高，往往可以听任自便，而正式场合穿的服装，其色彩却要多加注意。总体上要求正装色彩应当以少为宜，最好将其控制在三种色彩之内。这样有助于保持正装保守的总体风格，显得简洁、和谐。正装若超过三种色彩则给人以繁杂，低俗之感。正装色彩，一般应为单色、深色并且无图案。最标准的正装色彩是蓝色、灰色、棕色、黑色。衬衣的色彩最佳为白色，皮鞋、袜子、公文包的色彩宜为深色（黑色最为常见）。

此外，肤色也关系到着装的色彩，浅黄色皮肤者，也就是我们所说的皮肤白净的人，对颜色的选择性不那么强，穿什么颜色的衣服都合适，尤其是穿不加配色的黑色衣裤，则会显得更加动人。暗黄或浅褐色皮肤，也就是皮肤较黑的人，要尽量避免穿深色服装，特别是深褐色、黑紫色的服装。一般来说，这类肤色的人选择红色、黄色的服装比较合适。肤色呈病黄或苍白的人，最好不要穿紫红色的服装，以免使其脸色呈现出黄绿色，加重病态感；皮肤黑中透红的人，则应避免穿红、浅绿等颜色的服装，而应穿浅黄、白等颜色的服装。

3. 注意场合

所谓穿着要注意场合，是说要根据不同场合来进行着装。英国女王伊丽莎白二世访问中国期间，走出机舱门第一个亮相，穿的是正黄色西服套裙，戴正黄色帽子。这位女王本人喜欢红色和天蓝色，很少穿黄色衣服。但在中国，几千年的历史上黄色是皇帝的专用色。女王来中国访问穿正黄色，既表示尊重中国的传统习俗，又显示了她作为一国君主的高贵身份。

社交中，不同场合有不同的着装要求。这里主要介绍喜庆欢乐场合、隆重庄严的场合、华丽高雅场合和悲伤肃穆的场合的着装要求。

喜庆欢乐的场合包括庆祝会、欢乐会、生日、婚日纪念活动、婚礼聚会等。喜庆欢乐场合的穿着应与人们高兴、快乐、兴奋的情绪协调，女士可以穿得色彩鲜艳、丰富一些，款式也可以新颖一些，以烘托活跃欢乐的气氛。太深沉的色彩和太古板的款式都不太适宜。男士虽不能像女士那样穿红着绿，但白色或其他浅色西装、花色漂亮醒目的领带，均可以拿出来潇洒一番，以表现男士轻松愉快的心情。

隆重庄严的场合，如开幕闭幕式、签字仪式、出席重要的或高层次会议、重要的会见活动、新闻发布会等。这种场合是正式的，要特别注意个人的公众形象和媒介形象，注意仪表，衬托隆重庄严的气氛，所以不能穿得太随便。男士们应西装革履，正规、配套、整齐、洁净、一丝不苟，这是个人仪表形象的原则；女士也应穿上套装或较为素雅端庄的连衣裙，体现职业女士在正规场合的风范。

华丽高雅的场合，多半为晚上举办的正式社交活动，如正式宴会、酒会、招待会、舞会、音乐会等。在这种场合女士的着装应较为华丽高贵，有责任把自己打扮得漂亮一点，显示出美好的气质和修养。可以穿连衣长裙、套裙，面料要华丽，质地要好，色彩应单纯（最好为单色）。服装可以有花边装饰，也可以用胸针、项链、耳环、小巧漂亮的坤包点缀。式样简洁的华丽裙装，更能体现一种脱俗美。男士们穿着深色西服，从头到脚修饰一新，就可以步入华丽高雅的场合。

悲伤肃穆的场合，如吊唁活动和葬礼。这时的服装色彩不能太刺眼，款式不能太引人注目。到这种场合来的人，应该抱着沉痛的心、肃穆的情绪，为亡故者而来，而不是来展示个人的自我形象，因此在着装上应避免突出个性，表现自我，而是将自我的个性融进这种特殊场合的群体氛围之中。男士可以穿黑色或深色西装配白衬衣、黑领带；女士不抹口红、不戴装饰品、不用鲜艳的花手绢，全身衣装是深色或素色。使外表的肃穆与内心的沉痛协调统一起来。

（三）男性服饰

西装是男士最常见的办公服，也是现代交际中男士最得体的着装。国外很多机构，包括一些大企业，规定工作人员不能穿西装短裤、运动服上班，要求男士必须穿西服打领带。一些剧院也规定了观看者必须西装革履，为了塑造良好的个人形象，男士必须学会穿西装。

1. 男士西装的选择

（1）合适的款式。西装的款式可分为英国、美国、欧洲三大流派。尽管西装在款式上有流派之分，但是各流派之间差异并不很大，只是在后开衩的部位、扣是单排还是双排、领子的宽窄等方面有所不同。不过，在胸围、腰围的胖瘦，肩的宽窄上还是有所变化的。因此，我们在选择西装时，要充分考虑到自己的身高、体形，如身材较胖的人最好不要选择瘦型短西装；身材较矮者也最好不要穿上衣较长、肩较宽的双排扣西装。

（2）合适的面料和颜色。西装的面料要挺括一些。作正式礼服用的西装可采用深色，如黑色、深蓝、深灰等颜色的全毛面料制作。日常穿的西装颜色可以有所变化，面料也可以不必讲究，但必须熨烫挺括。如果穿着皱巴巴的西装，就会损坏自己的交际形象。

（3）选择合适的衬衣。穿着西装时一定要穿带领的衬衣；花衬衣配单色的西装效果比较好，单色的衬衣配条纹或带格西装比较合适；方格衬衣不应配条纹西装，条纹衬衣也不要配方格西装。

（4）合适的领带。在交际场合穿西装必须要打领带，领带的颜色、花纹和款式要与所穿的西装相协调。领带的面料以真丝为最优。在领带颜色的选择上，杂色西装应配单色领带，而单色西装则应配花纹领带；驼色西装应配金茶色领带，褐色西装则需配黑色领带等。

2. 男士西装的穿着

（1）穿好衬衣。穿西装必须要穿长袖衬衣，衬衣最好不要过旧，领头一定要硬扎、挺括，外露的部分一定要平整干净。衬衣下摆要掖在裤子里，领子不要翻在西装外，衬衣长于西装袖子。

（2）内衣不可过多。穿西装切忌穿过多内衣。衬衣内除了背心之外，最好不要再穿其他内衣，如果确实需要穿内衣的话，内衣的领圈和袖口也一定不要露出来。如果天气较冷，衬衣外面还可以穿上一件毛衣或毛背心，但毛衣一定要紧身，不要过于宽松，以免穿上显得过于臃肿，影响穿西装的效果。

（3）打好领带。在比较正式的社交场合，穿西装应系好领带。领带有简易打法和复杂打法之分。领带的长度要适当，以达到皮带扣处为宜。如果穿毛衣或毛背心，应将领带下部放在毛衣领口内。系领带时，衬衣的第一个纽扣要扣好，如果佩带领带夹，一般应在衬衣的第四、第五个纽扣之间。

领带的系法

1. 平结

平结为最多男士选用的领结打法之一，几乎适用于各种材质的领带。

要诀：领结下方所形成的凹洞需让两边均匀且对称。

2. 交叉结

该领带的系法是对于单色素雅质料且较薄领带适合选用的领结，对于喜欢展现流行感的男士不妨多加使用“交叉结”。

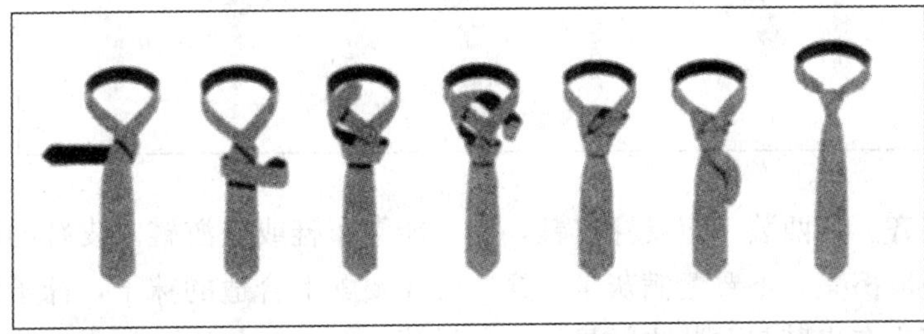

3. 双环结

一条质地细致的领带再搭配上双环结颇能营造时尚感，适合年轻的上班族选用。该领结完成的特色就是第一圈会稍露出于第二圈之外，可别刻意给盖住了。

4. 温莎结

温莎结适合用于宽领型的衬衫，该领结应多往横向发展。此种领带的打法应避免材质过厚的领带，领结也勿打得过大。

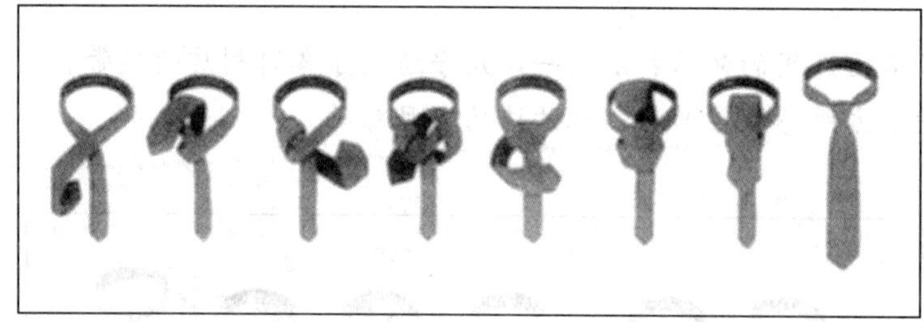

5. 双交叉结

这样的领结很容易让人有种高雅且隆重的感觉，适合正式之活动场合选用。这种如何打领带的方法应多运用在素色且丝质领带上，若搭配大翻领的衬衫不但适合且有种尊贵感。

（4）鞋袜整齐。穿西装一定要穿皮鞋，而不能穿布鞋或旅游鞋。皮鞋的颜色要与西装相配套。皮鞋还应擦亮，不要蒙满灰尘。穿皮鞋还要配上合适的袜子，袜子的颜色要比西装稍深一些。使它在皮鞋与西装之间显示一种过渡。

（5）扣好扣子。西装上衣可以敞开穿，但双排扣西装上衣一般不要敞开穿。在扣西装扣子时，如果穿的是两个扣子的西装，不要把两个扣子都扣上，一般只扣一个。如果是三个扣子只扣中间一个。西装裤兜内不宜放沉东西。

（四）女性服饰

女士服装应讲究配套，款式较简洁，色彩较单纯，以充分表现出女士的精明强干，落落大方。一般来讲，女士的服饰有以下几种类型。

1. 西装

女士西装式样较多，它的领型就有西装“V”字领、青果领、披肩领等；款式有单排扣、双排扣；衣长也有变化，或短至齐腰处，或长至大腿；造型上有宽松的、束腰的，还可有各种图案的镶拼组合。女士西装有衣裤相配的套装，也有衣裙相配的套裙。在社交场合无论西服套装或西服套裙款式都宜简洁大方，避免过分的花哨和夸张。

女士西服套装给人以精明干练，富有权威的感觉，显得比较严肃，更适合成熟的女士或职位较高的女领导工作时穿着。也成为社交中女士普遍适用的服装。

西服套裙的上装是西装，下装是腰裙，如西装裙、喇叭裙、百褶裙等。交际中西服套裙的面料应是高档面料，如夏季用丝绸，华贵柔美；春秋用各类毛料，考究挺括；冬季用羊绒或毛呢织物，高贵典雅。西服套裙的色彩应呈中性，也可偏暗，一色的面料适宜，各种条子、格子、点子面料也常用。西服套裙上下一色显得端庄，有成熟感；色彩上浅下深或上深下浅，式样上简下繁或上繁下简，花色或上轻下杂或上杂下轻，可以搭配出动感和活力，适合女士在不同场合穿出不同的风貌。

2. 连衣裙

连衣裙是上衣和裙子的结合体，它不但能尽显女士特有的恬静和妩媚，而且穿着便捷、舒适。连衣裙也可与西装外套等组合搭配，提高服装的使用率。连衣裙的造型丰富多彩，有前开襟、后开襟、全开襟和半开襟的；有紧身的、宽松的、喇叭形、三角形、倒三角形的；有无领的、有领的；有方领的、尖领的、圆领的；有超短的、过膝的、拖地的等各种款式，为各种身材的女士在不同场合提供了大量的选择。

穿着连衣裙时应以个人爱好、流行时尚而定，但在交际场合时连衣裙还应以大方典雅为宜。单色连衣裙在大多数场合效果都很好，点、条、格等面料的连衣裙图案也要力求简洁。穿连衣裙要注意避免：一是受时髦潮流的影响，太流行或趋于怪异，变得俗不可耐或荒诞不经；二是不顾及环境，而穿着过低的领口，过紧的衣裙，过透的面料，使人感到极不雅观。正所谓“酌奇而不失其真，玩华而不坠其实。”

3. 旗袍

旗袍被公认是最能体现女性曲线美的一种服装。在我国有着300年历史，近年来旗袍带着一股从未有过的震撼力在影响着世界各地女性的穿着，它像一种特殊的世界语，迅速被各种族的人们接受，打破了只有东方女性才适合穿着的传统论断，因而旗袍也可作为社交中礼服。旗袍作为礼服，一般采用紧扣的高领、贴身、身长过膝，两旁开衩、斜式开襟、袖口至手腕上方或肘关节上端的款式，面料以高级呢绒绸缎为主，配以高跟鞋或半高跟鞋。

（五）女性职业装着装风格

1. 庄重大方型

适合从事教育、文化、咨询、信息和医疗卫生等工作的职业女性。职业女性的着装外形正变得飘逸柔软，渐渐走出“女强人”的模式。衬衫款式以简单为宜，与套装搭配，可以选择白色、淡粉色、格子、线条等变化款式的衬衫。着装整体色彩上，可以考虑灰色、深蓝、黑色、米色等较沉稳的色系，给人留下干练朝气、充满亲和力与感染力的印象。此外，也可选择白色。考虑到职业女性一天近8小时面对公众，必须始终保持衣服形态整洁的缘故。因而，应当尽量选用那些经过处理、不易起皱的丝、棉、麻以及水洗丝等面料。

2. 成熟含蓄型

适合从事保险、证券、律师、公司主管、公共事业和政府机关公务员等工作的职业女性。许多职业女性着装的原则是专业形象第一，女性气质其次，在专业及女性两种角色里取得平衡。不同质地和剪裁的西服西裤，能穿出不同的感觉。总的来说，西服和西裤的搭配，显得成熟稳重，帅气潇洒，自由豪迈。连衣裙适合身材窈窕的女性。常见的连衣裙款式类似套裙，或长或短，没有太多的限制。露肩的黑色连衣裙，长度及踝，流畅而华丽的线条，令身体的美无言地展示。神秘的黑色适合成熟含蓄的女性。这样的服装可以出现的场合比较多。优雅利落的套装，给人的印象是井然有序。至于颜色，当然还是以白、黑、褐、海蓝、灰色等基本色为主。若嫌色彩过于单调，不妨扎条领巾；或在套装内穿件亮眼质轻的上衣。

3. 素雅端庄型

适合从事科研、银行、商业、贸易、医药和房地产等工作的职业女性。职业女性的穿着除了因地制宜、符合身份、清洁、舒适外，还须记住以不影响工作效率为原则，才能适当地展现女性的气质与风度。例如，女性的衣着太暴露，容易让男同事不知所措，自己则要时常瞻前顾后，如此会影响自己的工作效率。因此，职业女性的上班服应注重配合流行但不损及专业形象。原则是“在流行中略带保守”，是保守中的流行。太薄或太轻的衣料，会有不踏实、不庄重之感。衣服样式宜素雅，花色衣服则应挑选规则的图案或花纹如格子、条纹、人字形纹等。

4. 简约休闲型

适合从事新闻、广告、平面设计、动画制作和形象造形等工作的职业女性。这类职业女性的着装是简单中的优雅，舒适中的休闲，但简单的服饰可造就不简单的女人。白色或者深蓝色细格的棉质衬衫，修身的设计，半透明的质感，内衬白色吊带背心，简约和性感混合在一起。穿这样的衣服，会在单位人气大增。

5. 清纯秀丽型

适合从事网络、计算机、公关、记者、娱乐等工作的职业女性。虽然办公室里不需要风情万种，但女人聪明的天性以及对美丽的极度敏感，使她们能够轻而易举地将流行元素融进枯燥沉闷的上班服饰中。时尚无须复杂，一双华丽斑斓的凉鞋、一只绣有花朵的书包，都可成为将职业装穿出流行感觉的点睛之作，职业形象也能带出甜蜜的感觉。

（六）女性职业装着装禁忌

(1) 过大或过小。西装套裙的上衣最短处可以齐腰，裙子最长可至小腿中部，松紧适度。

(2) 衣扣“不到位”。在正式场合，西装套裙的上衣扣子应按规矩系好，再忙，再热，也不要敞怀不扣，更不宜随便当着别人的面脱衣。

(3) 内衣外显。穿丝、棉等薄型或浅色面料的西装套裙，一定要内穿衬裙。衬裙的长度不应长于外面的裙子，颜色也应与之相近。衬衫不宜过于透明。

(4) 搭配不当。西装上衣不可以与牛仔裤、健美裤、裙裤搭配穿着，黑色皮裙更不宜作为正式服饰。

(5) 鞋袜不配。穿西装套裙应当穿黑色高跟或半高跟浅口皮鞋，配肉色丝袜。不可穿布鞋、凉鞋、旅游鞋或拖鞋，丝袜不可有挑丝或破损，袜口不可露在裙子外面。

（七）服装的饰物佩戴

饰物的佩戴要注意与个人的风格、服装的质地与整体形象等相一致，具体说：

1. 帽子与围巾

帽子可以遮阳，可以御寒，同时也给人的仪表增添各种不同的情趣美。帽子种类有许多种：法式帽、西班牙式帽、宽檐帽、鸭舌帽、滑雪帽、水手帽、棒球帽等。帽子要注意与发型、脸型及服装的式样、颜色相配，还要注意与围巾相呼应。例如，简单优雅、线条流畅的圆形滚边帽下散落一头长发，最能表现出不造作的个性；而棕色的豹纹丝绒圆帽及围巾，既流行又不失沉稳，表现出酷劲十足。单单一条围巾也可为服装增添色彩，如一条丝巾的随意变化，或围在肩上，或挂在脖子上下垂，或在头上改变发型都会起到意想不到的效果。冬季的一条长围巾披在一边的肩膀上，也会有意想不到的美感。

2. 眼镜

眼镜不仅是实用的日常用品，也可以看成是“眼睛的服饰”，眼镜的选择要适合人的脸型。正方形脸可选用稍圆或有弧度的镜片，这样可与方型脸互补，镜框顶端的位置必须凸起，远远高于下巴；长方形脸由于脸型过长，镜框必须尽可能遮住脸部中央以修短脸型，因此适合佩戴镜框较大的眼镜；圆形脸为减弱圆形的感觉，可选择有直线或有角度的镜框，黑色、咖啡色等较深色系也有改变脸型的效果；三角形脸由于前额宽、脸颊较尖，选择有细边和垂直线的镜框以平衡脸的下方，镜框不宜太高，过粗的鼻桥及深色、方型眼镜皆不合适。此外，个性也是考虑因素之一：较大鼻子要选择较大镜框来平衡；较小鼻子要戴浅色和较高鼻梁的眼镜，可使鼻子看起来较长。

3. 包

无论是男士的公文包或女士的坤包都应与所穿服装相协调，要保持包的清洁和美观。如果包中没有分隔夹层的话，可用几个小带子将皮包分类。如女士的皮包中可放一些化妆品、钱、钥匙、纸巾、笔等用品，可将其分类装入不同的小袋，以免找东西乱翻一通或需把东西全倒出来才能找到，这样既破坏美感又浪费时间。正式社交场合，皮包最好拿在手上，而不是背在肩上。

4. 鞋

社交中男士的鞋一般都是皮鞋，穿民族服装和中山装也可以穿布鞋。男士的皮鞋以黑色最为通用，样子以保守一点为宜。女士的皮鞋一般为敞口鞋或冬季的短靴，布鞋、凉鞋或长筒马靴一般不适用于正式社交场合及办公场所。女士鞋的颜色也以黑色为通用，也可与服装颜色协调一致。皮鞋要求线条简洁，无过多的装饰和亮物。女士穿高跟鞋的高度一般以 3～4 厘米为宜，最高不超过 6 厘米为限，此外，高跟鞋的鞋跟也不可太细，以免发生危险。

5. 袜子

社交中，男士的袜子应是深色的，最好是服装与鞋的过渡色。有的人在穿西装时穿白袜子，破坏了整体的稳重感，把人的视线吸引到了脚上，一双袜子破坏了精心设计的整体美。女士穿西服套装时的袜子也是同样的道理。穿裙子时最好穿连裤长袜。它比较适合各种款式的裙子，尤其是在穿一步裙、中间或两旁开衩的裙子时，以免穿半截袜而使大腿露出不雅。即使穿长筒袜，也要用吊袜带以免袜子松松垮垮或滑下。长袜以肉皮色系列最为通用。尽量穿有透明感的长袜，除非冬季穿很厚的衣裙、大衣时才可以厚实一点。

6. 首饰

对于服饰而言，首饰起着辅助、烘托、陪衬、美化的作用。从审美的角度来看，它与服装、化妆，一道被列为人们用以装饰、美化自身的三大方法之一。较之于服装，它常常发挥画龙点睛的作用。

在使用首饰时宁肯不用也不要乱用，所以使用首饰要注意讲究规则：在数量上以少为佳，下限是零，上限是三，必要时可以一件首饰也不戴，若有意同时戴多种时，在数量上不要超过三种，除耳环、手镯外，同类首饰不要超过一件，否则会给人凌乱之感，因此首饰要力求简单。

三、不同场合的仪容修饰

仪容是仪表的重要组成部分，主要指一个人的容貌，当然这个容貌可以指经人工按照社会的审美观念进行修饰以后的容貌。

饭店服务员的仪容要求是：女服务员头发要整洁干净，发型大方得体，工作时不散发披肩；男服务员发不盖耳，长不过领，不留大鬓角。在脸部修饰上，女服务员要淡妆美容，男服务员应每天刮脸修面，不留胡须。手部要保持清洁，不留指甲，不涂指甲油。工作期间不佩戴项链、耳环、手镯，只许佩戴手表。

一个人的仪容，大体上受到两大因素的左右。其一，是本人的先天条件。一个人相貌如何，通常主要受制于血缘遗传。不管一个人是“天生丽质难自弃”，还是长的丑陋不堪，实际上一降生到人世便已“命中注定如此”，其后的发展变化往往不会与之相去甚远。其二，是本人的修饰维护。每个人的先天条件固然头等重要，然而这么说并非意味着一个在仪容方面先天条件优越的人，便可以过分地自恃其长，而不去进行任何后天的修饰或维护。事实上，修饰与维护，对于仪容的优劣而言往往起着一定的作用。在任何情况下，一个正常人倘若不注意对本人的仪容进行合乎常规的修饰与维护，往往在他人的心目中也难有良好的个人形象可言。所以我们在平时必须时刻不忘对自己的仪容进行必要的修饰和整理，做到“内正其心，外正其容”。总的来说，要做到以下几个方面。

（一）干净整洁

要做到仪容干净整洁，重要的是需要长期的坚持不懈，不厌其烦地进行以下仪容细节的修饰工作。

1. 坚持洗澡、洗头、洗脸

洗澡可以除去身上的尘土、油垢和汗味，并且使人精神焕发。有可能的话要常洗澡，至少也要坚持每星期洗一次。在参加重大礼仪活动之前还要加洗一次。头发是人体的制高点，因为人们的发型多有不同，故此颇受他人的关注。只有经常坚持洗头，方可确保头发不粘连，不板结，无发屑，无汗馊气味。若脸上常有灰尘、污垢、泪痕或汤渍，难免会让人觉得此人又懒又脏。所以除了早上起床后、晚上睡觉前洗脸之外，只要有必要、有可能，随时随地都要抽出一点时间洗脸净面。

2. 去除分泌物

首先要清除眼角分泌物，它给人的印象很不雅，所以应经常及时地将其清除；戴眼镜者还应注意，眼镜片上的污物也要及时揩除。其次要注意去除鼻孔分泌物，在外出上班或出席正式活动之前，要检查一下鼻孔内有无鼻涕，若有要及早清除。再次要去除耳朵的分泌物——耳残，虽然它不易看到，但却不要忘记对其打扫。最后还要注意去除口部的多余物，这是指口角周围沉积的唾液、飞沫、食物残渣和牙缝间的牙垢，它们看起来让人作呕，必须及时发现，及时清除。

3. 定时剃须

除了具有宗教信仰与风俗习惯者之外，男性不宜蓄留胡须，因为在交际场合“美髯公”并不美，它显得不清洁，还对交往对象不尊重，因此男性最好每天坚持剃一次胡须，绝对不可以胡子拉碴地上班或会面。此外还要注意经常检查和修剪“鼻毛”。

4. 保持手部卫生

在每个人的身上，手是与外界进行直接接触最多的一个部位，它最容易沾染脏东西，所以必须勤洗手，除饭前、便后外，还要在一切应当有必要对其讲究一下卫生的时候。还要常剪手指甲，绝不要留长指甲，因为它不符合礼仪人员的身份，还会藏污纳垢，给人留下不讲卫生的印象，所以要经常剪。手指甲的长度以不长过手指指尖为宜。

5. 注意口腔卫生

坚持每天刷牙，消除口腔异味，维护口腔卫生，是非常必要的。有可能的话，在吃完每顿饭以后都要刷一次牙，切勿用以水漱口和咀嚼口香糖一类无效的方法来替代刷牙。还要养成平日不吃生蒜、生葱和韭菜一类带刺激性气味的食物的良好习惯，免得在工作中担心自己说话“带味道”，使接近自己的人感到不快。

6. 保持发部整洁

首先应清洗头发。除了要注意采用正确的方式方法之外，最重要的是要对头发定期清洗，并且坚持不懈。一般认为，每周至少应当对自己的头发清洗两三次。

其次是修剪头发。与清洗头发一样，修剪头发同样需要定期进行，并且持之以恒。在正常情况之下，通常应当每半个月左右修剪一次自己的头发。至少，也要确保每个月修剪头发一次。否则，自己的头发便难有“秩序”可言。

最后是梳理头发。梳理头发是每天必做之事，而且往往应当不止一次。按照常规，在下述情况下皆应自觉梳理一下自己的头发。一是出门上班前，二是换装上岗前，三是摘下帽子时，四是下班回家时，五是其他必要时。

在梳理自己的头发时，还有三点应予注意：一是梳理头发不宜当众进行。作为私人事务，梳理头发时当然应当避开外人。二是梳理头发不宜直接下手，最好随身携带一把发梳，以便必要时梳理头发之用。不到万不得已，千万不要以手指去代替发梳。三是断发头屑不宜随手乱扔。梳理头发时，难免会产生少许断发、头屑等。信手乱扔，是缺乏教养的表现。

（二）化妆适度

在职业活动中，适当化妆，不仅是职业工作的需要，同时也是对他人尊重的一种表现。做任何事情都贵在适度，化妆也不例外，过分醉心于美容，化妆得不堪浓艳，不仅有损于皮肤的健康，而且还有损于别人的观瞻，因此，化妆适度是仪容美的基本要求。

1. 化妆的原则

美容化妆必须坚持美化、自然、协调的原则。

（1）美化原则。每一个化妆的人都希望化妆能使自己变得更美丽，这是无疑的，要使化妆达到美的效果，首先必须了解自己的脸的各部位特点，孰优孰劣要心中有数；还要清楚怎样化妆和矫正才能扬长避短，变拙陋为俏丽，使容貌更迷人。这些，要在把握脸部个性特征和正确的审美观的指导下进行。

（2）自然原则。自然是化妆的生命，它能使化妆后的脸看起来真实而生动，而不是一张呆板生硬的面具。化妆失去了自然的效果，就无生命力和美了。自然的化妆要依赖正确的化妆技巧、合适的化妆品；要一丝不苟，井井有条；要讲究过渡、体现层次；要点面到位、浓淡相宜。总之，要使化妆说其有，看似无，就像被化妆的人确确实实长了这样一张美丽的面容，像真的一样。化妆时不讲艺术技法手段，胡来一气，敷衍了事，片面追求速度，都有可能使妆面失真。

（3）协调原则。

◆妆面协调：指化妆部位色彩搭配、浓淡协调，所化的妆针对脸部个性特点，整体设计协调。

◆全身协调：指脸部化妆还必须注意与发型、服装、饰物协调，如穿大红色的衣服或配了大红色的饰物时，口红可以采用大红色的。它力求取得完美的整体效果。

◆身份协调：指礼仪人员化妆时要考虑到自己的职业特点和身份，采用不同的化妆手段和化妆品。作为职业人士，应注意化妆后体现端庄稳重的气质；作为专门从事各种关系建立和协调的从业人员出头露面的机会多，与有身份、有地位、有权力人打交道频繁，要表现出一定的人际吸引魅力，化妆就不能太艳俗或太单调，而应浓淡相宜，青春妩媚，适合人们共同的爱美之心。

◆场合协调：指化妆要与所去的场合气氛要求一致。日常办公，妆可以化淡一些；出入宴会、舞会场合，妆可以化浓一些，尤其是舞会，妆可以亮丽一些；参加追悼会，素衣淡妆，忌使用鲜艳的红色化妆。不同的场合不同的化妆，相得益彰，不仅会使化妆者内心保持平衡，也会使周围的人心理融洽。

2. 化妆的方法

化妆时要认真掌握化妆的方法。化妆大体上应分为清洁面部、打基础底色、定妆、修饰眼睛、上腮红及涂口红等步骤。每个步骤均有一定之法必须认真遵守，讲求化妆的方法。

（1）清洁面部。

◆洁面：用温水及洗面奶彻底洗去脸上的油脂、汗水、灰尘等污秽，以使面部光洁。

◆拍化妆水：根据皮肤的性质，选用不同的化妆水轻拍前额、面颊、鼻梁、下巴等处，将其涂抹均匀。

◆擦护肤霜：使用适量的护肤霜，一是润泽皮肤；二是可以保护皮肤少受化妆品的刺激，并使粉底容易涂抹。注意不要用过分滋润的面霜，最好是用精华素。

（2）打基础底色。又叫敷底粉或打底。它是以调整面部皮肤颜色为目的的一种基础化妆。选择两种适合自己皮肤的粉底霜，按面部不同的区域、分别涂抹深浅不同的粉底，在脸部的正面用接近自己天然肤色的颜色，均匀地薄薄地涂抹。在脸部的侧面，可用较深底色，从后向前，均匀地涂抹，这样可以增强脸部的立体感。但是切勿忘记脖颈部位。在那里打上一点儿粉底，才不会使自己面部与颈部“泾渭分明”。

（3）定妆。薄薄地施定妆粉，目的是柔和妆面固定底色。可使用粉扑或散粉，扑到脸上的颗粒越细效果越自然，粉色不要太白，一定要涂得薄而均匀。

（4）修饰眼睛。

◆画眼线：这一步骤在化妆时最好不要省掉。它的最大好处，是可以让化妆者的一双眼睛生动而精神，并且更富有光泽。在画眼线时，一般应当把它画得紧贴眼睫毛。具体而言，画上眼线时，应当从内眼角朝外眼角方向画；画下眼线时，则应当从外眼角朝内眼角画，并且在距内眼角约 1/3 处收笔。应予重点强调的是，在画外眼线时，特别要重视笔法。最好是先粗后细，由浓而淡，要注意避免眼线画得呆板、锐利、曲里拐弯。画完之后的上下眼线，一般在外眼角处不应当交合。上眼线看上去要稍长一些，这样才会使双眼显得大而充满活力。

◆施眼影：主要目的是强化面部的立体感，以凹眼反衬隆鼻，并且使化妆者的双眼显得更为明亮传神。施眼影时，有两大问题应予注意：一是要选对眼影的具体颜色。过分鲜艳的眼影，一般仅适用于晚妆，而不适用于工作妆。对中国人来说，化工作妆时选用浅咖啡色的眼影，往往收效较好。二是要施出眼影的层次之感。施眼影时，最忌没有厚薄深浅之分。若注意使之由浅而深，层次分明，将有助于强化化妆者眼部的轮廓。

◆描眉形：一个人眉毛的浓淡与形状，对其容貌发挥着重要的烘托作用。任何有经验的化妆者，都会将描眉视为其化妆时的重中之重。在描眉时，有四点需要注意：一是先要进行修眉，以专用的镊子拔除那些杂乱无序的眉毛；二是描眉所要描出的整个眉形，必须要兼顾本人的性别、年龄与脸型；三是在具体描眉形时，要对逐根眉毛进行细描，而忌讳一画而过；四是描眉之后应使眉形具有立体之感，所以在描眉时通常都要在具体手法上注意两头淡，中间浓；上边浅，下边深。

（5）上腮红。不但能使面颊显得红润柔美，还可以调整、修饰脸型，体现女性的魅力。在化工作妆时上腮红，需要注意四条：一是要选择优质的腮红，若其质地不佳，便难有良好的化妆效果；二是要使腮红与唇膏或眼影属于同一色系，以体现妆面的和谐之美；三是要使腮红与面部肤色过渡自然，正确的做法应是，以小刷蘸取腮红，先上在颧骨下方，即高不及眼睛、低不过嘴角、长不到眼长的 1/2 处，然后才略作延展晕染；四是要扑粉进行定妆。在上好腮红后，即应以定妆粉定妆，以便吸收汗粉、皮脂，并避免脱妆。扑粉时不要用量过多，并且不要忘记在颈部也要扑上一些。

不同脸型的人涂抹腮红时应采用不同的方法。圆脸型的人，颊红的形状应是长条形的；长脸型的人应刷得宽些；白皮肤的人，可选用淡而明快的颜色，如浅桃红、浅玫瑰红；皮肤较黑的人，颊红色可深一些，暗一些。

（6）涂口红。化妆时，唇部的地位仅次于眼部。涂唇彩，既可改变不理想的唇形，又可使双唇更加娇媚迷人。涂口红时的主要注意事项有三：一是要先以唇线笔描好唇线，确定好理想的唇形。唇线笔的颜色要略深于唇膏的颜色。描唇形时，嘴应自然放松张开，先描上唇，后描下唇。在描唇形时，应从左右两侧分别沿着唇部的轮廓线向中间画。上唇嘴角要描细，下唇嘴角则要略去。二是要涂好唇膏。以唇线笔描好唇形后，才能涂唇膏。选择唇膏时，既可以选彩色，也可以选无色。但要求其安全无害，并要避免选用鲜艳古怪之色。女性一般宜选棕色、橙色或紫色，男性则宜选无色唇膏。涂唇膏时，应从两侧涂向中间，并要使之均匀而又不超出早先以唇线笔画定的唇形。三是要仔细检查。涂毕唇彩后，要用纸巾吸去多余的唇膏，并细心检查一下牙齿上有无唇膏的痕迹。

（7）喷香水。主要是为了掩饰不雅的体味，而不是为了使自己香气袭人，这一点很重要。喷香水要注意的问题有：一是不应使之影响本职工作，或是有碍于人；二是宜选气味淡雅清新的香水，并应使之与自己同时使用的其他化妆品香型大体上一致，而不是彼此“窜味”；三是切勿使用过量，产生适得其反的效果；四是应当将其喷在或涂抹于适当之处，如腕部、耳后、颌下、膝后等，而千万不要将它直接喷在衣物上、头发上或身上其他易于出汗之处。

（三）发型美观

发型是构成仪容美的重要内容。美观的发型能给人一种整洁、庄重、洒脱、文雅、活泼的感觉。根据不同人的发质、服装、身材、脸型等选择合适的发型，就可以扬长避短，和谐统一，增加人体的整体美。

1. 发式与发质、服装

一般来说，直而硬的头发容易修剪得整齐，故设计发型时应尽量避免花样复杂，应以修剪技巧为主，做成简单而又高雅大方的发型。比如，梳理成披肩长发，会给人一种飘逸秀美的悬垂美感；用大号发卷梳理成略带波浪的发型或梳成发髻等，会给人一种雍容、典雅的高贵气质。

细而柔软的头发比较服帖，容易整理成型，可塑性强，适合做小卷曲的波浪式发型，显得蓬松自然；也可以梳成俏丽的短发，能充分体现你的个性美。

在现代美容中，一个人的发式与服装有着十分密切的关系。什么样的服装应当有什么样的发式相配，这样才显得协调大方。假如一个高贵典雅的发髻配上一套牛仔服系列就显得不伦不类，因此，只有和谐统一才体现美。

在前一时期，社会上流行不对称的服装，那么就必须有不对称的发式来相配，才会有种奇特美感，而端庄与娇俏的发式也应与各式样的服装配合。再如男士穿上笔挺的西服，再梳理个西装头，就会显得风度翩翩。青年在举行婚礼时，女士若穿婚礼服就必须配上波纹自然的秀发，这样显得高雅华贵、格外动人。

2. 发式与身材

身材高大威壮者，应选择显示大方、健康洒脱美的发式，以避免给人大而粗、呆板生硬的印象。高大身材的女士，一般留简单的短发为好，切忌花样复杂。烫发时，不应卷小卷，以免造成与高大身材的不协调。

身材高瘦者，适合留长发型，并且适当增加些发型的装饰性。如若梳卷曲的波浪式发型，会对于高瘦身材更有一定的协调作用。但高瘦身材者不宜盘高发髻，或将头发削剪的太短，以免给人一种更加瘦长的感觉。

身材矮小者，适宜留短发或盘发，因露出脖子可以使身材显得高些，并可以根据自己的喜爱，将发式做得精巧、别致些，追求优美、秀丽。但矮小身材者不宜留长发或粗犷、蓬松的发型，那样会使身材显得更矮。

身材较胖者，适宜梳淡雅舒展、轻盈俏丽的发式，尤其是应注意将整体发势向上，将两侧束紧，使脖子亮出，这样会使人产生视错觉，感觉你瘦些。但若留长波浪，两侧蓬松，则会显得更胖。

另外，如果你的上身比下身长，或上下身等长，发式可选择长发以遮盖其上身；如肩宽臀窄，就应选择披肩发或下部头发蓬松的发式，以发盖肩，分散肩部宽大的视角；若颈部细长，可选择长发的发式，不适宜采用短发式，以免使脖颈显得更长；若颈部短粗，则适宜选择中长发式或短发式，以分散颈粗的感觉。

总之，进行发式选择时，必须根据自己的体型，选择一个与之相称的发型。

3. 发式与脸型

◆椭圆脸型：任何发式都与它配合，能达到美容效果。但若采用中分头路，左右均衡、顶部略蓬松的发式，会更贴切，以显示脸型之美。

◆圆脸型：接近于孩童脸，双颊较宽，因此应选择头前部或顶部略半隆的发式，两侧则要略向后梳，将两颊及两耳稍微留出，这样，既可以在视觉上冲淡脸圆的感觉，又显得端庄大方。圆脸型的人尤其适合梳纵向线条的垂直向下的发型或是盘发，使人显得挺拔而秀气。

◆长脸型：端庄凝重，但给人一种老成感。因此，应选择优雅可爱的发式来冲淡这种感觉，顶发不宜太丰隆、前额部的头发可适当下倾，两颊部位的头发适当蓬松些，可以留长发，也可以齐耳，发尾要松散流畅，以发型的宽度来缩短脸的视觉长度。若将头发做成自然成型的柔曲状，会更理想。

◆方脸型：前额较宽，两腮突出，显得脸型短阔。适宜选择自然的大波纹状发式，使整个头发柔和地将脸孔包起来，两颊头发略显蓬松遮住脸的宽部，使人的视觉由线条的圆润冲淡脸部方正直线条的印象。

◆“由”字型脸：应选择宜表现额角宽度的发型，而中长发型较好。可使顶部的头发梳得松软蓬松些，两颊侧的头发宜向外蓬出以遮住腮，在人的视觉上减弱腮部的宽阔感。

◆“甲”字型脸：宜选择能遮盖宽前额的发型，一般说两颊及后发应蓬松而饱满，额部稍垂“刘海”，顶部头发不宜丰隆，以遮住过宽的额头。此脸型人适宜将发烫成波浪型的长发。

（四）护肤得法

护肤是仪容美的关键。皮肤尤其是面部皮肤的经常护理和保养，是实现仪容美的首要前提。正常健康的人皮肤具有光泽，且柔软、细腻洁净、富有弹性；而当人处于病态或衰老的时候，其皮肤就会失去光泽、弹性，出现皱纹或色斑。对皮肤进行经常性的护理和保养有助于保持皮肤的青春活力。

皮肤的类型

皮肤一般分三种类型：干性皮肤、中性皮肤和油性皮肤。对于不同类型的皮肤需用不同的方法加以护理和保养。

干性皮肤红白细嫩，油脂分泌较少，经不起风吹日晒，对外界的刺激十分敏感，极易出现色素沉着和皱纹。有些干性皮肤的人苦于自己的皮肤少了一份“亮光”，使劲往脸上涂抹“增亮”的油脂，殊不知此举减少了皮肤的透气性。其实对于这种皮肤，每天在洗脸的时候，可以在水中加入少许蜂蜜，湿润整个面部，用手拍干。坚持一段时间，就能改善面部肌肤，使其光滑细腻。

中性皮肤比较润泽细嫩，对外界的刺激不太敏感。这种皮肤比较易于护理，可以在晚上用水洗脸后，再用热水捂脸片刻，然后轻轻抹干。

油性皮肤肤色较深，毛孔粗大，油光满面，易生痤疮等皮脂性皮肤病，但适应性强，不易显皱。洗脸时可在热水中加入少许白醋，以便有效地去除皮肤上过多的皮脂、皮屑和尘埃，使皮肤富有光泽和弹性。

皮肤的护理是必要的，皮肤的保健更是十分必要的。精神愉快是最好的美容保健方法。俗话说：“笑一笑，十年少”。美国一位科学家曾说：“笑是一种化学刺激反应，它能激发人体各个器官，尤其是激发头脑和内分泌系统活动。”笑的时候，面部肌肉舒展活动，皮肤的新陈代谢加快，从而能促进血液循环，增强皮肤弹性。我们应当避免过分的焦虑、忧愁和悲伤，当遇到困难和烦恼时，要善于排解，可以通过向他人述说的方法向外排解，也可以通过听音乐、看小说等方法自我排解，乐观的人始终是美丽的。充足的睡眠是美容保健不可缺少的条件。在睡眠状态下，人体的器官能够自动休整，细胞加快更新，皮肤可以获得更多的氧。睡眠充足，精神才能振作，才能容光焕发。如果晚上经常熬夜，长此以往皮肤会干涩无光。

合理的饮食是美容保健的根本。人体需要多种养分，有了养分，皮肤才有自然健康的美。因此，我们在日常的生活中应注意饮食上的多种多样，多吃富含维生素的食物，少吃刺激性食物，保持吸收、消化系统的畅通。

四、表情和手势的运用

（一）表情

表情是人内心的思想情感在面部的外化。这种外化主要依靠面部肌肉的运动来完成。通过面部肌肉的运动所传递的信息就是表情。

美国心理学家登布在其《推销员如何了解顾客心理》一文中说："假如顾客的眼睛朝下看，脸转向一边，表示你被拒绝了；假如他的嘴唇放松，笑容自然，下颚向前，则可能会考虑你的提议；假如他对你的眼睛注视几秒钟，嘴角乃至鼻翼部位都显出微笑，笑得很轻松，而且很热情，这项买卖就做成了。"由此可见，面部表情在传情达意方面起着重要作用。

美国另外一位心理学家伯特·梅拉比安对人的感情表达信息的总效应进行了分析，并列出一个公式：感情表达信息的总效应＝7％语言＋38％语调＋55％面部表情。面部表情作为丰富且复杂的体态语的一个重要方面，它包括脸色的变化、肌肉的收展以及眉、鼻、嘴等的动作，我们这里主要重点介绍一下眼神和微笑。

1. 眼神

俗话说："眼睛是心灵的窗户"，它是人体传递信息最有效的器官，而且能表达最细微、最精妙的差异，显示出人类最明显、最准确的交际信号。正如著名印度诗人泰戈尔所说："在眼睛里，思想敞开或是关闭，放出光芒或是没入黑暗，静悬着如同落月，或者像忽闪的电光照亮了广阔的天空。那些自有生以来除了嘴唇的颤动之外没有语言的人，学会了眼睛的语言，这在表情上是无穷无尽的，像海一般的深沉，天空一般的清澈，黎明和黄昏，光明与阴影，都在自由嬉戏。"据研究，在人的视觉、听觉、味觉、嗅觉和触觉感受中，唯独视觉感受最为敏感，人由视觉感受的信息占总信息的83％。在汉语中用来描述眉目表情的成语就有几十个，如"眉飞色舞"、"眉目传情"、"愁眉不展"、"暗送秋波"、"眉开眼笑"、"瞠目结舌"、"怒目而视"……这些成语都是通过眼语来反映人们的喜、怒、哀、乐等情感的，人的七情六欲都能从眼睛这个神秘的器官内显现出来。

眼神主要由注视的时间、视线的位置和瞳孔的变化三个方面组成。

（1）注视的时间。据调查研究，人们在交谈时，视线接触对方脸部的时间约占全部谈话时间的30％～60％，超过这一平均值，可认为对谈话者本人比谈话内容更感兴趣；低于平均值，则表示对谈话内容和谈话者本人都不怎么感兴趣。不难想象，如果谈话时心不在焉、东张西望，或只是由于紧张、羞怯不敢正视对方，目光注视的时间不到谈话的1/3，这样的谈话，必然难以被人接受和信任。当然，必须考虑到文化背景，如南欧人注视对方可能会造成冒犯。

（2）视线的位置。人们在社会交往中，不同的场合和对象，目光所及之处也是有差别的。有的人在与比较陌生的人打交道时，往往因为不知把目光怎样安置而窘迫不安；已被人注视而将视线移开的人，大多怀有相形见绌之感；仰视对方，一般体现“尊敬、信任”的语义；频繁而又急速的转眼，是一种反常的举动，常被用作掩饰的一种手段。当然，如果死死地盯着对方或者东张西望，不仅是极不礼貌，而且也显得漫不经心。

（3）瞳孔的变化。瞳孔的变化即视觉接触时瞳孔的放大或缩小。心理学家往往用瞳孔变化大小的规律，来测定一个人对不同的事物的兴趣、爱好、动机等。兴奋时，人的瞳孔会扩张到平常的 4 倍大；相反，生气或悲哀时，消极的心情会使瞳孔收缩到很小，眼神必然无光。所谓“脉脉含情”、“怒目而视”等都多与瞳孔的变化有关。所说，古时候的珠宝商人已注意到这种现象，他们能窥视顾客的瞳孔变化而猜测对方是否对珠宝感兴趣，从而决定是抬高价钱还是降价。

在社交过程中，与朋友会面或被介绍认识时，可凝视对方稍久一些，这既表示自信，也表示对对方的尊重。双方交谈时，应注视对方的眼鼻之间，表示重视对方及对其发言感兴趣。当双方缄默不语时，就不要再看着对方，以免加剧因无话题本来就显得冷漠、不安的尴尬局面。当别人说了错话或显拘谨时，务请马上转移视线，以免对方把自己的眼光误认为是对其的嘲笑和讽刺。如果你希望在争辩中获胜，那就千万不要移开目光，直到对方眼神转移为止。送客时，要等顾客走出一段路，不再回头张望时，才能转移目送顾客的视线，以示尊重。

在谈判中也很讲究眼神的运用。一方让眼镜滑落到鼻尖上，眼睛从眼镜上面的缝隙中窥探，就是对对方鄙视和不敬的情感表露。一方在不停地转眼珠，就要提防其在打什么新主意。双目生辉，炯炯有神，是心情愉快、充满信心的反映，在谈判中持这种眼神有助于取得对方的信任和合作。相反，双眉紧锁、目光无神或不敢正视对方，都会被对方认为无能，可能导致对自己的不利结果。

眼神还可传递其他信息，已被人注视而将视线移开的人，大多怀着相形见绌之感，有很强的自卑感。无法将视线集中在对方身上或很快收回视线的人。多半属于内向型性格。仰视对方，表示怀有尊敬、信任之意；俯视对方表示有意保持自己的尊严。频繁而急速的转眼，是一种反常的举动，常被用做掩饰的一种手段，或内疚，或恐惧，或撒谎，需根据情况作出判断。视线活动多且有规则，表明其在用心思考。听别人讲话，一面点头，一面却不将视线集中在谈话人身上，表明其对此话题不感兴趣。说话时对方将视线集中在你身上的人，表明他渴望得到你的理解和支持。游离不定的目光传递出来的信息是心神不宁或心不在焉。

眼神表达出异常丰富的信息，但微妙的眼神有时是只可意会，难以言传，只能靠我们在社会实践中用心体察、积累经验、努力把握，方能在社交中灵活运用眼神。

2. 微笑

著名画家达·芬奇的杰作《蒙娜丽莎》是文艺复兴时期最出色的肖像作品之一。画中女士的微笑给人以美的享受，使人们充满对真善美的渴望，至今让人回味无穷。

微笑，是一种特殊的语言——“情绪语言”。它可以和有声语言及行动相配合，起“互补”作用，沟通人们的心灵，架起友谊的桥梁，给人以美好的享受。工作、生活中离不开微笑，社交中更需要微笑。

微笑是世界通用的体态语，它超越了各种民族和文化的差异。微笑是人人都喜爱的体态语，正因为如此，无论是个人或组织，都应充分重视微笑及其作用。微笑是有规范的，一般要注意四个结合：

(1) 口眼结合。要口到、眼到、神色到，笑眼传神，微笑才能扣人心弦。

(2) 笑与神、情、气质相结合。这里讲的“神”，就是要笑得有情入神，笑出自己的神情、神色、神态，做到情绪饱满，神采奕奕；“情”，就是要笑出感情，笑得亲切、甜美，反映美好的心灵；“气质”就是要笑出谦逊、稳重、大方、得体的良好气质。

(3) 笑与语言相结合。语言和微笑都是传播信息的重要符号，只有注意微笑与美好语言相结合，声情并茂，相得益彰，微笑方能发挥出它应有的特殊功能。

(4) 笑与仪表、举止相结合。以笑助姿、以笑促姿，形成完整、统一、和谐的美。

尽管微笑有其独特的魅力和作用，但若不是发自内心的真诚的微笑，那将是对微笑语的亵渎。有礼貌的微笑应是自然的坦诚，内心真实情感的表露。否则强颜欢笑，假意奉承，那样的“微笑”则可能演变为“皮笑肉不笑”、“苦笑”。比如，拉起嘴角一端微笑，使人感到虚伪；吸着鼻子冷笑，使人感到阴沉；捂着嘴笑，给人以不自然之感。这些都是失礼之举。

（二）手势

手势是通过手和手指活动所传递的信息。手势是一种非常富有表现力的“体态语言”，它不仅对口头语言起加强、说明、解释等辅助作用，而且还能表达有些口头语言所无法表达的内容和情绪。在饭店礼仪服务中，规范、恰当、适度的手势，有助于增强人们表情达意的效果，并给人一种优雅、含蓄、礼貌、有教养的感觉。

1. 手势的区域

手势活动的范围，有上、中、下三个区域。此外，还有内区和外区之分。肩部以上称为上区，多用来表示理想、希望、宏大、激昂等情感，表达积极肯定的意思；肩部至腰部称为中区，多表示比较平静的思想，一般不带有浓厚的感情色彩；腰部以下称为下区，多表示不屑、厌烦、反对、失望等，表达消极否定的意思。

2. 手势的类型

(1) 情意手势。主要用于带有强烈感情色彩的内容，其表现方式极为丰富，感染力极强。比如说“我非常爱她”时，用双手捧胸，以表示真诚之情。

(2) 象征手势。主要用来表示一些比较复杂的感情和抽象的概念，从而引起对方的思考和联想。例如，把大军乘胜追击的场面，用右手五指并齐，并用手臂前伸这个手势来形容，象征着奋勇进发的大军，就能引起听众的联想。

(3) 指示手势。主要用于指示具体事物或数量，其特点是动作简单，表达专一，一般不带感情色彩。如当讲到自己时，用手指向自己；谈到对方时，用手指向对方。

(4) 形象手势。其主要作用是模拟事物的形状，以引起对方的联想，给人一种具体明确的印象。如说到高山，手向上伸；讲到大海，手平伸外展。

3. 手势的原则

手势语能反映出复杂的内心世界，但运用不当，便会适得其反，因此在运用手势时要注意几个原则。首先要简约明快，不可过于繁多，以免喧宾夺主；其次要文雅自然，因为拘束、低劣的手势，会有损于交际者的形象；再次要协调一致，即手势与全身协调，手势与情感协调，手势与口语协调；最后要因人而异，不可能千篇一律地要求每个人都做几个统一的手势动作。

4. 常见的手势

(1) 引领的手势。在各种交往场合都离不开引领动作，例如，请顾客进门，顾客坐下，为顾客开门等，都需要运用手与臂的协调动作，同时，由于这是一种礼仪，还必须注入真情实感，调动全身活力，使心与形体形成高度统一，才能做出色彩和美感。引领动作主要有以下几个表现形式：

◆横摆式。以右手为例：将五指伸直并拢，手心不要凹陷，手心向斜上方。腕关节微屈，腕关节要低于肘关节。动作时，手从腹前抬起，至横膈膜处，然后，以肘关节为轴向右摆动，到身体右侧稍前的地方停住。同时，双脚形成右丁字步，左手下垂，目视来宾，面带微笑。这是在门的入口处常用的谦让礼的姿势，如图 2 - 22 所示。

◆曲臂式。当一只手拿着东西，扶着电梯门或房门，同时要做出“请”的手势时，可采用曲臂手势。以左手为例：五指伸直并拢，从身体的侧前方，向上抬起，至上臂离开身体的高度，然后以肘关节为轴，手臂由体侧向体前摆动，摆到手与身体相距 20 厘米处停止，面向右侧，目视来宾，如图 2 - 23 所示。

图 2 - 22　横摆式引领手势

图 2 - 23　曲臂式引领手势

◆斜下式。请来宾入座时，手势要斜向下方。首先用双手将椅子向后拉开，然后，一只手曲臂由前抬起，再以肘关节为轴，前臂由上向下摆动，使手臂向下成一斜线，并微笑点头示意来宾，如图 2 - 24 所示。

图 2-24 斜下式引领手势

(2) "OK" 手势。拇指和食指合成一个圆圈，其余三指自然伸张。这种手势在西方某些国家比较常见，但应注意在不同国家其语义有所不同。如：美国表示"赞扬"、"允许"、"了不起"、"顺利"、"好"；在法国表示"零"或"无"；在印度表示"正确"；在中国表示"零"或"三"两个数字；在日本、缅甸、韩国则表示"金钱"；在巴西则是"引诱女人"或"侮辱男人"之意；在地中海的一些国家则是"孔"或"洞"的意思，常用此来暗示、影射同性恋，如图 2-25 所示。

(3) 伸大拇指手势。大拇指向上，在说英语的国家多表示"OK"之意或是打车之意；若用力挺直，则含有骂人之意；若大拇指向下，多表示坏、下等人之意。在我国，伸出大拇指这一动作基本上是向上伸表示赞同、一流、好等，向下伸表示蔑视、不好等之意，如图 2-26 所示。

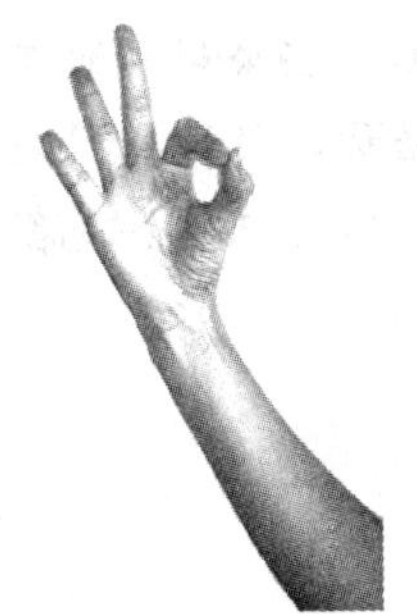

图 2-25 "OK" 手势

图 2-26 伸大拇指手势

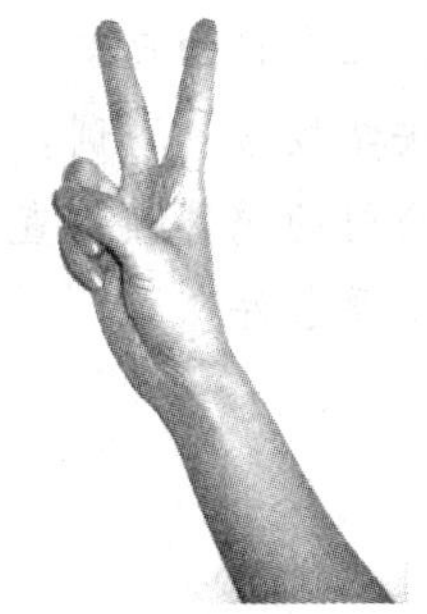

图 2-27 "V" 字手势

(4) "V" 字手势。伸出食指或中指，掌心向外，其语义主要表示胜利（英文 Victory 的第一个字母），掌心向内，在西欧表示侮辱、下贱之意。这种手势还时常表示"二"这个数字，如图 2 - 27 所示。

（5）伸出食指手势。在我国以及亚洲一些国家表示“一”、“一个”、“一次”等；在法国、缅甸等国家则表示“请求”、“拜托”之意。在使用这一手势时，一定要注意不要用手指指人，更不能在面对面时用手指着对方的面部和鼻子，这是一种不礼貌的动作，且容易激怒对方。

（6）捻指作响手势。就是用手的拇指和食指弹出声响，其语义或表示高兴、或表示赞同，或是无聊之举，有轻浮之感。应尽量少用或不用这一手势，因为其声响有时会令他人反感或觉得没有教养，尤其是不能对异性运用此手势，这是带有挑衅、轻浮之举。

微笑之都

美国有一个城市被称为微笑之都，它就是爱达荷州的波卡特洛市，该市通过一项法令，该法令规定全体市民不得愁眉苦脸或拉长面孔，否则违者将被送到“欢容遣送站”去学习微笑，直到学会微笑为止。波卡特洛市每年都举办一次“微笑节”，可以想象，“微笑之都”的市民的微笑决不比“蒙娜丽莎”逊色。

世界著名的希尔顿酒店的总经理希尔顿，每当遇到员工时，都要询问这样一句话：“你今天对顾客微笑了没有?”他指出：“酒店里第一流的设备重要，而第一流服务员的微笑更重要，如果缺少服务员的美好微笑，好比花园里失去了春日的太阳和春风。假如我是顾客，我宁愿住进虽然只有破旧地毯，却处处可见到微笑的酒店，而不愿走进只有一流设备而不见微笑的地方。”正是因为希尔顿深谙微笑的魅力，才使希尔顿酒店誉满全球。

近年来，日本许多公司员工都在业余时间参加“笑”的培训，他们认为这样可以增强企业内部凝聚力，改善对外服务，提高企业效益。根据日本传统，无论男人和女人，遇到高兴、悲伤或愤怒时，都必须学会控制情绪，以保持集体和睦。因为日本人认为藏而不露是一种美德。但自从日本经济进入衰退期后，生意越来越难做，商家竞争日趋激烈。于是乎，为招揽顾客，日本商家，特别是零售业和服务业，新招迭出。其中之一就是让员工笑脸迎客。在今日的日本，数以百计的“微笑学校”应运而生。日本一些公司的员工一般在下班后去学校接受培训，时间为 90 分钟，连续受训一个星期。据称，经过微笑培训，日本不少公司的销售额“直线上升”。日本许多公司招工时，都把会不会“自然地微笑”作为一个重要条件。

第二节　饭店员工须知的一般的社交手段

在现代社会中，广泛的社交是事业成功的必要条件。掌握一般的社交礼仪有助于在人际交往中显示自己的风度，增添个人的魅力。同时，了解一般社交过程中最基本的礼貌、礼节、礼仪，也有助于旅游礼宾活动的顺利开展和为顾客提供优质的服务。

一、称呼和介绍

（一）称呼

称呼，也叫称谓，是当面招呼对方，以表明彼此关系的名称。称呼是给对方的第一印象，是交谈前的“敲门砖”。在社交过程中，礼貌得体的称呼表现出对他人的尊敬。称呼使用是否恰当，常常会决定你与顾客的交往能否顺利成功。

1. 通常的称呼

（1）称呼姓名。一般的同事、同学关系，平辈的朋友、熟人，均可彼此之间以姓名相称。例如，“陈小二”、“张大军”、“刘燕”。长辈对晚辈也可以如此称呼，但晚辈对长辈却不可这样做。为了表示亲切，可以在被称呼者的姓名前分别加上“老”、“大”、“小”字相称，而免称其名。例如，对年长于己者，可称“老张”、“大李”；对年幼与己者，可称“小吴”、“小周”。但这种称呼多在职业人士间常见，不适合在校学生。对同性的朋友、熟人，若关系极为亲密，可以不称其姓，而直呼其名，如“春光”、“英俊”。对于异性一般则不可这样做。因为若如此，那不是其家人，就是其配偶了。

（2）称呼职务。在工作中，以交往对象的职务相称，以示身份有别、敬意有加，这是一种最常见的称呼方法。具体做法上可以仅称呼职务，如“局长”、“经理”、“主任”，等等；可以在职务前加上姓氏，例如：“王总经理”、“李市长”、“张主任”，等等；还可以在职务之前加上姓名，这仅实用于极其正式的场合。例如：“×××主席”、“×××省长”、“×××书记”，等等。

（3）称呼职称。对于有职称者，尤其是有高级、中级职称者，可以在工作中直接以其职称相称。可以只称职称，例如：“教授”、“研究员”、“工程师”，等等；可以在职称前加上姓氏。例如“张教授”、“王研究员”、“刘工程师”，当然有时可以简化，如将“刘工程师”简化为“刘工”，但使用简称应以不发生误会、歧义为限；可以在职称前加上姓名，它适用于十分正式的场合。例如：“×××教授”、“××主任医师”、“×××主任编辑”，等等。

（4）称呼学衔。在工作中，以学衔作为称呼，可增加被称呼者的权威性，有助于增强现场的学术氛围。可以在学衔前加上姓氏，例如“张博士”；可以在学衔前加上姓名，如“××博士”。一般对学士、硕士不称呼学衔。

（5）称呼职业。称呼职业，即直接以被称呼者的职业作为称呼。例如，将教员称为“老师”，将教练员称为“教练”或“指导”，将专业辩护人员称为“律师”，将财务人员称为“会计”，将医生称为“大夫”或“医生”，等等。一般情况下在此类称呼前，均可加上姓氏或姓名。

(6) 称呼亲属。亲属，即本人直接或间接拥有血缘关系者。在日常生活中，对亲属的称呼业已约定俗成，人所共知。面对外人，对亲属可根据不同情况采取谦称或敬称。对本人的亲属应采用谦称。称辈分或年龄高于自己的亲属，可以在其称呼前加“家”字，如“家父”、“家叔”。称辈分或年龄低于自己的亲属，可在其称呼前加“舍”字，如“舍弟”、“舍侄”。称自己的子女，则可在其称呼前加“小”字，如“小儿”、“小女”、“小婿”。对他人的亲属，应采用敬称。对其长辈，宜在称呼前加“尊”字，如“尊母”、“尊兄”。对其平辈或晚辈，宜在称呼之前加“贤”字，如：“贤妹”、“贤侄”。若在其亲疏的称呼前加“令”字，一般可不分辈分与长幼，如“令堂”、“令爱”、“令郎”。

2. 几种称呼的正确使用

(1) 同志。志同道合者才称同志。如政治信仰、理想、爱好等相同者，都可称为同志。我国同志这个称呼流行于建国后，这一词已成为我国大陆公民彼此之间最普通、最常用的称呼。这一称呼不分男女、长幼、地位高低，除了亲属之外，所有人都可以称同志。今天，在改革开放之后，这一称谓的使用率相对减少，因此在使用同志一词时应有所区别。如在同一党内，同一组织内，对解放军和国内的普通公民，这一称呼皆可使用。但对于儿童，对于具有不同政治信仰、不同价值观、不同国家的人，尽量少使用或不使用。

(2) 老师。这一词原意是尊称传授文化、知识、技术的人，后泛指在某些方面值得学习的人。孔子曰：“三人行，必有我师。”这说明，在古代“老师”这一称呼已泛指所有值得学习的人。现代社会，老师这一称谓一般用于学校中传授文化科学知识、技术的教师。目前，老师这一称谓在社会上也比较流行，有时人们出于对交际对象的学识、经验或某一方面的敬佩、尊重，常常以“姓＋老师”来称呼对方，尤其在文艺界比较常见，这种称谓，交际的对方一般会感到受到了尊重，心情比较舒畅。

(3) 先生。在我国古代，一般称父兄、老师为先生，也有称郎中（医生）、道士等为先生的。有些地区还有已婚妇女对自己的丈夫或称别人家的丈夫为先生的，现在在我国南方某些地区仍这样使用。建国后，先生一词则很少使用，有时只有对教师称为先生。改革开放以后，随着对外交流的增多，“先生”一词又流行起来，不过，其概念已与以前有所不同。目前，先生一词泛指所有的成年男士。在西方国家，对成年男士一般都称呼先生。不过也有例外，如在美国，12 岁以上的男士就可以称先生；在日本，对身份高的女士也称先生。在我国知识界，也喜欢对有学问的女士称先生。先生这一称谓大方得体，既显示了彼此的尊重，又有彼此平等之意，有利于提高交际效果。

(4) 师傅。这一词原意是指对工、商、戏剧行业中传授技艺的人的一种尊称，后泛指对所有有技艺的人的称谓。到了五六十年代，师傅这一词在社会中比较流行，有虚心请教、尊敬对方之意。但师傅这一称呼大多用于非知识界的人士。师傅这一称呼一般不用于称呼有职称、有学位的人，否则可能会产生误解，有漠视之嫌。在现代交际中，采用师傅这一称谓已基本恢复其原意，即称呼工、商、戏剧行业中传授技艺的人。

(5) 小姐。《现代汉语词典》中，“小姐”解释为：旧社会官僚、地主和资产阶级家庭里仆人称主人家未出嫁的女儿及对未出嫁的女子的尊称。据考证，“小姐”作为一个称谓词语，已经有五六百年的历史。

“小姐”的不同含义

五十多年前，一个女性如能被人称为小姐，那么她不是大家闺秀也是文化丽人。小姐这两个字，一般人是配不上的。要不然怎么会有“小姐的身子丫鬟的命”一说呢?

二十多年前，“小姐”一词臭了，你叫人一声小姐，不但被叫者不高兴，叫人者也要倒霉。那时男女老少流行统称同志，小姐是被批判的“封资修”的东西。

十几年前，面对年轻的女士，你再称一声“小姐”，对方不仅沾沾自喜，还会感到受宠若惊，“小姐”一词被《国家公务员条例》列为国家公务员的指定礼貌用语。

然而在今天，“小姐”一词又贬值了。北京一男士携妻购物，女店员笑容可掬：“先生，您给小姐买点什么?”这位妻子当即相斥：“你才是小姐呢。”小姐沾了“三陪”的光，成了“黄”称。而在国外，“小姐”是对未婚女士的称呼，如果对年龄偏大的女士叫一声小姐，对方不但不会责怪你，还会心里暗暗高兴呢！因为这样有夸她年轻之意，她往往愿意接受。

3. 称呼的技巧

(1) 初次见面更要注意称呼。初次与人见面或谈业务时，要称呼姓＋职务，要一字一字地说得特别清楚，比如：“王总经理，你说得真对……”如果对方是个副总经理，可删去那个“副”字；但若对方是总经理，不要为了方便把“总”字去掉，而变为经理。

(2) 称呼对方时不要一带而过。在交谈过程中，称呼对方时，要加重语气，称呼完了停顿一会儿，然后再谈要说的事，这样能引起对方的注意，他会认真地听下去。如果你称呼的很轻又很快，有种一带而过的感觉，对方听着不会太顺耳，有时也听不清楚，就引不起听话的兴趣。相比之下，如果太不注意对方的姓名，而过分强调了要谈的事情，那就会适得其反，对方不会对你的事情感兴趣了。所以一定要把对方完整的称呼，很认真很清楚很缓慢地讲出来，以显示对对方的尊重。

(3) 关系越熟越要注意称呼。与对方十分熟悉之后，千万不要因此而忽略了对对方的称呼，一定要坚持称呼对方的姓＋职务（职称），尤其是有其他人在场的情况下。人人都需要被人尊重，越是朋友，越是要彼此尊重，如果熟了就变得随随便便，“老王”、“老李”甚至用一声“唉”、“喂”来称呼了，这样极不礼貌，是令对方难以接受的。

(二) 介绍

介绍是在日常生活和社交场合经常使用的，从中沟通、使双方建立关系的一种礼节。通过介绍，可以缩短人们之间的距离，使隔阂感逐渐被亲近感所取代，以便更好地交谈、沟通和了解；还可以帮助人们扩大社交圈，结识新朋友，为以后相互合作奠定基础。

介绍有各种各样的方式。如果按社交场合分，有正式介绍和非正式介绍；如果按被介绍者的人数来分，有集体介绍和个别介绍；如果按介绍者来分，有自我介绍、他人介绍和介绍他人。此外，如果从介绍的性质和目的来划分，还可以分为商业性介绍、社交性介绍和家庭成员介绍等形式。

1. 自我介绍

在社交场合，自我介绍是最常有的事。成功的自我介绍会给人留下主动、热情、大方的印象，为今后进一步交往创造一个良好的开端。自我介绍时，应该注意做到：

(1) 措辞坦然、直率，简繁恰当。自我介绍时，要及时、清楚地报出自己的姓名和身份。大方自然地进行自我介绍，可以先面带微笑，温和地看着对方说声：“您好!”以引起对方的注意，然后报出自己的姓名身份，并简要表明结识对方的愿望或缘由。进行自我介绍一定要力求简洁，尽可能地节省时间介绍总的以半分钟为佳。

(2) 举止庄重、大方，充满自信。自信的人能使人产生信赖和好感。按照传统习惯，作介绍时可将右手放在自己的左胸上，不要慌慌张张，手足无措，不要用大拇指指着自己。切忌在自我介绍中躲躲闪闪，唯唯诺诺，似乎怕别人摸了自己的底而小看自己。或者吞吞吐吐，模棱两可，不能给别人一种清晰的概念和印象。

2. 介绍他人

为他人做介绍时必须遵守“尊者优先了解情况”的规则，在为他人做介绍前，先要确定双方地位的尊卑，然后先介绍位卑者，后介绍尊者。具体如下：

(1) 先将男士介绍给女士。例如，介绍王先生与李小姐认识，介绍人应当引导王先生到李小姐面前，然后说：“李小姐，我来给你介绍一下，这位是王先生。”注意在介绍的过程中，被介绍者的名字总是后提。

(2) 先将年轻者介绍给年长者。把年轻者引见给年长者，以示对前辈、长者的尊敬。如：“王教授，让我来介绍一下，这位是我的同学小明。”“张阿姨，这是我的表妹小丽。”“刘伯伯，我请您认识一下我的表弟小强。”在介绍中应注意有时虽然男士年龄较大，但仍然是将男士介绍给女士。

(3) 先将未婚女士介绍给已婚女士。如：“张太太，让我来介绍一下，这位是李小姐。”注意当被介绍者，无法辨别其是已婚还是未婚时，则不存在先介绍谁的问题，可随意介绍，如，“张女士，我可以把我的女朋友李小姐介绍给你吗?”

(4) 先将职位低的介绍给职位高的。在实业界或公司中，在商务场合要先将职位低的介绍给职位高的。如：“王总，这位是××公司的总经理助理刘女士。”注意这里我们先提到的是王总经理，这是因为我们把王总经理的职位看做高于刘女士，尽管王总经理是一位男士，仍不先介绍他。

(5) 先将家庭成员介绍给对方。在向别人介绍自己的家庭成员时，应谦虚地说出对方的名字。这不仅是出于礼貌，而且对介绍自己的家庭成员也比较方便。如：“张先生，我想请你认识一下我的女儿晓芳。”“张先生，请允许我介绍一下我的妻子。”

(6) 集体介绍时的顺序。在被介绍者双方地位、身份大致相似，或者难以确定时，应当使人数较少的一方礼让人数较多的一方，一个人礼让多数人，先介绍人数较少的一方或个人，后介绍人数较多的一方或多数人。

若被介绍者在地位、身份之间存在明显差异，特别是当这些差异表现为年龄、性别、婚否、师生以及职务有别时，则地位、身份为尊的一方即使人数较少，甚至仅为一人，仍然应被置于尊贵的位置，最后加以介绍，而先介绍另一方人员。

若需要介绍的一方人数不止一人，可采取笼统的方法进行介绍，例如可以说："这是我的家人"，"他们都是我的同事"，等等。但最好还是要对其一一进行介绍。进行此种介绍时，可比照他人介绍十位次尊卑顺序进行介绍。

若被介绍双方皆不止一人，则可依照礼规，先介绍位卑的一方，后介绍位尊的一方。在介绍各方人员时，均需由尊到卑，依次进行。

3. 他人介绍

(1) 他人介绍的时机。他人介绍即社交中的第三者介绍。

在他人介绍中，为他人做介绍的人一般由社交活动中的东道主、社交场合中的长者、家庭中聚会的女主人、公务交往活动中的公关人员（礼宾人员、文秘人员、接待人员）等。他人介绍的时机包括：

在家中接待彼此不相识的顾客。

在办公地点，接待彼此不相识的来访者。

与家人外出，路遇家人不相识的同事或朋友。

陪同亲友，前去拜会亲友不相识者。

本人的接待对象遇见了其不相识的人士，而对方又跟自己打了招呼。

陪同上司、长者、来宾时，遇见了其不相识者，而对方又跟自己打了招呼。

打算推介某人加入某一交际圈。

受到为他人作介绍的邀请。

(2) 他人介绍的注意事项。在为他人做介绍时，介绍者对介绍的内容应当字斟句酌，慎之又慎。

在正式场合，内容以双方的姓名、单位、职务等为主。如："我来给两位介绍一下。这位是A公司的公关部主任李芳女士，这位是B公司的总经理汪洋先生。"

在一般的社交场合，其内容往往只有双方姓名一项，甚至可以只提到双方姓氏为止。接下来，则由被介绍者见机行事。如："我来介绍一下，这位是老张，这位是小王，你们认识一下吧。"

在比较正规的场合，介绍者有备而来，有意将某人举荐给某人，因此在内容方面，通常会对前者的优点加以重点介绍。如，"这位是李明先生，这位是我们公司的林楠总经理。李先生是一位管理方面的专业人士，他还是北大的MBA。林总我想您一定很想认识他吧!"

在进行他人介绍时，介绍者与被介绍者都要注意自己的表达、态度与反应。介绍者为被介绍者介绍之前，不仅要尽量征求一下被介绍双方的意见，而且在开始介绍时还应再打一下招呼，切勿上去开口即讲，显得突如其来，让被介绍者措手不及。

被介绍者在介绍者询问自己是否有意认识某人时，一般不应加以拒绝或扭扭捏捏，而应欣然表示接受。实在不愿意时，则应说明缘由。

当介绍者走上前来，开始为被介绍者进行介绍时，被介绍的双方应起身站立，面含微笑，大大方方地注视介绍者或者对方，神态庄重、专注。

当介绍者介绍完毕后，被介绍双方应依照合乎礼仪的顺序进行握手，并且彼此问候对方。此时的常用语有："你好"、"很高兴认识你"、"久仰大名"、"认识你非常荣幸"、"幸会，幸会"，等等。必要时还可作进一步的自我介绍。

介绍姓名时，一定要口齿清楚，发音准确。把易混的字咬准，如"王"和"黄"、"刘"和"牛"，等等；对同音字、近音字必要时要加以解释，如"邹"和"周"、"张"和"章"、"徐"和"许"，等等。

二、拜访与接待

（一）拜访礼仪

拜访前应事先和被访对象约定，以免扑空或扰乱主人的计划。拜访时要准时赴约。拜访时间长短应根据拜访目的和主人意愿而定。一般而言时间宜短不宜长。

到达被访人所在地时，一定要用手轻轻敲门，进屋后应待主人安排指点后坐下。后来的顾客到达时，先到的顾客应该站起来，等待介绍。

拜访时应彬彬有礼，注意一般交往细节。告辞时要同主人和其他顾客一一告别，说"再见"、"谢谢"；主人相送时，应说"请回"、"留步"、"再见"。

（二）接待礼仪

接待人员要品貌端正，举止大方，口齿清楚，具有一定的文化素养，受过专门的礼仪、形体、语言、服饰等方面的训练。

接待人员服饰要整洁、端庄、得体、高雅；女性应避免佩戴过于夸张或有碍工作的饰物，化妆应尽量淡雅。

如果来访者是预先约定好的重要顾客，则应根据来访者的地位、身份等确定相应的接待规格和程序。在办公室接待一般的来访者，谈话时应注意少说多听，最好不要隔着办公桌与来人说话。对来访者反映的问题，应作简短的记录。

三、握手礼仪

握手礼仪是在社交活动中使用频率最高、适用范围最广泛的一种礼节。人们在见面时、分别时、问候时、祝贺时以及表示友好、和解时常常会使用握手礼。但是，握手礼并非全球通用的礼节。在某些国家，握手仅限于特定的场合和范围。如在美国，一般只有在被第三者介绍时两人才握手。

（一）握手的次序

根据礼仪规范，握手时双方伸手的先后次序，一般应当遵守"尊者先伸手"的原则，应由尊者首先伸出手来，位卑者只能在此后予以响应，而绝不可贸然抢先伸手，不然就是违反礼仪的举动。其基本规则如下：

1. 男女之间握手

男女之间握手，男士要等女士先伸出手后才握手。如果女士不伸手或无握手之意，男士向对方点头致意或微微鞠躬致意。男女初次见面，女方可以不和男士握手，只是点头致意即可。男女握手时，男士要脱帽和脱右手手套，如果偶遇匆匆忙忙来不及脱，要道歉。女士除非对长辈，一般可不必脱手套。

2. 顾客之间握手

顾客之间握手，主人有向顾客先伸出手的义务。在宴会、宾馆或机场接待顾客，当顾客抵达时，不论对方是男士还是女士，女主人都应该主动先伸出手。男士因是主人，尽管对方是女宾，也可先伸出手，以表示对顾客的热情欢迎。而在顾客告辞时，则应由顾客首先伸出手来与主人相握，在此表示的是“再见”之意。

3. 长幼之间握手

长幼之间握手，年幼的一般要等年长的先伸手。和长辈及年长的人握手，不论男女，都要起立趋前握手，并要脱下手套，以示尊敬。

4. 上下级之间握手

上下级之间握手，下级要等上级先伸出手。但涉及主宾关系时，可不考虑上下级关系，做主人的应先伸手。

5. 一个人与多人握手

若是一个人需要与多人握手，则握手时亦应讲究先后次序，由尊而卑，即先年长者后年幼者，先长辈后晚辈，先老师后学生，先女士后男士，先已婚者后未婚者，先上级后下级，先职位、身份高者后职位、身份低者。

值得注意的是：在公务场合，握手时伸手的先后次序主要取决于职位、身份。而在社交、休闲场合，它则主要取决于年龄、性别、婚否。

（二）握手的方式

握手的标准方式，是行礼时行至距握手对象约 1 米处，双腿立正，上身略向前倾，伸出右手，四指并拢，拇指张开与对方相握。握手时应用力适度，上下稍许晃动三四次，随后松开手来，恢复原状。具体地应注意如下几点：

1. 神态

与人握手时神态应专注、热情、友好、自然。在通常情况下，与人握手时，应面含微笑，目视对方双眼，并且口道问候。在握手时切勿显得自己三心二意，敷衍了事，漫不经心，傲慢冷淡。如果在此时迟迟不握他人早已伸出的手，或是一边握手，一边东张西望，目中无人，甚至忙于跟其他人打招呼，都是极不应该的。

2. 力度

握手时用力应适度，不轻不重，恰到好处。如果手指轻轻一碰，刚刚触及就离开，或是懒懒地慢慢地相握，缺少应有的力度，会给人勉强应付、不得已而为之之感。一般来说，手握得紧是表示热情，男人之间可以握的较紧，甚至另一只手也加上，包括对方的手大幅度上下摆动，或者在手相握时，左手又握住对方胳膊肘、小臂甚至肩膀，以表示热烈。但是注意既不能握得太使劲，使人感到疼痛，也不能显得过于柔弱，不像个男子汉。对女性或陌生人，轻握是很不礼貌的，尤其是男性与女性握手应热情、大方、用力适度。

3. 时间

通常是握紧后打过招呼即松开。但如亲密朋友意外相遇，敬慕已久而初次见面，至爱亲朋依依惜别，衷心感谢难以表达等场合，握手时间就长一点，甚至紧握不放，话语不休。在公共场合，如列队迎接外宾，握手的时间一般较短。握手的时间应根据与对方的亲密程度而定。

（三）握手的禁忌

在人际交往中，握手虽然司空见惯，看似寻常，但是由于它可被用来传递多种信息，因此在行握手礼时应努力作到合乎规范，并且注意下述几点：

不要用左手与他人握手，尤其是在与阿拉伯人、印度人打交道时要牢记此点，因为在他们看来左手是不洁的。

不要在握手时争先恐后，而应当遵守秩序，依次而行。特别要记住，与基督教信徒交往时，要避免两人握手时与另外两人相握的手形成交叉状，这类似十字架，在基督教信徒眼中是很不吉利的。

不要戴着手套握手，在社交场合女士的晚礼服手套除外。

不要在握手时戴着墨镜，只有患有眼疾或眼部有缺陷者才能例外。

不要在握手时将另外一只手插在衣袋里。

不要在握手时另外一只手依旧拿着香烟、报刊、公文包、行李等东西而不肯放下。

不要在握手时面无表情，不置一词，好似根本无视对方的存在，而纯粹是为了应付。

不要在握手时长篇大论，点头哈腰，滥用热情，显得过分客套，让对方不自在，不舒服。

不要在握手时把对方的手拉过来、推过去，或者上下左右抖个没完。

不要在与人握手之后，立即揩拭自己的手掌，好像与对方握一下手就会使自己受到感染似的。

握手与性格

美国著名盲聋女作家海伦·凯勒曾说：“我接触的手，虽然无言，却极有表现力。有的人握手能拒人千里之外，……我握着冷冰冰的手指，就像和凛冽的北风相握手一样。而也有些人的手充满阳光，他们伸出来与你相握时，你会感到很温暖”由此可见，握手传递的性格方面的信息是何等丰富。

握手方式与性格特点大致可分为7种类型：

1. 控制式

用掌心向下或向左下的姿势握住对方的手。这种人想表达自己的优势、主动、傲慢或支配地位。一般具有说话干净利落、办事果断、高度自信的特点。凡事一经自己决定，就很难改变观点，作风不大民主。

2. 谦恭式

即用掌心向上或向左上的手势与对方握手。这种人往往性格软弱，处于被动、劣势地位，处世比较谦和、平易近人，不固执，对对方比较尊重、敬仰，甚至有几分畏惧。

3. 对等式

即握手时两人伸出的手心都不约而同地向着左方握在一起。这种人比较友好，也可能是很遵守游戏规则的平等的竞争对手。

4. 双握式

即在右手相握的同时，再用左手加握对方的手背、前臂、上臂或肩部。加握部位越高，其热情友好的程度也显得越高。这种人热情真挚、诚实可靠、信赖别人。

5. 捏手指式

即只捏住对方的几个手指或手指尖部。女性与男性握手时，为了表示自己的矜持与稳重，常采取这种方式。如果是同性别的人之间这样握手，就显得有几分冷淡和生疏。若换成显贵人物，则其意在显示自己的“尊贵”。

6. 拉臂式

即将对方的手拉到自己的身边相握。这种人往往过分谦恭，在他人面前唯唯诺诺、轻视自我，缺乏主见与敢作敢为的精神。

7. 死鱼式

即握手时伸出一只无任何力度、质感，不显示任何积极信息的手。这种人的性格不是生性懦弱，就是对人冷漠无情，待人接物消极傲慢。

（四）握手的技巧

1. 主动与每个人握手

在商务场合，如谈判开始之前，双方都要互相介绍认识一下。这时候，你最好表现得积极一些，主动一些，表示你很高兴与他们认识。为了表示你这种善意，你可以主动地与他们每一个人握手，因为你主动就说明你对对方尊重，只有在你尊重别人时，才会受到别人的尊重。

2. 有话想与对方单独谈，握手时不要松开

有时你找对方谈一些事，不巧的是里边还有其他人在，你想与对方单独谈，耐心等了很久以后仍没有机会，那你只好想办法让对方出来说了。但你不能明白告诉对方：“我有点事，咱们到外边说”，这显然是不礼貌的。你得想办法让对方起身相送。在你起身告辞时，对方站起来，你就边与对方交谈，边向外走。如果对方无意起身，你就走近他，很礼貌地与他握手，出于礼貌对方会站起身走出自己的座位，然后你边说边往外走，千万不能断了话。因为当你还有话要说时，对方是很不好意思不送你的。说话时，眼睛也要看着对方，不要只顾走。走到门口对方要与你告辞，你主动伸手与他握手，握手之后不要马上松开，要多握一会儿，并告诉对方，“你看我还有件事……”你说得缓慢些，对方也就意识到了，他也就主动走出来了。

3. 握手时赞扬对方

握手时的寒暄是非常重要的，在你与对方握手的时候，可以向对方表示一下关心和问候，或赞扬对方两句。握手时双方的距离很近，对方的衣着服饰可以尽收眼底，如果你用心观察，肯定会有某一方面值得你赞扬。而每个人又都有自己特别注重修饰的地方，有人

特别爱惜自己的发式，每天修理头发，使自己神采奕奕；有人特别注意领带，不惜高价买一条，或用一枚精制的领带夹子点缀一下，使自己容光焕发；有的穿了一件新西装，质地优良、做工讲究；有的穿一件衬衣色彩和谐明快，使人显得年轻漂亮。见面握手时不能对这些熟视无睹，要加以赞美。双方会因此而显得亲近，你则显得格外大方、热情、细心，因而会给人留下一个好印象。

四、名片礼仪

名片，是交际场合个人身份的介绍信，是使用最普遍、用量最大的一种礼柬。是现代社会中必不可少的社交工具。两人初次见面，先互通姓名，再奉上名片，单位、姓名、职务、电话等，既回答了一些对方心中想问而有时又不便贸然出口的问题，又使相互之间的距离一下子拉近了许多，在交往中，熟悉和掌握名片的有关礼仪是十分重要的。

（一）名片的用途

对现代人来讲，名片是一种物有所值的实用型交际工具，其用途是多方面的。

1. 介绍自身

名片最主要的用途是介绍自身。会客交友，取出一张名片，自我的基本情况跃然纸上，让他人一目了然。它在介绍中的好处是简明扼要，介绍方便。在当着一两个人私下口头自我介绍时，总是很简短，几乎就是姓名、单位。有时候职务都不便开口说出，因为介绍自己的一官半职总有自我炫耀之嫌，当身兼数职时更不好一一启齿，但有了名片，一切都写的清清楚楚，不用为难和啰唆，他人就能较多地了解你。

2. 保持联系

名片犹如“袖珍通讯录”，利用它所提供的资料，即可与名片的提供者保持联系。正因为有了名片上所提供的各种联络方式，人们的“常来常往”才变得更加现实和方便。

3. 显示个性

通过名片展示个性，获得他人对自我多方面和多层次的了解。可以在名片上印上代表自己个性的爱好和特点，如“酷爱足球，性喜笔耕，嗜辣如命，钟情绿色，崇尚真诚”，这样的名片很快就让别人读懂了自己，也赢得了友善。也有的人在名片上印上自己的座右铭或喜爱的格言及与对方相识的真诚的话语等，如“一握你的手，永远是朋友”、“不握你的手，照样是朋友”这样的名片很容易给对方留下好感，加深交往。

4. 拜会他人

初次前往他人居所或工作单位进行拜会时，可将本人名片交由对方门卫、秘书或家人，转交给被拜访者，以便对方确认“来系何人”，并决定见与不见。这种做法比较正规，可以避免冒昧造访。

此外，名片在交往中有多种用途，如馈赠附名、代替请柬、喜庆告友、祝贺升迁等。

（二）名片的交换

要使名片在人际交往中正常地发挥作用，还须在交换名片时做得得法。遇到以下几种情况时需与对方交换名片：一是希望认识对方时；二是被介绍给对方时；三是对方提议交换名片时；四是对方向自己索要名片时；五是初次登门拜访对方时；六是通知对方自己的变更情况时；七是打算获得对方的名片时。

1. 递交名片

名片的持有者在递交名片时动作要洒脱、大方，态度从容、自然，表情要亲切、谦恭。应当事先将名片放在身上易于掏出的位置，取出名片便先郑重地握在手里，然后再在适当的时机得体地交给对方。

递交名片的姿势是：要双手递过去，以示尊重对方。将名片放置手掌中，用拇指夹住名片，其余四指托住名片反面，名片的文字要正向对方，以便对方观看，若对方是外宾，则最好将名片上印有对方认得的文字的那一面面对对方，同时讲些“请多联系”、“请多关照”、“我们认识一下吧”、“有事可以找我”之类友好客气的话。

递交名片的时间，应当根据具体情况而定。如果名片持有者与人事先有约，一般可在告辞时再递上名片。如果双方只是偶然相遇，则可在相互问候，得知对方有与你交往的意向时，再递交名片。

与多人交换名片时，要注意讲究先后次序，或由近而远，或由尊而卑。一定要依次进行，切勿采取“跳跃式”，当然也没有必要像散发传单似的，站在人流拥挤处随意滥发名片。

2. 接受名片

接受他人名片时，应恭恭敬敬，双手捧接，并道感谢。接受名片者应当首先认真地看看名片上所显示的内容，必要时可以从上到下，从正面到反面重复看一遍，必要时可把名片上的姓名、职务（较重要或较高的职务）读出声来，如“您就是张总啊。”以表示对赠送名片者的尊重，同时也加深了对名片的印象。然后把名片细心地放进名片夹或笔记本、工作证里夹好。

在别人给了名片后，如有不认识或读不准的字要虚心请教。请教他人的姓名，丝毫不会降低你的身份，反而会使人觉得你是一个对待事情很认真的人，增加对你的信任。

接受名片时应避免：马马虎虎地用眼睛瞄一下，然后顺手不经意地塞进衣袋；随意往裤子口袋一塞、往桌上一扔；名片上压东西、滴到了菜汤油渍；离开时把名片忘在桌子上。名片是一个人人格的象征，这些行为是对其人格的不尊重，这样都会使人感到不快。

当然在收到了别人的名片后，也要记住给别人自己的名片，因为只收别人的名片，而不拿出自己的名片，是无礼拒绝的意思。

3. 索取名片

如果没有必要最好不要强索他人名片。若索取他人名片，则不宜直言相告，而应委婉表达此层意思：可向对方提议交换名片、主动递上本人的名片；询问对方：“今后如何向您指教？”（向尊长者索要名片时多用此法）；询问对方：“以后怎么与您联系？”（向平辈或晚辈索要名片时多用此法）。

反过来，当他人向自己索取名片时，自己不想给对方时，不宜直截了当，也应以委婉方式表达此意。可以说：“对不起，我忘带名片了”，或“抱歉，我的名片用完了”。

（三）名片的存放

1. 名片的放置

在参加交际活动之前，要提前准备好名片，并进行必要的检查。随身所带的名片最好放在专用的名片夹里，也可放在上衣口袋里。不要把名片放在裤袋、裙兜、提包、钱包等里，那样既不正式，又显得杂乱无章。在自己的公文包以及办公桌抽屉里，也应经常备有名片，以便随时使用。在交际场合，如感到要用名片，则应将其预备好，不要在使用时再去瞎翻乱找。

参加交际活动后，应立即对所收到的他人名片加以整理收藏，以便今后利用方便。不要将它随意夹在书刊、材料里，压在玻璃板底下，或是扔在抽屉里面。存放名片的方法大体有四种，它们还可以交叉使用。

按姓名的外文字母或汉语拼音字母顺序分类。

按姓名的汉字笔画的多少分类。

按专业或部门分类。

按国别或地区分类。

若收藏的名片甚多，还可以编一个索引，那么用起来就更方便了。

2. 名片的利用

随着人际交往的不断深入，还可在收藏的他人名片上随手记下可供本人参考的资料，使其充当社交的记事簿。在收藏的他人名片上可记的有利于人际交往的资料有：

收到名片时的具体情况。包括收到名片的地点、时间，以及是否与对方亲自交换，等等。在国外有一种做法，即把名片的右上角向下折，然后再使其恢复原状，它表示该名片是对方亲自与自己交换的。

交换名片者个人的资料。例如，性别、年龄、籍贯、学历、专长、嗜好等。这既可备忘，也可充作资料。

交换名片者在交换名片后变化的情况，例如，单位、部门的变化，职业的变动调任，职务、学衔的升降，联络方式的改变，等等。

五、电话礼仪

电话是人们开展社交活动不可缺少的工具，在日常生活和工作交往中，都要利用电话与别人取得联系和交谈。人们通过电话给人的印象完全靠声音和使用电话时的习惯，要想有“带着微笑的声音”或者通过电话赢得信任，就必须掌握使用电话的礼节与技巧。

（一）电话语言要求

目前大部分电话能传输的信号是声音，但这一信号载体却包含着许多信息。说话人想做什么，要做什么，是高兴还是悲伤，还有对另一方的信任感、尊重感，彼此都可以清晰地得知。这些都取决于电话的语言与声调。因此，电话语言要求礼貌、简洁和明了，以准确地传递信息。

1. 态度礼貌友善

当我们使用电话交谈时，我们不能简单地将对方视做一个“声音”，而应看做是面对一个正在交谈的人。尤其是对办公人员来说，我们面对的是组织的一名公众，如果你们是初次交往，那么，这样一次电话接触便是你给公众的第一次“亮相”，应十分慎重。因此，在使用电话时，多用肯定语，少用否定语，酌情使用模糊用语；多用些致歉语和请托语，少用些傲慢语、生硬语。礼貌的语言、柔和的声音，往往会给对方留下亲切之感。正如日本一位研究传播的权威所说：“不管是在公司还是在家庭里，凭这个人在电话里的讲话方式，就可以基本判断出其‘教养’的水准。”

2. 传递信息简洁

电话用语要言简意赅，将自己所要讲的事用最简洁明了的语言表达出来。因为通话的一方尽管有诸如紧张、失望而表情异常的体态语言，但通话的另一方不知道，他所能得到的判断只能是来自他听到的声音。在通话时最忌讳发话人吞吞吐吐、含糊不清、东拉西扯，正确的做法是：问候完毕对方，即开宗明义、直言主题，少讲空话，不说废话。

3. 控制语速语调

通话时语调温和，语气、语速适中，这种有魅力的声音容易使对方产生愉悦感。如果说话过程语速太快，则对方会听不清楚，显得应付了事；太慢，则对方会不耐烦，显得懒散拖沓；语调太高，则对方听得刺耳，感到刚而不柔；太低，则对方会听得不清楚，感到有气无力。一般说话的语速、语调和平常的一样就行了，即使是长途电话，也无须大喊大叫，把受话器放在离嘴两三寸的地方，正对着它讲就行了。另外通电话时，周围有种种异样的声音，会使对方觉得自己未受尊重而变得恼怒，这时应向对方解释，以保证双方心情舒畅地传递信息。

4. 使用礼貌用语（如表 2-1 所示）

表 2-1　在电话交际中应使用礼貌用语

接电话者（对方）	打电话者（自己）	应对的重点
▲您好，这里是国际公司门市部	●我是中华公司业务部的张××。请问李×先生在吗	◇首先把要和对方谈的事情用备忘录整理好，并将会用到的资料事先准备妥当
▲请稍等一下		
▲我是李××	●您好，我是中华公司业务部的张××。前天您订的货已经来了，我打算早一点送过去，您觉得如何	◇要找的人一接电话，就恭敬地再打一次招呼 ◇不要只配合自己的情况，也要问问对方是否方便
▲哦，是这样啊！明天送过来怎么样	●好，我知道了，那么明天几点，要送到哪里比较方便呢	

续 表

接电话者（对方）	打电话者（自己）	应对的重点
▲三点送到总务科，交给赵×× ▲能不能向您请教一下商品的使用方法	●好，明天三点送到总务科，给赵××先生 ●好的，我明天会过去为您详细解说，我手上有说明书，马上用传真机传过去。若看不清楚给我来电话	◇为避免错误把对方的话重复一遍 ◇打电话前必要的资料要先拿在手上 ◇用传真机输送，输送以前，都须以电话确认
▲好，我明白了。传真收到了，很清楚，谢谢 ▲好，我知道了，再见	●明天再拜访了，谢谢您，再见	◇别忘了结束时的道别

资料来源：李兴国．现代商务礼仪．哈尔滨：黑龙江科学技术出版社，1998.

（二）接电话

1．迅速接听

接电话首先应做到迅速，力争在铃响三次之前就拿起话筒，这样避免让打电话的人产生不良印象。电话铃响过三遍后才做出反应，会使对方焦急不安或不愉快。正如日本著名社会心理学家铃木健二所说：“打电话本身就是一种业务。这种业务的最大特点是无时无刻不在体现每个人的特点。”“在现代化大生产的公司里，职员的使命之一，是一听到电话铃声就立即去接。”接电话时，也应首先自报单位、姓名，然后确认对方，如：“您好！这是××公司营销部。”如果对方没有马上进入正题，可以主动请教：“请问您找哪位通话？”

2．积极反馈

作为受话人，通话过程中，要仔细聆听对方的讲话，并及时作答，给对方以积极的反馈。通话汇总听不清楚或意思不明白时，要马上告诉对方。在电话中接到对方邀请或会议通知时，应热情致谢。

3．热情代转

如果对方请你代转电话，应弄明白对方是谁，要找什么人，以便与接电话人联系。此时，请告知对方“稍等片刻”，并迅速找人。如果不放下话筒喊距离较远的人，可用手轻捂话筒或按保留按钮，然后再呼喊接电话人。如果你因别的原因决定将电话转到别的部门，应客气地告知对方，你将电话转到处理此事的部门或适当的职员。如：“真对不起，这件事是由财务部处理，如果您愿意，我帮您转过去好吗？”

4．做好记录

如果要接电话的人不在，应为其做好电话记录，记录完毕，最好向对方复述一遍，以免遗漏或记错。可利用电话记录卡片做好电话记录。电话记录卡片如表 2－2 所示。

表 2－2 电话记录卡片

<table>
<tr><td colspan="2" align="center">来电记录卡</td></tr>
<tr><td colspan="2">________先生、女士：</td></tr>
<tr><td colspan="2">你好！</td></tr>
<tr><td colspan="2">你不在办公室时</td></tr>
<tr><td colspan="2">________公司的________先生/女士</td></tr>
<tr><td colspan="2">（电话________）</td></tr>
<tr><td>□电话</td><td>□请打电话回去</td></tr>
<tr><td>□要求来访</td><td>□还会打电话来</td></tr>
<tr><td>□紧急</td><td>□回你的电话</td></tr>
<tr><td colspan="2">留言________</td></tr>
<tr><td colspan="2" align="right">时间</td></tr>
</table>

（三）打电话

1. 时间适宜

打电话的时间应尽量避开上午 7 时前、晚上 10 时以后的时间，还应避开晚饭时间。有午休习惯的人，也请不要用电话打扰他。电话交谈所持续的时间也不宜过长，事情说清楚了就可以了，一般以 3～5 分钟为宜。因为在办公室打电话，要照顾到其他电话的进出，不可过久占线，更不可将办公室的电话或公用电话做聊天的工具，这是惹人讨厌的行为。著名相声表演艺术家马季曾说过一段相声，名叫《打电话》就是讽刺的这种人。

2. 有所准备

通话之前应该核对对方公司或单位的电话号码、公司或单位的名称及接话人姓名。写出通话要点及询问要点，准备好在应答中使用的备忘纸和笔，以及必要的资料和文件。估计一下对方情况，决定通话时间。

3. 注意礼节

接通电话后，应主动友好，自报一下家门和证实一下对方的身份。应先说明自己是谁，除非通话的对方与你很熟悉，否则就该同时报出你的公司及部门名称，然后再提一下对方的名称。打电话要坚持用“您好”开头、“请”字在中，“谢谢”收尾，态度温文尔雅。若你找的人不在，可以请接电话的人转告，如：“对不起，麻烦您转告×××……”，然后将你所要转告的话告诉对方。最后别忘了向对方道一声谢，并且问清对方的姓名。切不可“咔嚓”一声就把电话挂了，这样做是不礼貌的，即使你不要求对方转告，你也应该说一声：“谢谢，打扰了。”打电话结束时，要道谢和说声再见，这是通话结束的信号，也是对对方的尊重。注意声音要愉快，听筒要轻放。一般来说，应是打电话的人先搁下电话，接电话的人再放下电话。但是，假如是与上级、长辈、客户等通话，无论你是通话人还是发话人，都最好让对方先挂断。

（四）使用手机的礼仪

1. 遵守秩序

不要在公共场合，尤其是楼梯、电梯、路口、人行道等人来人往之处，旁若无人地使用手机。

不要在“保持寂静”的公共场所，诸如音乐厅、美术馆、影剧院、歌剧院等大张旗鼓地使用手机，在体育比赛场馆，观看射击等比赛项目，运动员需要安静环境，这时也应注意使手机关机或处于静音状态。

不要在聚会期间，例如，开会、会见、上课之时，使用移动通信工具，从而分散他人注意力。

2. 注意安全

使用手机时必须牢记“安全至上”，否则不但害人，还会害己。要注意以下几点：

不要在驾驶汽车时使用手机，或是查看寻呼机内容，以防止发生车祸。

不要在病房、油库等地方使用手机，免得它们所发出的信号有碍治疗，或引发火灾、爆炸。

不要在飞机飞行期间启用手机，否则极可能使飞机“迷失方向”，造成严重后果。

3. 置放到位

手机要放在合乎礼仪的位置，不要在未使用时将其拿在手中，或挂在上衣口袋之外，那样有招摇之嫌。一般应将手机放在随身携带的公文包内。

六、饮宴礼仪

宴请是指人们为了社交的需要，用菜点酒水招待顾客的一种形式。具有社交性、聚餐式和规格化三个显著特点。在社交活动中，不论自己是主人还是顾客，如果不注重自己在宴请活动中的表现，是难以取得社交活动的成功的。

（一）宴请的原则

宴请礼仪是指人们在宴请活动中必须遵守的行为规范。在宴请活动中应遵循下列两条基本原则。

1. “4M”原则

“4M”原则是在世界各国广泛受到重视的一条礼仪原则。其中“4M”是4个以M为字头开头的单词，指的是：菜单（memu）、举止（manner）、音乐（music）和气氛（mood），它们都是人们安排或参与餐饮活动时，应当注意的重点问题。这条原则的主要含义，指的是在安排或者参与餐饮活动时，应当注意的重点问题。

2. 宴请的适量原则

它的主要含义则是：在宴请活动中，无论是活动的规模、参与的人数、用餐的档次。还是宴请的具体数量，都要量力而行，务必从实际需要和实际能力出发，进行力所能及的安排，而切忌虚荣好强、炫耀攀比，铺张浪费。从根本上讲。“宴请适量原则”所提倡的是厉行节约、反腐倡廉的风气，是做人务实、不图虚荣的境界。

（二）宴请的类型

根据宴请的目的、出席人员的身份和人数的多少，可将宴请分为宴会、招待会、茶会、工作餐等。

1. 宴会

宴会通常所指的是，出于一定的目的，由机关、团体、组织或个人出面组织的，以用餐为形式的社交聚会。

2. 招待会

招待会是指各种不配备正餐的宴请类型，一般备有食品和酒水，通常不排固定的席位，可以自由活动，常见的有冷餐会和酒会。

3. 茶会

茶会是一种简便的招待形式，一般在下午 4 时左右举行，也有的在上午 10 时左右进行。其地点通常设在客厅，厅内摆茶几、座椅，不排坐席。但若为贵宾举行的茶会，在入座时，主人要有意识地与主宾坐在一起，其他出席者可相对随意。

4. 工作餐

工作餐是国际交往中常用的非正式宴请形式，主客双方利用共同进餐的时间边吃边谈。工作餐按用餐时间可分为工作早餐、工作午餐和工作晚餐。这种宴请形式既简便又符合卫生标准，特别是在日程活动紧张时，它的作用尤为明显。

（三）宴请的准备

1. 确定宴请对象、规格和范围

其依据是宴请的性质、目的、主宾人的身份、国际惯例及经费等。

2. 确定宴请的时间、地点

宴请的时间应对主客双方都合适。驻外机构举行较大规模的活动，应与驻在国主管部门商定时间。注意不要选择对方的重大节日、有重要活动或有禁忌的日子和时间。宴请的地点可分为两种情况：如是官方正式隆重的活动，一般安排在政府、议会大厦或宾馆内举行；其余单位宴请则按活动性质、规模大小、形式等实际情况而定。

3. 邀请

宴会邀请一般均发请柬，亦有手写短笺、电话邀请。邀请不论以何种形式发出，均应真心实意、热情真挚。

请柬内容包括活动时间及地点、形式、主人姓名。行文不用标点符号，其中人名、单位名、节日和活动名称都应采用全称。中文请柬行文中不提被邀请人姓名（其姓名写在请柬信封上），主姓名放在落款处。请柬格式与行文方面，中外文本的差异较大，注意不能生硬照译。请柬可以印刷也可手写，手写字迹要美观、清晰。

请柬信封上被邀请人的姓名、职务要书写准确。国际上习惯对夫妇两人发一张请柬，我国遇到需凭请柬入场的场合则每人一张。正式宴会，最好能在发请柬之前排好席次，并在信封下角注上席次号。请柬发出后，应及时落实出席情况，准确记载，以便调整席位。

请柬一般提前一周至二周发出。已经口头约妥的活动，仍应补送请柬，在请柬右上方或下方注上“To remind”（备忘）字样。需安排座位的宴请活动，应要求被邀者答复能否出席。请柬上一般注上 R. S. V. P.（请答复）法文缩写字样，并注明联系电话，也可用电话询问能否出席。

4. 订制菜谱菜单

订制菜谱菜单的注意事项考虑宴请规格及顾客的身份；慎重确定宴会范围；兼顾宾客的饮食习惯、禁忌；菜肴的精致可口、赏心悦目、特色突出；菜肴的冷热、甜咸、色香味搭配。

5. 宴请当天的准备

根据餐别，按规格摆好餐具盒餐桌上的其他用品。餐厅摆台会给宾客留下深刻的第一印象，并在很大程度上影响宾客的就餐情绪。合格的摆台取决于很多要素，如席位、银餐具、玻璃器皿和瓷器的布置，对此应该特别注意，这样才能真正达到专业化的水平。在宴会开始时，将宴会使用的各种酒水饮料整齐地摆放在服务桌上，并准备好休息室用的茶杯、茶壶、开水及洗净消毒的小毛巾。宴会开始前几分钟摆好冷菜，拿出和取出时要轻拿轻放，保持冷菜的拼摆造型。服务接待人员应在宾、主到达前，根据各自的分工，在指定的工作岗位上热情迎接顾客。对待宾客要和气谦逊，面带笑容，话语亲切，用词得当。

（四）宴请的桌次和座次安排

举办正式宴会，应当提前排定桌次和席次，或者只排定主桌席位，其他只排桌次。桌、席排次时，先定主桌主位，后排座位高低。

1. 中式宴会的桌次安排

中式宴会通常 8～12 人一桌，人数较多时也可以平均分成几桌。在宴会不止一桌时，要安排桌次。其具体原则是：

（1）以右为上。当餐桌分为左右时，以面门为据，居右之桌为上。如图 2－28 所示。

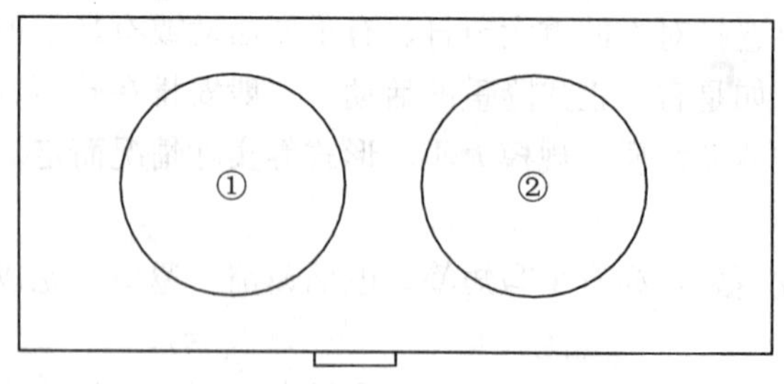

图 2－28　以右为上的桌次安排

（2）以远为上。当餐桌距离餐厅正门有远近之分时，以距门远者为上。如图 2－29 所示。

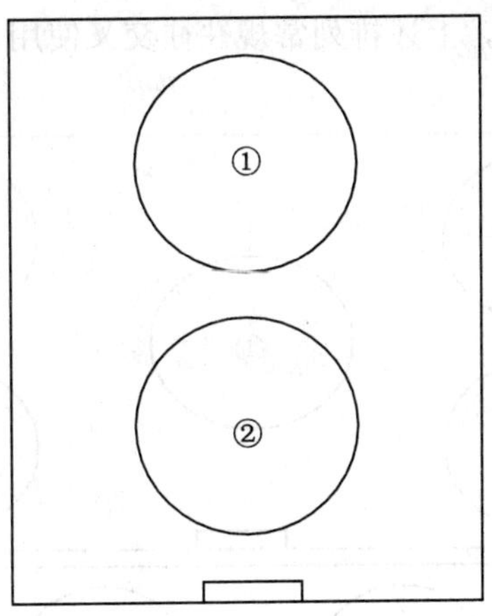

图 2-29　以远为上的桌次安排

(3) 居中为上。多张餐桌并列时，以居于中央者为上。如图 2-30 所示。

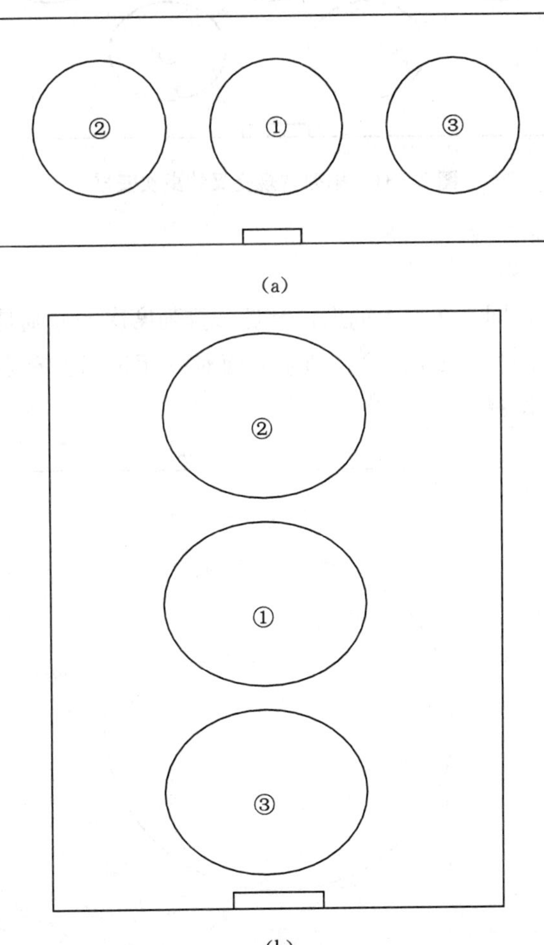

图 2-30　居中为上的桌次安排

（4）在桌次较多的情况下，上述排列常规往往交叉使用。如图 2－31 所示。

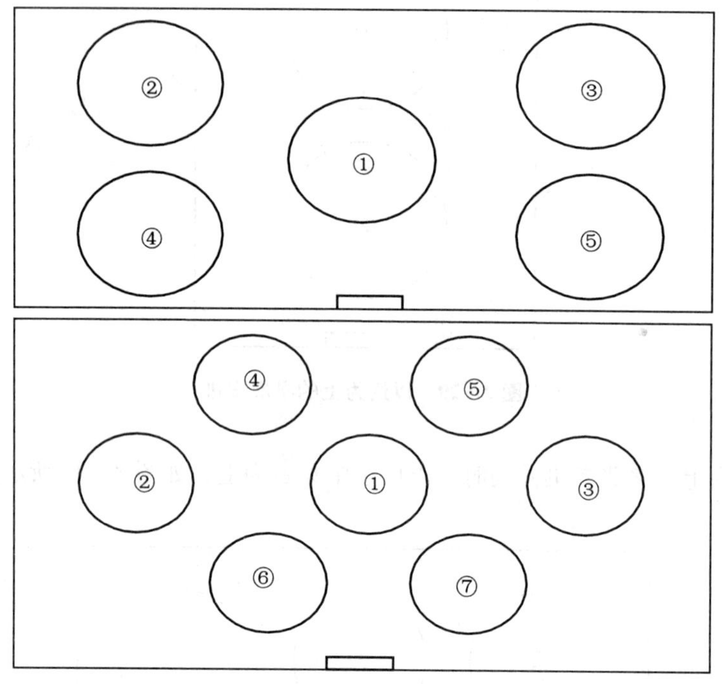

图 2－31　排列常规交叉的桌次安排

2. 中式宴会的席次安排

中式宴会的席次，指同一餐桌上的席位高低。排列席次的原则是：

（1）面门为上（如图 2－32 所示）。即主人面对餐厅正门。有多位主人时，双方可交叉排列，离主位越近地位越尊。

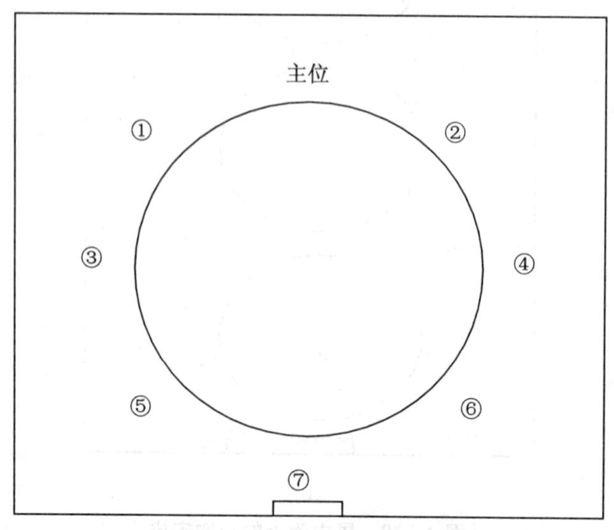

图 2－32　面门为上的席次安排

(2) 主宾居右(如图 2－33 所示)。即主宾在主位(第一主位)右侧。

(3) 好事成双。即每张餐桌人数为双数,吉庆宴会尤其如此。

(4) 各桌同向。即每张餐桌的排位均大体相似。

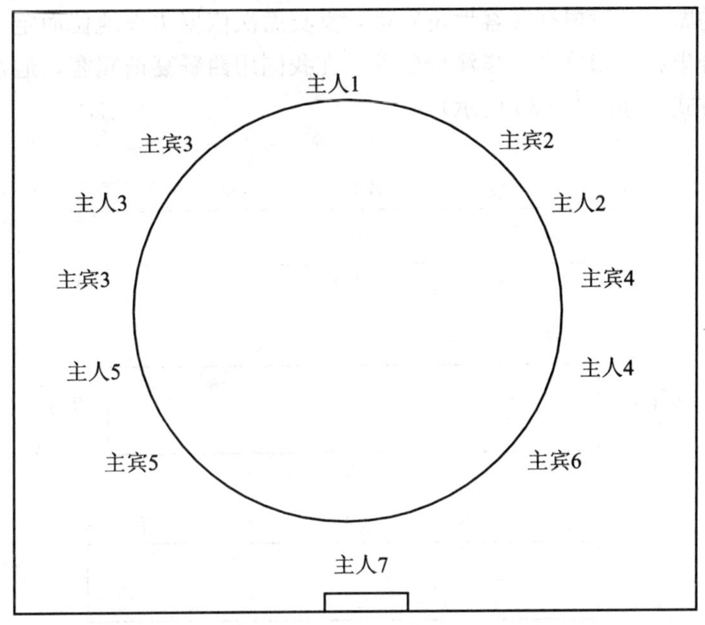

图 2－33 主宾居右的席次安排

3. 西式宴会的桌席排位

西式宴会的餐桌习惯用长桌,或是根据人数多少、场地大小自行设置(如图 2－34 所示)。

同中式宴会一样,举办西式宴会也要排定桌次和席次。

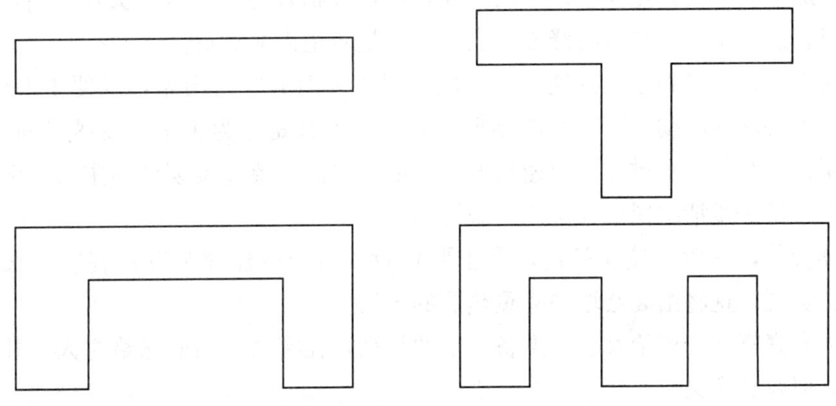

图 2－34 西式宴会的桌席排位

西式宴会的席次排位也是讲究右高左低,同一桌上席位高低以距离主人座位远近而定。如果男、女主人并肩坐于一桌，则男左女右，尊女性坐于右席；如果男、女主人各居一桌，则尊女主人坐于右桌；如果男主人或女主人居于中央之席，面门而坐，则其右方之桌为尊，右手旁的宾客为尊；如果男、女主人一桌对坐，则女主之右为首席，男主人之右为次席，女主之左为第三席，男主人之左为第四席，其余位次依序而分。

西式宴会的席次一般根据宾客地位安排，女宾席次依据丈夫地位而定。也可以按类别分坐，如男女分坐、夫妇分坐、华洋分坐等。在我国用西餐宴请宾客，通常采用按职务高低男女分坐的方式（如图 2－35 所示）。

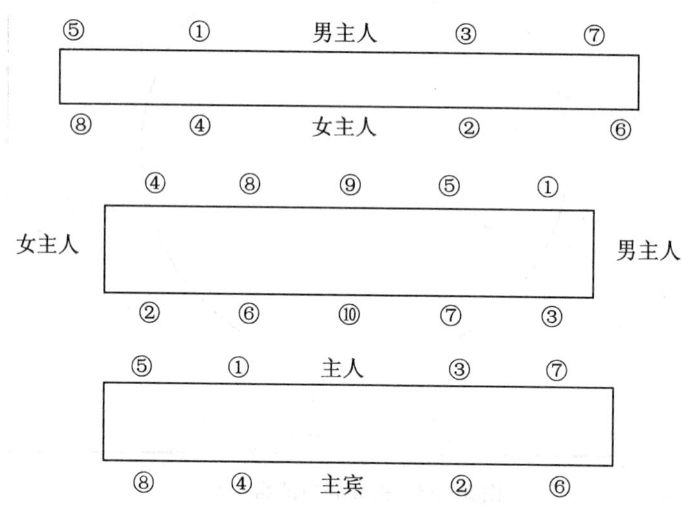

图 2－35　西式宴会的席次排位

（五）用餐礼仪

1. 赴宴的礼仪

宾客参加宴会，无论是作为组织的代表，还是以私人身份出席，从入宴到告辞都应注重礼节规范。这既是个人素质与修养的表现，又是对主人的尊重。

（1）认真准备。接到主人的邀请后，应尽早答复对方能否出席，以便主人做出安排。安排邀请后不要随意改动，若临时必须取消宴席，尤其是作为主宾，要尽早向主人解释、道歉，甚至亲自登门表示歉意。应邀出席一项活动之前，要核实宴请的主人，活动举办的时间、地点，是否邀请配偶以及主人对服饰的要求。

出席宴会前，一般应梳洗打扮。女士要化妆，男士应梳理头发并剃须。衣着要求整洁、大方、美观。这将给宴会增添隆重热烈的气氛。

若参加家庭宴会，可给女主人准备一定的礼品，在宴会开始前送给主人。礼品价值不一定很高，但要有意义。

（2）按时抵达。按时出席宴会是最基本的礼貌。出席宴请活动，抵达时间的迟早、逗留时间的长短，在一定程度上反映对主人的尊重，应根据活动的性质和当地习俗掌握。迟到、早退、逗留时间过短被视为失礼或有意冷落。身份高者可略晚些到达，一般宾客宜略早些到达。出席宴会要根据各地习惯，正点或晚一两分钟抵达；我国则是正点或提前一两分钟抵达。出席酒会可以在请柬注明的时间内到达。抵达宴会活动地点，先到衣帽间脱下大衣和帽子，然后前往迎宾处，主动向主人问候。如果是庆祝活动，应表示祝贺。对在场其他人，均应点头示意，互致问候。

(3) 礼貌入座。应邀出席宴会活动，应听从主人安排。若是宴会，进入宴会厅之前，先掌握自己的桌次和座位。入座时注意桌上座位卡是否写有自己的名字，不可随意入座。如邻座是长者或女士，应主动协助帮助他们先坐下。入座后坐姿要端正，不可用手拖腮或将双臂肘放在桌上。坐时应把双脚踏在本人座位下，不可随意伸出，影响他人。不可玩弄桌上的酒杯、盘碗、刀叉、筷子等餐具，不要用餐巾或口纸擦餐具，以免使人认为餐具不洁。

在社交场合，无论天气如何炎热，不可当众解开纽扣，脱下衣服。小型便宴时，若主人请宾客宽衣，男宾可脱下外衣搭在椅背上。

(4) 注意交谈。坐定后，如已有茶，可轻轻饮用。无论作为主人、陪客或宾客都应与同桌的人交谈，特别是左邻右座，不可只与几位熟人或一两人交谈。若不相识，可自我介绍。谈话要掌握时机，要视交谈对象而定。不可只顾自己一人夸夸其谈，或谈些荒诞离奇的事而引人不悦。

(5) 文雅进餐。宴会开始时，一般是主人先致祝酒词。此时应停止谈话，不可吃东西，注意倾听。致辞完毕，主人招呼后，即可开始进餐。

进餐时要注意举止文雅，取菜时不可一次盛得过多。盘中食物吃完后如果不够，可以再取。

用餐前应先将餐巾打开铺在腿上。用餐完毕叠好放在盘子右侧，不可放在椅子上，亦不可叠得方方正正而被误认为未使用过。餐巾只能擦嘴，用时一手捏住一面的上端，另一手相助。餐巾不能用于擦面、擦汗。服务员送的香巾是用来擦面的，擦完后要放回原盛器内。

若遇本人不能吃或不爱吃的菜品，当服务员或主人夹菜时，不可打手势，不可拒绝，可取少量放入盘中，并表示“谢谢，够了”。对不合口味的菜，勿显出难堪的表情。我方作为主人宴请时，席上不必说过分谦虚的话。对来华时间过长的人，不必说这是中国的名酒名菜。在给宾客让菜时，要用公用餐具主动让，切不可用自己的餐具让菜。

冷餐酒会，服务员上菜时，不可抢着去取，待送至本人面前时再取。周围的人未取到第一份时，自己不可急于去取第二份。勿围在菜台旁，取完即离开，以便让别人取食。

吃食物要讲究文雅，要微闭着嘴咀嚼，不可发出声响。要将食物送进口中，不可伸口去迎食物。食物过热时，可稍凉后再吃，切勿用嘴吹。鱼刺、骨头、菜渣等不可直接外吐，要用餐巾掩嘴，用筷子取出，或轻吐在叉匙上，放在碟中。嘴里有食物时不可谈话。剔牙时，要用手绢或餐巾遮口，不可边走动边剔牙。吃剩的菜，用过的餐具、牙签等应放在碟中，勿放置桌上。

(6) 祝酒礼仪。作为宾客参加外国举行的宴请，应了解对方祝酒的习惯，如为何人何事祝酒等，以便做必要的准备。碰杯时主人和主宾先碰，人多时可同时举杯示意，不一定碰杯。祝酒时不可交叉碰杯。在主人和主宾祝酒、致辞时应停止进餐，停止交谈。主人和主宾讲话完毕与贵宾席人员碰杯后，往往到其他席敬酒，此时应起立举杯。碰杯时要注视对方，以示敬重友好。宴会上相互敬酒表示热烈的气氛，但切忌饮酒过量。一般应控制在本人酒量的三分之一以内，不可饮酒过量失言失态。不能喝酒时可以礼貌地声明，但不可把杯子倒置，应轻轻按着杯缘。正式场合敬酒一般上香槟酒，此时即使不会喝酒也要多少沾一点，不欲再喝时可轻轻再与对方碰一下杯缘，即表示已经够了。一般倒入杯中的酒要喝完，不然就不礼貌了。

（7）告辞致谢。正式宴会一般吃水果后宴会即结束，此时，一般先由主人向主宾示意，请其做好离席的准备，然后从座位上站起，这是请全体起立的信号。一般以女主人的行动为准，女主人先邀请女主宾离席退出宴会厅。告辞时应礼貌地向主人道谢。通常是男宾先向男主人告辞，女宾先向女主人告辞，然后交叉，再与其他人告辞。

席间一般不应提前退席。若确实有事需提前退席，应向主人打招呼后轻轻离去，也可事前打招呼到时离去。退席时要有礼貌。退席理由应当尽量不使主人难堪和心中不悦。从宴会结束到告辞前不可有任何不耐烦的表示。

对主人的致谢，除了在宴会结束告辞时表达谢意之外，若正式宴会，还可在2～3天内以印有“致谢”或“P. R.”字样的名片或便函表示感谢。有时私人宴请也需致谢。名片可寄送或亲自送达。首先致谢女主人，但不必说过谦的话。

2. 中餐礼仪

中餐一般使用圆桌，根据我国的传统礼俗，正式的中餐宴会以十八人围坐在圆桌旁，供应十道正菜为最合适，寓意为“十全十美”。

吃中餐最能表现出热闹的气氛，这种气氛使就餐者感到轻松愉快，其乐融融。这是中餐的魅力之一。吃中餐需要注意的礼仪主要有以下方面：

（1）夹菜的礼仪。

菜端到圆桌上后，一边慢慢转圆盘，一边把各种菜夹到自己的小碟里。此时，不要把自己喜欢吃的菜夹的冒尖儿。夹菜时要考虑到大家均摊。另外，别人夹菜时，不能从旁边用自己的筷子夹菜，或者转动圆盘。夹完菜后，自己的小菜盘要放到一旁，以免妨碍圆盘的转动。只有注意到这些小节，才能共同享受美味菜肴带来的愉快。

（2）用筷十忌。

1）忌疑筷：就是举筷不定，不知夹什么好；

2）忌脏筷：就是用自己的筷子在盘里随意翻动菜品；

3）忌敲筷：这是一种非常不礼貌地行为，不仅给别人带来噪声，也是没有家教的体现；

4）忌抢筷：就是两个人同时夹菜，结果筷子撞在一起；

5）忌刺筷：就是夹不起来就用筷子当叉子，扎着夹；

6）忌横筷：这表示用餐完毕，顾客和晚辈不能先横筷子；

7）忌吸筷：就是嘴吮吸筷子；

8）忌泪筷：夹菜时不干净，菜上挂汤淋了一桌；

9）忌贡筷：就是把筷子插在饭菜上；

10）忌粘筷：就是筷子上还粘着东西就去夹别的菜。

中餐的上菜次序

中餐上菜的程序自古就很讲究。清朝乾隆年间的才子袁枚，在其著名的《随园食单》上，就曾对上菜程序做过如下论述："上菜之法，咸者宜先，淡者宜后，浓者宜先，薄者宜后，无汤者宜先，有汤者宜后。度客食饱则脾困矣，需用辛辣以振动之；虑客酒多则胃疲矣，需用酸甘以提醒之。"袁枚的这段话，总结了中餐宴会上菜的一般程序。

目前中餐宴会上菜的顺序一般为：第一道凉菜，第二道主菜（较高贵的名菜），第三道热菜（菜数较多），第四道汤菜，第五道甜菜（随上点心），最后上水果。

由于中国的地方菜系很多，又有多种宴会种类，如著名的燕菜席、燕翅席、鱼翅席、鱼唇席、海参席、全羊席、全鸭席、全鳞席、全素席、满汉全席等。可见，地方菜系不同，宴会席面不同，其菜肴设计安排也就不同。在上菜程序上，也不会完全相同。例如，全鸭席的主菜，北京烤鸭，就不作为头菜上，而是作为最后一道大菜上的，人们称其为"千呼万唤始出来"。而谭家菜燕翅席，因为席上根本无炒菜，所以在主菜之后上的是烧、扒、蒸、烩一类的菜肴。又如上点心的时间，各地习惯亦有不同，有的是在宴会进行中上，有的是在宴会将结束时上；有的甜、咸点心一起上，有的则分别上。这都是根据宴席的类型、特点和需要，因人因事因时而定。基本原则是既不可千篇一律，又要按照中餐宴会相对稳定的上菜程序进行。

中餐宴会上菜掌握的原则是：先冷后热，先菜后点，先咸后甜，先炒后烧，先清淡后肥厚，先优质后一般。

3. 西餐礼仪

西餐是西方国家的一种宴请形式。由于受民族习俗的影响，西餐的餐具、摆台、酒水菜点、用餐方式、礼仪等都与中餐有较大差别。目前由于我国对外交往活动的不断增多，西餐也已成为我国招待宴请活动的一种方式。因此，了解西餐的一般常识和礼仪是十分重要的。

西餐的餐具多种多样。常见的西餐餐具有叉、刀、匙、杯、盘等。

摆台是西餐宴请活动中的一项专门的技艺，也是必不可少的一个礼仪程序。它直接关系到用餐过程、民族习俗和礼仪规范等。西餐的摆台因国家的不同也有所不同，常见的有英、美、法式和国际式西餐摆台。这里我们介绍一下国际式西餐摆台。

国际上的常见的西餐摆台方法是：座位前正中是垫盘，垫盘上放餐巾（口布）。盘左放叉，盘右放刀、匙，刀尖向上、刀口朝盘，主食靠左，饮具靠右上方。正餐的刀叉数目应与上菜的道数相等，并按上菜顺序由外至里排列、用餐时也从外向里依序取用。饮具的数目、类型应根据上酒的品种而定，通常的摆放顺序是从右起依次为葡萄酒杯、香槟酒杯、啤酒杯（水杯）。

吃西餐时，应注意掌握以下几个方面的礼仪：

（1）上菜顺序。西餐上菜的一般顺序是：①开胃前食；②汤；③鱼；④肉；⑤色拉；⑥甜点；⑦水果；⑧咖啡或茶等。菜肴从左边上，饮料从右边上。

（2）餐巾使用。入座后先取下餐巾，打开，铺在双腿上。如果餐巾较大，可折叠一下，放在双腿上，切不可将餐巾别在衣领上或裙腰处。用餐时可用餐巾的一角擦嘴，但不可用餐巾擦脸或擦刀叉等。用餐过程中若想暂时离开座位，可将餐巾放在椅背上，表示你还要回来；若将餐巾放在餐桌表示你已用餐完毕，服务员则不再为你上菜。

（3）刀叉使用。吃西餐时，通常用左手持叉、右手持刀。用叉按住食物，用刀子切割，然后用叉子叉起食物送入口中，切不可用刀送食物入口。如果只使用叉子，也可用右手使用叉子。使用刀叉时应避免发出碰撞声。用餐过程中，若想放下刀叉，应将刀叉呈“八”字形放在盘子上。用餐完毕，则应将刀叉并拢放在盘子内。

（4）用餐礼节。当全体宾客面前都上了菜，主人示意后开始用餐，切不可自行用餐；喝汤时不要发出声响；面包要用手去取，不可用叉子去取，也不可用刀子去切，面包应用手掰着吃；吃色拉时只能使用叉子；用餐过程中，若需用手取食物，要在西餐桌上事先备好的水盂里洗手（沾湿双手拇指、食指和中指），然后用餐巾擦干，切不可将水盂中的水当成饮用水喝掉；最好避免在用餐时剔牙，若非剔不可，必须用手挡住嘴；当服务员依次为宾客上菜时，一定要服务员走到你的左边时，才轮到你取菜，如果在你的右边，不可急着去取；吃水果不可整个咬着吃，应先切成小瓣，用叉取食；若不慎将餐具掉在地上，可由服务员更换；若将油水或汤菜溅到邻座身上，应表示歉意，并由服务员协助擦干。

第三节　饭店员工的语言礼仪

一、饭店员工语言礼仪的基本要求

作为饭店员工，要讲究语言艺术：一要巧妙得体；二要委婉灵活；三是要幽默风趣。巧妙，是指用非同一般的方法达到预期的目的；委婉灵活，要求饭店员工要具备语言的应变能力。要能根据不同的地点、场合和具体情况灵活使用语言。如果说“委婉是谈话中的软化剂”的话，那么，可以说“幽默是谈话的润滑剂”。幽默的语言可以使紧张气氛变得轻松，用幽默方式说出严肃的真理，比直截了当地提出更能为人所接受。幽默的外在形式是风情，内在因素是意味深长。它是一个人的智慧、才能、学识和教养的象征，是饭店员工应具有的一种素质。幽默是一种自然的流露，不是刻意追求、精心策划的，所以就更需要平时的训练和培养，需要各方面知识的储备，到用时才能得心应手。

语言是要具体运用的。运用得当才能在当时的环境中表达自己的心声，才能适应工作的需要。因此，饭店员工在服务时需要有“五声”：即顾客来时要有迎客声，例如像“您好”，“欢迎您的光临”等。遇到顾客时要有称呼声，例如像“早安”，“您好”等。受人帮助时要致谢声，例如像“给您添麻烦了”，“谢谢您的帮助”等。致谢时必须诚心诚意，发自内心，表示确有感谢对方的愿望；致谢时要认真自然，直截了当，不要轻描淡写含糊不清的嘟哝一句，更不要好像怕别人知道你致谢而不好意思；致谢时要有明确的称呼，使你的致谢专一化，如果要感谢的是几个人，那就明确说出来“谢谢大家”，或“谢谢各位”；

致谢时要有一定的体态，头部可以轻轻地一点，目光要伴随着微笑注视对方。麻烦顾客时要有致歉声，例如像“打扰您了”，“实在很抱歉”，“对不起”等。当顾客离店时要有送客声。例如像“再见”，“欢迎您再次光临”等。在有“五声”的同时，还要注意杜绝蔑视语、烦躁语、否定语、斗气语等。在工作岗位上，应牢记和熟练自如地运用诸如“请”、“您”、“谢谢”、“对不起”、“请原谅”、“没关系”、“不要紧”、“别客气”、“早安”、“您好”、“再见”等词句。不能对顾客使用贬义称呼；不要讲有损顾客自尊心的话；不要与顾客争辩；不要让语言高于顾客的声音。

饭店员工应该掌握：如果要与顾客谈话，要先打招呼；如正逢顾客在与别人谈话时，不可凑前旁听；如有急事需立即与顾客对话时，应趋前说声“对不起，打扰一下可以吗？我与这位先生有急事相告”，如蒙顾客点头答应后，应表示感谢；如果谈话的内容不必让别人知道，可自然地到一边去谈，不要靠近耳朵窃窃私语，更不可一边对顾客私语，一边还用眼睛不时地张望别人；在与顾客谈话时，应精力集中，目光应注视对方以示专心；谈话时表情要安详，自然大方，可以伴有适当的手势，但运用要规范和适度，不要过大或过多，避免给人以手舞足蹈的感觉。需要用手掌时，应掌心向上，以肘关节为支点在小范围内活动。

二、日常礼貌用语

（一）打招呼用语

1. 您好！
2. 您早！
3. 早晨好！
4. 请。
5. 请问。
6. 请坐。
7. 请稍等。
8. 请原谅。
9. 请您走好。
10. 请多关照。
11. 请多多指教。
12. 请教一下。
13. 没关系。
14. 中午好。
15. 不要紧。
16. 别客气。
17. 您贵姓？
18. 下午好。
19. 谢谢。

20. 晚上好。
21. 晚安。
22. 再见。
23. 欢迎您再来。

（二）称呼用语

1. 同志。
2. 先生。
3. 夫人。
4. 太太。
5. 小姐。
6. 经理。
7. 部长。
8. 局长。
9. 主任。
10. 科长。

（三）征询应答用语

1. 您有什么事情？
2. 我能为您做点什么？
3. 您有别的事吗？
4. 这会打扰您吗？
5. 您需要××吗？
6. 您喜欢××吗？
7. 您能够××吗？
8. 请您讲慢一点。
9. 请您再重复一次好吗？
10. 好的。
11. 是的。
12. 我明白了。
13. 这是我应该做的。
14. 我马上去办。
15. 不，一点都不麻烦。
16. 非常感谢！
17. 谢谢您的好意。

（四）道歉语

1. 实在对不起。

2. 这是我的过错。
3. 打扰您了。
4. 是我工作马虎了，一定改正。
5. 这完全是我工作上的失误。
6. 真不好意思，让您受累了。
7. 非常抱歉，刚才是我说错了。
8. 刚才的谈话请您谅解。
9. 是我搞错了，向您道歉。
10. 说话不当，使得您不愉快，请谅解。
11. 这事我也不太清楚，等我问清楚，再告诉您。
12. 您提的意见很好，我们一定采纳改进工作。

三、前厅服务用语

1. 欢迎来××酒店。
2. 请您出示证件。
3. 请问您住几天?
4. 请您填写住宿单。
5. 请教押金××元。
6. 这是您的住房卡和收据，请收好。
7. 有贵重物品请存在总服务台保险箱。
8. 这是您的行李，共×件。
9. 您有什么事，请与总台联系，我们尽力帮助您解决。
10. 我来帮您提行李。
11. 请上楼。
12. 请上电梯。

四、客房服务用语

1. 欢迎您到我们酒店来。
2. 让我看一下您的住房卡。
3. 请这边走。
4. 先生，这是您的房间。
5. 这是空调开关，这样调节使用。
6. 您还需要什么?
7. 有事请打电话到服务台。
8. 路上辛苦了，请休息。
9. 好，我马上就去办。
10. 等我问清楚再告诉您。
11. 我马上找人把它修好。

12. 先生，这杯子什么时候碎了？
13. 按规定需赔偿。
14. 您离开房间时请把钥匙交到服务台。
15. 我是服务员，现在可以清扫房间吗？
16. 对不起，洗衣房把您的衣服洗坏了，我们加倍赔偿，您看可以吗？
17. 好，我马上去找，给您送来。
18. 请您再看看，有无遗漏物品。
19. 这是您的退房单，请到总服务台结账。
20. 您有什么意见，欢迎批评指正。
21. 请慢走，再见。

五、餐厅服务用语

1. 欢迎您，请问几位？
2. 请往这边走。
3. 请跟我来，请坐。
4. 请稍等，我马上给您安排。
5. 请您看看菜单。
6. 现在可以点菜吗？
7. 对不起，这道菜刚卖完，换个××菜您看行吗？
8. 请品尝一下今天的特色菜好吗？
9. 您喝点什么酒？
10. 这个菜加工需要半小时，您能多等一会吗？
11. 现在上菜好吗？
12. 对不起，请让一让。
13. 对不起，让您久等了。
14. 您还需要点什么？
15. 您吃得满意吗？
16. 现在可以结账吗？
17. 您的钱正好。
18. 共××元，找您××元，谢谢。
19. 请您签单好吗？
20. 欢迎您再来。
21. 谢谢，请慢走。

六、电话服务用语

1. 您好，××饭店。
2. 请讲慢一点。
3. 请再说一遍好吗？

4. 请稍等，不要挂断。
5. 我给您接到×××。
6. ××先生不在，您能留下电话号码吗？回来给您回电话。
7. ××先生，刚才××先生来电话，请您回电话，号码×××。
8. 您的长途电话费××元，请在服务台付款。

七、娱乐服务用语

1. 欢迎您，请问几位？
2. 您需要哪种娱乐器械？
3. 我马上给您安排。
4. 需要我的帮助吗？
5. 对不起，这里禁止吸烟。
6. 您需要点什么？
7. 我马上给您送来。
8. 请到服务台结账。
9. 请您签单。
10. 欢迎您再来。
11. 谢谢，请慢走。

八、康乐服务用语

1. 欢迎您，请到里边来。
2. 请坐，请稍等。
3. 我马上给您安排。
4. 先生（小姐），请里边坐。
5. 温度合适吗？
6. 这样可以吗？
7. 您需要什么？
8. 请您到服务台结账。
9. 请拿好您的东西。
10. 欢迎您再来。

九、购物服务用语

1. 您好，您想买点什么？
2. 您看这件怎样？
3. 您看行吗？
4. 您还需要别的吗？
5. 您的钱正好。
6. 这是找您的钱××元，请收好。

7. 请稍等，我给您包装好。
8. 请拿好，慢走。
9. 谢谢，欢迎您再来。

十、结账、告别用语

1. 先生（小姐），这是您的账单，请您过目。
2. 现在可以给您结账吗？
3. 您的钱正好。
4. 这是您的账单和找您的××元钱，请收好。
5. 感谢您对我们工作的协助。
6. 您还有什么事需要我们帮助吗？
7. 请多关照，保持联系。
8. 欢迎你下次来××，还住××饭店。
9. 祝您旅途愉快。
10. 祝您一路平安。
11. 谢谢，再见。

十一、饭店服务忌语

1. 嘿！
2. 老家伙；老头儿！
3. 大兵；当兵的；兵古佬。
4. 土包子。
5. 乡巴佬。
6. 你吃多了，没事干！
7. 谁让你不看好点。
8. 嫌车慢，别坐呀！
9. 不知道，问别人去。
10. 听见没有，长耳朵干什么用的！
11. 怕挤呀，坐出租车去！
12. 啰唆什么，快走开！
13. 我就这态度。
14. 有本事你告去！
15. 有完没完！
16. 不买看什么！
17. 您买得起就快点买。
18. 到底要不要，想好了没有?！
19. 喊什么喊！
20. 没看我正忙着，着什么急？

21. 交钱，快点！
22. 我解决不了，愿意找谁找谁去。
23. 不关我的事，不知道！
24. 刚才说过了，怎么还问?!
25. 靠边去。
26. 没钱找，等着。
27. 你买的时候怎么不挑好?!
28. 谁卖给你的，你找谁！
29. 有意见，找领导去！
30. 到时间了，你快点！
31. 上面写着，你不会自己看！
32. 不能换，就这规矩！
33. 不买就别问！
34. 你问我，我问谁！
35. 喊什么，没看见我现在有事！
36. 管不着！
37. 没上班呢，等着！
38. 干什么呢，快点！
39. 我不管，别问我！
40. 不是告诉你了吗，怎么还不明白?!
41. 没零钱了，自己去换！
42. 挤什么挤?
43. 要买快点，不买靠边！
44. 别啰唆，快点讲！
45. 为啥不早说！
46. 越忙越添乱，真烦人！
47. 怎么不提前准备好?!
48. 就这货，没办法。
49. 别装糊涂！
50. 后边等着去！

经典案例

某公司新建的办公大楼需要添置一系列的办公家具，价值数百万元。公司的总经理已做了决定，向A公司购买这批办公家具。

这天，A公司的销售部负责人打电话来，要上门拜访这位总经理。总经理打算，等对方来了，就在订单上盖章，定下这笔生意。

不料对方比预定的时间提前了两个小时，原来对方听说这家公司的员工宿舍也要在近期内落成，希望员工宿舍需要的家具也能向A公司购买。为了谈这件事，销售负责人还带来了一大堆的资料，摆满了台面。总经理没料到对方会提前到访，刚好手边又有事，便让秘书请对方等一会儿。这位销售员等了不到半小时，就开始不耐烦了，一边收拾起资料一边说："我还是改天再来拜访吧。"

这时，总经理发现对方在收拾资料准备离开时，将自己刚才递上的名片不小心掉在了地上，对方却并没发觉，走时还无意从名片上踩了过去。但这个不小心的失误，却令总经理改变了初衷，A公司不仅没有机会与对方商谈员工宿舍的设备购买，连几乎到手的数百万元办公家具的生意也告吹了。

案例分析

A公司销售部负责人的失误，看似很小，其实是巨大而不可原谅的失误。名片在商业交际中是一个人的化身，是名片主人"自我的延伸"。弄丢了对方的名片已经是对他人的不尊重，更何况还踩上一脚，顿时让这位总经理产生反感。再加上对方没有按预约的时间到访，不曾提前通知，又没有等待的耐心和诚意，丢失了这笔生意也就不是偶然的了。

经验总结

饭店员工不仅要掌握良好的专业技能和专业礼仪，社交礼仪也不能丢。

本章小结

职业形象体现员工精神面貌的同时代表了饭店的形象和企业文化，饭店员工也是饭店对外宣传的窗口。所以，本章主要论述塑造良好的职业形象非常重要同时介绍应该如何塑造良好的职业形象。塑造良好的职业形象首先要塑造良好的仪容仪表仪态。这包括需要有标准的站姿、坐姿、行姿、蹲姿；懂得不同场合的着装规范；懂得不同场合的仪容修饰；懂得手势、表情的运用。其次要掌握一般的社交手段，包括称呼与介绍、拜访与接待、握手礼仪、名片礼仪、电话礼仪、饮宴礼仪。最后要具有饭店员工应有的语言礼仪，包括饭店员工语言礼仪的基本要求、日常礼貌用语、前台服务用语、客房服务用语、餐厅服务用语、电话服务用语、娱乐服务用语、康乐服务用语、购物服务用语、结账、告别用语、饭店服务忌语。通过以上三点去塑造良好的职业形象。

精选习题

一、填空题

1. ________是个人的精神面貌、内在素质的外在表现，是一个人的文化素养和道德情操等内涵。

2. 站姿的要领是：一要________；二是________；三是________。

3. ________能直接反映出一个人的精神面貌、性格特点等。优美的行姿具有动态美，能体现出一个人良好的精神风貌和良好的气质与风度。

4. ________被称为人的第二皮肤，它在人类的生活中，发挥着三大作用。一是________，如御寒、遮体等；二是装饰性作用，正如俗话所说“人靠衣装马靠鞍”，得体的衣着可以扬长避短；三是________。

5. 着装时，应遵循人们公认的三原则——________原则，即：时间原则（Time）、环境原则（Place）和目的原则（Object）。

6. 西装的款式可分为________、________、________三大流派。

7. ________被公认是最能体现女性曲线美的一种服装。

8. 对于服饰而言，首饰起着________、________、________、________的作用。

9. 饭店服务员的仪容要求是：____。

10. 美容化妆必须坚持________、________、________的原则。

11. 皮肤一般分三种类型：________、________和________。

12. 人的手势一般可分为四种：________、________、________、________。

13. ________是在社交活动中使用频率最高、适用范围最广泛的一种礼节。

14. 宴请礼仪是指人们在宴请活动中必须遵守的行为规范。在宴请活动中应遵循下列两条基本原则：________、________。

15. 中餐一般使用圆桌，根据我国的传统礼俗，正式的中餐宴会以十八人围坐在圆桌旁，供应十道正菜为最合适，寓意为________。

16. 讲究语言艺术，一要________；二要________；三要________。

二、简答题

1. 简述握手的礼仪。

2. 饭店员工需掌握的一般的社交礼仪有哪些？

3. 结合书本说说自己的日常生活中应该如何正确的运用握手礼仪？

走近饭店

实训项目二：

【实训名称 2－1】

一般的社交礼仪模拟训练

【实训内容】

在教师的指导下，学生分组练习各种场合下采用的握手、鞠躬和致意。

【实训步骤】

1. 由教师布置本次实训任务
2. 以 2 人一组为单位进行分组
3. 按照正确的站姿站好
4. 模拟练习握手
5. 模拟练习鞠躬
6. 模拟练习致意

7. 教师点评、学生互评

【实训点评】

1. 教师点评：教师根据规范的动作对部分小组进行点评。

2. 学生互评：以组为单位进行组内互评。

【实训名称 2-2】

一般的社交礼仪模拟训练

【实训内容】

在教师的指导下，学生设计名片并练习正确得体的介绍自己和为别人作介绍同时正确的派发名片。

【实训步骤】

1. 由教师布置本次实训任务。
2. 以 3 人一组为单位进行分组。
3. 按照正确的站姿站好。
4. 模拟练习自我介绍。
5. 模拟练习介绍他人。
6. 模拟练习派发名片。
7. 教师点评、学生互评。

【实训点评】

1. 教师点评：教师根据规范的动作对部分小组进行点评。
2. 学生互评：以组为单位进行组内互评。

第三章　提供优质的专业礼仪服务

小孙没有告诉他们电话

一天，两位北京的顾客来到饭店前台，询问香港顾客黎某是否在此下榻，并希望尽快见到他。前台接待员小孙立即进行查询，确有一位叫黎某的香港顾客已入住饭店，小孙接通黎先生房间的电话，但长时间没人应答。小孙礼貌地告诉来访的顾客，黎先生已到饭店，但此刻不在房间。小孙请两位顾客到大堂休息处等候，或在前台留言，等黎先生回来后再另行安排时间会面。两位顾客对接待员小孙的答复并不满意，一再声称他们是黎先生的多年旧友，请小孙告诉他们黎先生的房间号码，小孙礼貌而耐心地向他们解释，为了保证住店顾客的安全，在没有得到住店顾客同意的情况下，不便将其房号告诉他人。同时，再次建议来访的顾客在前台给黎先生留言，或随时与饭店前台保持联络，以便黎先生回来后及时与之取得联系。两位顾客表示理解，给黎先生留言后离开饭店。黎先生回来后小孙立即将来访者的留言转交给他，并说明为了安全起见，前台没有将他的房号告诉来访者，请黎先生谅解，黎先生当即表示理解并向小孙致以谢意。

思考：1. 小孙不告诉来访顾客住客房号做法对不对？

2. 这个案例给你什么启示？

第一节　饭店前厅部礼仪服务规范

一、前厅部员工的素质要求

（一）品行端正

饭店前厅部工作种类较多，有些会涉及价格、金钱以及饭店的经营秘密。如果员工没有良好的修养、端正的品行，就很容易利用酒店管理中的某些漏洞，利用岗位职责之便，为个人牟取私利，损害顾客和饭店的利益，从而直接影响饭店的服务质量、形象和声誉。因此，前厅部员工必须品行端正。

（二）良好的服务意识

良好的服务意识是饭店员工各项工作的灵魂所在，是提供优质服务的前提。没有良好的服务意识，优质的专业礼仪服务就无从谈起。在这一点上，前厅部员工应该随时通过自己的细心观察，以自己的不懈努力，在自己的岗位上为顾客提供优质服务。

（三）敬业乐业精神

前厅部员工对前厅部的工作，诸如任务、目标、范围、岗位职责等要有较为全面正确的认识，对本职工作要有责任心。

对顾客的要求要敏感、反应快，及时向上级或同事准确地传递信息。

在服从指挥的前提下，还要有一定的灵活性和创造性。

自觉关心和维护酒店利益。

（四）良好的语言表达能力

对前厅部员工语言能力最基本的要求是要做到普通话发音标准、口齿清晰、表达流畅，同时还要具备相应的理解能力、与人沟通的技巧并掌握1～2门日常应用的外语。

对于前厅部的员工来说，富有幽默感的语言也非常重要。前厅部员工运用语言的机会相对来说比较多。在接待顾客时，语言不能生硬呆板，而应具有幽默感。与顾客交谈时，不能只局限于机械地回答。前厅部员工在与顾客交谈时，运用生动幽默的语言，不仅能打破僵局、缓和气氛、便于处理问题，而且能使顾客觉得饭店员工有较高的文化艺术修养，从而使感情易于融洽。

（五）精神饱满、举止得体

前厅部员工因工作需要，要练好站立服务的基本功，在工作岗位上，要注意仪容仪表仪态，按照饭店的规定着装时要干净整齐。在岗时，整体形象要给人以清新、大方、亲切的感觉。如图3－1所示。

图3－1　前厅部工作人员

二、前厅部员工礼仪规范

在前厅部工作的员工，主要从事的工作有大堂助理、前台、前厅礼仪小姐、门卫、总机、商务部工作人员等。下面将分岗位阐述他们的礼仪规范。

（一）大堂助理服务礼仪

1. 清楚自己的职责

大堂助理是代表总经理全权处理顾客投诉、涉及顾客生命安全及财产等复杂事项的人员。大堂助理应站在维护酒店利益的立场上，机智、果断、敏捷地处理问题。大堂助理在前台经理缺席的情况下行使前台经理的职权，每天 24 小时值班。在夜间，大堂助理是饭店的最高权力执行者，是酒店的指挥者，他必须熟知饭店对一些有争议的问题的政策，明白在遇到顾客特殊要求时自己有多少回旋余地。

2. 顾客投诉处理

（1）要以积极的态度对待顾客的投诉。一般来告状的顾客都有些火气，因为他们感到劣质的服务戏弄了他们，是不公道的，甚至是不能容忍的。当他们怒气冲冲地来到大堂助理面前告状时，大堂助理在态度上要给投诉顾客一个亲切感。

（2）尽可能满足顾客的要求。要相信大多数顾客都是通情达理的，即使遇到个别爱挑剔的顾客，也应本着“顾客至上”的宗旨尽可能满足其要求。

（3）必须做到诚恳耐心地倾听顾客的投诉。凡遇到投诉必须先做到诚恳耐心地倾听，并边听边表示同情，争取在感情上和心理上与投诉者保持一致，千万不要话还没有听完就开始做解释或辩解，这很容易引起投诉者的反感。

（4）维护顾客的自尊心。尽量维护甚至增强顾客的自尊心，“很抱歉，让您遇到这种事”，这类句子可表示大堂助理对顾客问题的关注。

（二）前厅礼宾服务员礼仪

（1）见到顾客来临，要一视同仁，不要以貌取人。无论接待什么人，都要主动地向顾客打招呼，笑脸相迎，不可有不耐烦的表示和勉强的态度，要使人感到你是乐于助人的。

（2）对顾客的询问要认真聆听，能及时答复的要给予简明的圆满答复。不能及时答复的，要将顾客提出的问题记录下来并向顾客讲：“不好意思，这个问题、这件事或这个单位待我了解后再告诉您！请您留下姓名、房号或电话号码。”

（3）如果顾客的行李较多，应帮助顾客提拿行李，待进入大厅后，再以手势示意行李员过来交给他。

（4）如顾客属于老、弱、病、残、幼人群，应先问候，征得同意后予以必要的扶助，以示格外关心。但如果遇到有的顾客不愿接受特殊关照，也不必过分勉强。

（5）当团体顾客抵店时，应主动连续向各位顾客或是点头致意，或是鞠躬施礼，不要形成为省事而只顾前不顾后的场面，容易给人造成厚此薄彼的印象。遇到有的顾客先致意时，不要坦然接受，无动于衷，应及时还礼。

（6）为表达对每一位顾客的诚意，要不厌其烦地对同行的顾客都致问候语。问候时精力要集中，要注视顾客，不要左顾右盼。

（7）如遇气候不好，逢值下雨雪时，应主动为抵店顾客撑伞遮挡，

（8）陪同顾客到总服务台办理住宿手续时，如不是特殊需要，接人人员不要在顾客身

边指指点点，而应稍距顾客一些于一旁伺立，随时准备提供服务。

(9) 待顾客准备起程时，应礼貌地致“祝您旅途愉快”，“欢迎再次光临”等欢迎词与顾客道别，并将车门以适度力量关好。注意不要夹住顾客的衣、裙等物品。等车辆启动时，应向顾客挥手告别，面带微笑，目送顾客离去。

(三) 门卫服务礼仪

门卫服务员站于饭店正门外。代表饭店对抵达和离去的顾客表示迎送。门卫服务员礼仪主要从下面几个方面进行论述。

1. 班次

门卫服务员分两班次工作，每班次三人，一人站于外车道负责到饭店的车辆的接待服务；一人站于顾客候车处负责离饭店车辆接待服务，另一个人在内休息，随时待命。

2. 在岗时

门卫在岗时，着装要整齐，站立要挺直，不可叉腰、弯腰、靠物，走路要自然、稳重、雄健。

3. 车辆到达时

(1) 欢迎。载客汽车到店，负责外车道的门卫迎送员应迅速走向汽车，微笑着为顾客打开车门，向顾客表示欢迎，讲敬语。

(2) 开门。凡来饭店的车辆停在正门时，必须趋前开启车门，迎接顾客下车。一般先开启右车门，用手挡住车门的上方，提醒顾客不要碰头。对老弱病残及女顾客应予助臂，并注意门口台阶。

(3) 处理行李。遇到车上装有行李，立即招呼门口的行李员为顾客搬运行李，协助行李员装卸行李，并注意有无遗漏的行李物品。如暂时没有行李员，应主动帮助顾客将行李卸下车，并携带行李引导顾客到接待处办理登记手续，行李放好后即向顾客交接及解释，并迅速到行李领班处报告后返回岗位。

(4) 牢记车牌号和颜色。门卫要牢记常来本店顾客的车辆号码和颜色，以便提供快捷周到的服务。

4. 雨天

如遇雨天，要为顾客打伞。

5. 顾客进店

要为顾客开启大门，迎进大厅，并说：“您好，欢迎光临。”

6. 顾客离店时

(1) 送客。顾客离店，负责离店的门卫应主动上前向顾客打招呼问候并代顾客叫车。待车停稳后，替顾客打开车门，如顾客有行李应主动帮助将行李放上车并与顾客核实行李件数。

待顾客坐好后，为顾客关上车门，但不可用力过猛，防止夹住顾客手脚。

车辆即将开动，门卫起身立正，站在车的斜前方 1 米远的位置，上身前倾 15°，双眼注视顾客，举手致意，微笑道别，可说：“再见”、“一路平安”、“一路顺风”、“欢迎您的光临，欢迎您再来”、“祝您愉快!”

(2) 送团队。当团队顾客、大型会议、宴会的与会者集中抵达或离开时，要提高工作效率、尽量减少顾客的等候时间。

对重点顾客车辆抵达或离店要先行安排，重点照顾。司机不懂外语，门卫应协助翻译，但切忌一知半解，不懂要请示经理，不然译错后顾客损失了钱财又耽误了时间，一定会对我们的服务员不满意甚至投诉。

(3) 特殊情况。当候车人多而无车时，应有礼貌地请顾客按先后次序排队乘车。载客的车多而人少时，应按汽车到达的先后安排顾客乘车。

(四) 总机服务礼仪

总机服务员要以“顾客至上”为服务宗旨，做好接转服务工作。即使是有的顾客讲话不清楚，也不能不耐烦，更不能置之不理，或是干脆在没有听清楚的情况下将错就错，把电话随意的拨转出去，相反，应委婉地请顾客再重复一遍，比如，礼貌地说：“对不起，先生（小姐），请您再重复一遍好吗?”对老年人或语言表达不畅的顾客，尤其应耐心，如可以适当放慢语调等，安慰对方不要着急，慢慢讲清。对顾客作解释时也要有耐心，尤其是当顾客有急事，而恰逢分机占线不能接通时，要耐心解释清楚，使顾客谅解。遇到这种情况，可以这么说：“对不起，某某房间正在占线，请您稍候一下好吗?”或是“对不起，某某房间正在占线，请您过一会儿再打来好吗?”如果外线电话要求接某某房间，而该房间的电话铃响几声后仍然不见回音，总机服务员可以告诉对方：“对不起，某某房间没有人接电话”，一般不要说“他出去了”，因为出去的概念很广，究竟是临时离开房间，还是外出办事，是在饭店还是离开了饭店，使打电话的顾客费解。

1. 接转内部电话

这是指由外部打进饭店的电话，一般有本地的电话，也有长途电话。总机在接转这类电话时必须注意以下礼仪礼貌：

(1) 打给住客的电话必须问清打电话人的姓名及打电话的事项，然后核实住客是否是打电话人要找的。若是，则征求住客意见，顾客表示可以时才转给他，若顾客表示不想接听时，可向打电话人婉拒。

(2) 若有顾客打电话查询住房时，也要征询住房顾客意见，经同意后才告诉打电话者。住客及房号要保密，一般不告诉外人。

(3) 若顾客不在房间，可将打电话人的姓名及电话内容记下来转告顾客。打给总经理的电话也可按上述方法处理。

(4) 在员工的工作时间，如果有外面打来给员工的电话，一般不转，若有急事可转有关部门办公室或其顶头上司代员工接听。

2. 电话咨询服务

(1) 若顾客电话询问要在饭店开房时，话务员要及时与客房预订处或总服务台联系，并及时答复顾客。

(2) 若顾客询问饭店可以提供的服务设施及项目时，总机要向顾客热情介绍。

(3) 若顾客想了解本地区的游览胜地、商业中心、单位地址、电话号码等情况时，总机要尽可能向顾客介绍。

(4) 总机对顾客的留言，要细心不怕麻烦，做好记录。对于来电话查询的顾客，应热情相待，在可能的情况下，尽自己的努力去办，而不能随便简单的一句“不知道”或“我不管”来打发顾客。即使通过努力却未能满足顾客的要求，也应主动向顾客解释并致歉。对于拨错号的顾客，同样应以礼相待，而不能训斥对方。

3. 电话叫醒服务

(1) 凡是顾客申请叫醒，话务员均要将顾客房号、叫醒时间登记好，记录在“住客叫醒登记表”上。夜班和早班人员要交接好班，根据“住房叫醒登记表”上的时间准时叫醒顾客。

(2) 总机叫醒顾客时要有礼貌地用普通话和英语重复：“早上好，现在的时间是早上(几)点钟。”若一段时间后无人接听电话，要请楼层值班人员去敲门，直到叫醒顾客为止。对晚醒的顾客要告诉他：“先生(或小姐)，按叫醒时间，您已经晚起了多少分钟。”

(3) 将顾客晚起的时间记入档案，日后顾客投诉时，可以以此作为解释。

(五) 电梯服务礼仪

1. 热情有礼

当班时，应穿整齐清洁的工作服，站在电梯门外以笑脸迎客，先请顾客进入，自己最后一个进入电梯。如遇顾客多时，应估量人数，及时地有礼地劝请后到的顾客稍候片刻，以免超载。

2. 正确操作

在电梯内要按顾客的需要正确操作，及时打开风扇通风，劝止顾客在电梯内吸烟。

3. 主动招呼

尽量记住顾客的面貌，如遇到常住顾客及熟客时应主动打招呼问好，并准确地称呼××先生，××小姐。

4. 注意安全

注意形迹可疑的人员，协助保安人员进行工作，提高警惕，保证安全。

5. 保持清洁卫生

不可在电梯内乱扔杂物及随地吐痰，经常打扫，保持清洁卫生的环境。

6. 熟悉电梯性能

应熟悉电梯性能，有紧急情况时能够及时处理，密切与保养维修人员的联系，坚持定期对电梯进行保养。

(六) 总服务台接待礼仪

总服务台接待工作非常复杂，需要细心，不可粗枝大叶，出一点小的差错，都影响饭店的服务质量和声誉。总服务台接待人员天天接待顾客，有许多烦琐的事，但一定要有耐心，不能产生厌烦心理。具体到服务时，总服务台接待人员应注意以下礼貌礼仪。

1. 总服务台接待人员礼仪

(1) 工作有序。总服务台是接待顾客的第一个环节和最后一个服务环节，工作要有序，讲究效率，做到办理第一位，询问第二位，再招呼第三位顾客，并说：“对不起，请稍候。”如果登记时人很多，开房时一定要保持冷静，有条不紊，做好解释，提高效率，必要时要增加人数，以免让顾客等得太久。

（2）态度和蔼。接待顾客态度要和蔼，语气轻柔，注视顾客，口齿清晰。

（3）热情快捷。许多饭店的总服务台人员的接待工作是非常繁忙、多变的；来到总服务台的顾客形形色色，各有不同的需求。因此，总服务台的工作总要保持热情高效、文雅礼貌，这将有助于影响和决定顾客在饭店内下榻和停留的时间。

（4）姿势良好。总服务台一般是站立服务，有顾客来的时候，必须站立，站姿要挺拔。

（5）精神集中。工作时要全神贯注，不要出差错。顾客的姓名必须搞清楚，将顾客的名字搞错或读错是一种失礼行为，不能一边为顾客服务一边接电话。在岗位上，不能与熟悉的顾客交谈过久。不要同时办理几件事，以免精神不集中出现差错。

（6）学会观察。饭店内人来人往，名人、娱乐活动家、政治家都是饭店经常光顾的顾客，总服务台的员工要学会观察，记录顾客个人资料，以备用。

（7）对待顾客要一视同仁。对待顾客要一视同仁，对重要的顾客或熟悉的顾客可以不露声色巧妙地给予照顾，让他感觉到与众不同。其实，每一位顾客都盼望和期待着自己能受到饭店个性化的服务。

（8）遵守对顾客的承诺。要遵守对顾客的一切承诺，若办不到的事情，要直接、真诚地相告，表示自己没有办法，同时最好介绍顾客到能满足其要求的地方。

（9）处理好顾客投诉。在接到顾客的投诉时，要第一时间对顾客表示抱歉，请求顾客原谅。然后感谢顾客反映此事并表示这些问题将立即予以上报并及时纠正。

（10）随机应变。顾客住在饭店里，经常会出现一些意想不到的事情，如夜里突然得病，或订不到机票等。这个时候他们都会求助于总服务台。因此，总服务台员工要具备应变能力，充分运用自己的智慧，尽可能的帮助顾客解决问题。

2. 接待问询

（1）热情招待。总台接待问询人员要熟悉业务，明确自己的职责，上至国内国际航班、铁路等交通最新时刻表和票价表，下到饭店所在地的风景名胜和日常生活、学习、工作等主要场所的特点、地点以及电话号码等都要心中有数，以便届时能以快捷的方式应答顾客。

（2）当顾客有事来到总服务台时。如果接待人员手上有工作可以暂时放下。如果是正在接听电话，应当对顾客说声“对不起”表示歉意。回答顾客询问时，遇到自己确实不清楚的疑难问题，不要不懂装懂，而应诚恳地向顾客表示歉意，请顾客稍候，然后迅速查阅有关资料或向有关部门、人员请教，再给顾客以满意的答复。

（3）当有住店顾客的来访者前来询问时。接待人员应该讲究一点回答的技巧。如果知道顾客不在饭店，于是就马上回答：“他不在。”这样一般很难使来访者相信，也许他会想：“怎么这么巧，我一来他就不在，你们怎么不找一找就回答了，这家饭店真是缺乏热情。”因此，碰到这种情况时，如有可能，还是给客房打个电话，必要时再请人在饭店内找一下，让来访者感到顾客确实不在，也感受到饭店的诚意。

3. 预订礼仪

（1）文明礼貌的态度。预订人员所表现出来的友好热情以及对饭店的全面了解及其知识程度会使顾客在预订客房时对饭店留下良好的第一印象。

（2）接待或拒绝预订。预订登记表填好以后，服务员将预订要求与预订到达那天的可供房情况进行对照，决定是否接受顾客的预订。如果接受预订，服务员随后就要确认预订。如果拒绝预订，要用友好、遗憾和理解的态度对待顾客。首先称呼顾客的姓，然后讲述由于房间订满而无法安排，争取顾客的理解。或者帮助顾客预订同等级别的附近的酒店。

（3）确认预订。接受预订后必须加以确认。通过确认，一方面使饭店进一步明确顾客的预订要求，另一方面也使饭店与顾客之间达成协议。

（4）修改预订。预订被接受或确认后，顾客在抵达饭店前还可能对预订内容作较多更改，如到达或离开饭店时间、房间数、人数、住房人姓名及预订种类的变更，以致完全取消预订都有可能发生。每当需要更改时，就要填写更改表，并将有关预订登记工作相应改动，使之保持正确。

（5）取消预订。处理取消预订必须十分谨慎，因为如果把账错算在已经取消预订的顾客身上，饭店就会处于被动的地位，同时也会使顾客感到不满。

4. 入住登记礼仪

顾客抵达饭店到总服务台办理入住手续时，服务员要表示热烈欢迎。对熟悉的顾客和已预订房间的顾客讲："您好，××先生（小姐），我们一直在恭候您的光临！"对一般顾客讲："您好，先生（小姐），欢迎您光临。"然后礼貌地请顾客填写入住登记表。

（七）商务中心工作人员礼仪

商务中心的办公室既是服务的场所，又是接待客户的地方。一定要做到环境卫生整洁，整体布置井然有序，使客户有舒适、方便、信赖感。商务中心服务员在岗时，除按照服务规程工作外，在礼仪礼貌服务上还应做到以下几点：

1. 注意个人礼仪

商务中心服务员在工作岗位上，要仪表整洁，仪容端庄，仪态大方。工作时间要精神饱满，精力集中，在顾客面前，注意自己的坐立、行走姿势，要符合饭店员工守则中有关规定的要求。

2. 工作热情主动

商务中心服务员要热情主动地招待顾客，微笑问候，敬语当先，尊重顾客的意愿。在同时接待数位顾客时，应按先后次序一一受理，同时向各位打招呼致意。要忙而不乱，有条有理。要讲究职业道德，注重信誉，确保质量，按规定收费，代客保密。

3. 办事认真，讲究效率

商务中心服务员承办打字、复印、翻译、快递等项业务，要做到准确、快捷、细心、周到、杜绝差错。

代客打印、复印、进行口头或书面翻译时，应讲究效率，力求准确，避免差错。

客户如果对服务有不满时，商务中心工作人员应该做好耐心解释。解释时说话态度要谦和，语气要委婉。

第二节 饭店客房部礼仪服务规范

一、客房部员工的素质要求

（一）自觉自律

客房服务员在岗时，应自觉按照饭店有关规定，不打私人电话；不与同事闲谈；不翻阅顾客的书报、信件、文件等资料；不可借整理房间之名，随意乱翻顾客使用的抽屉、衣橱；不可在顾客的房间看电视、听广播；不可用客房的卫生间洗澡；不可拿取顾客的食品品尝等。

（二）责任心强

客房部的服务工作与其他部门有所不同，更多的时候，它的劳动强度大而与顾客直接打交道的时候少，也就是说出头露面的机会较少。这就需要客房部员工要有踏踏实实和吃苦耐劳的精神，在每天要做的大量琐碎的工作中，能够具有良好的心理素质，不盲目攀比，以高度的责任感从事自己的工作。

（三）良好的团队合作意识

不少饭店按照服务规程，要求清扫客房时应两人同行、结伴互助。这就需要客房部员工具有以我为主、善与同事合作的能力。以各自的努力，营造一个和睦相处、分工明确、配合默契、心情愉快的内部工作环境，提高效率，以利于本职工作的顺利完成。

（四）充沛的精力和较强的动手能力

客房部服务工作的任务相对来说内容较为繁杂，体力消耗较大，顾客要求标准较高，因此，要求客房部员工反应敏捷，具有充沛的精力和较强的动手能力是十分重要的（如图 3-2 所示）。

图 3-2 客房部员工在练习铺床

顾客对客房的要求是舒适、整洁、安全。而要做到舒适整洁，首先是搞好清洁卫生。这是顾客对客房最基本的要求，也是顾客最爱挑剔、最为讲究的。客房要无虫害、无水迹、无锈蚀、无异味；地面、墙面要无灰尘、无碎屑；灯具和电器设备、镜面、地面、卫生设备等要光亮洁净；设备要每天消毒；床单、枕套等卧具必须按照规定时间及时更换；房间内装饰布置雅致和谐；饭店物品的放置要按规格整齐划一；中式铺床应看上去床单折痕居中，平整自然，毛毯、枕、被放置统一，被子四角整齐，外观无塌陷感，枕口朝内；西式铺床应床单、被单、毛毯三条中折线重合，床罩平整，四角整齐，包角严密无褶皱。清洁而符合规范的房间，是礼貌服务的物质依托。忽视了这一顾客对于房间的基本要求，其他的礼仪便无从谈起。而要保证客房能够达到舒适整洁的标准，就要求客房部员工要付出巨大的努力，在辛勤的劳动中提高效率。

二、客房部员工礼仪规范

（一）客房规范服务礼仪

1. 遇客问好

遇见顾客时应主动避让和打招呼，遇见同事和各级管理人员均需以礼相待，互相打招呼问好。

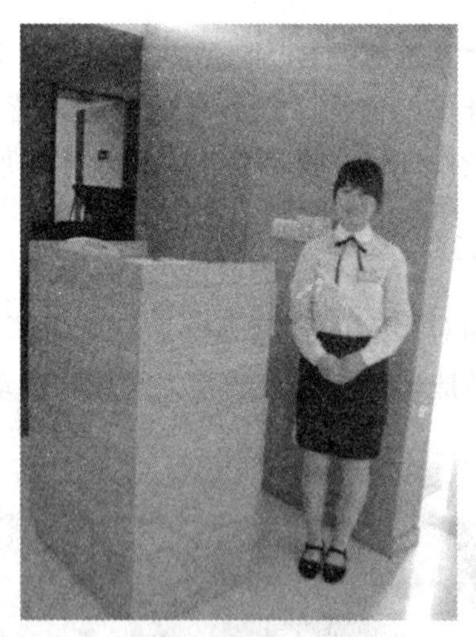

图 3-3　台班岗位的客房部员工

2. 不得先伸手和顾客握手

除非顾客伸手，否则员工不得先伸手与顾客握手，态度应端庄大方。

3. 抬头挺胸

站立时应抬头挺胸，不得弯腰驼背，以饱满的精神、微笑的面容与顾客接触。如图 3-3所示。

4. 沿墙边地带行走

在楼面应沿墙边地带行走。输送服务或等候工作时，如遇顾客迎面而来时，应放慢行走速度，在距离顾客 2～3 米时，自动停止行走，站立以便向顾客微笑问好。

5. 与客方便

客房是顾客外出时候的家，要使顾客感到处处舒适、清洁，不要在楼层大声喧哗，搬运物品要轻拿轻放，保持肃静。

6. 打扫卫生

清扫房间应尽量避免干扰顾客，最好是顾客外出时打扫或顾客特别吩咐才去做，但必须掌握时间，要在顾客未回来之前整理好。长住顾客的房间按顾客需要去打扫。

7. 其他礼仪礼貌

虽然客房服务员工作地点灯光比较昏暗，与顾客接触的时间也比较少，但仍然需要注意个人的仪容仪表。上班前要整理好制服化上淡妆，给人以好的精神面貌。

（二）迎送顾客服务礼仪

1. 迎客

接待总服务台开房通知后，即可顺便了解开房顾客的姓名、身份，站在电梯间做好迎客的准备。客到时要热情主动地迎上去，礼貌地称呼顾客的名字、向其表示欢迎。

对于初次到饭店住宿的顾客，应简明扼要地介绍房间设备的使用方法、注意事项，还可简介饭店的各项设施和特点，将餐厅、酒吧、咖啡厅、商场部等位置和开房时间告知顾客（如图 3 - 4 所示）。

图 3 - 4　行政楼层的客房部台班

2. 带顾客进房

同行李员一起走在顾客的左前方与顾客保持一定的距离，随顾客的步速向前慢行；到顾客房前要轻轻敲门，房里没有人回应即帮顾客开门，请顾客先进房间，然后跟进放好行李，向顾客介绍电灯开关、空调开关及设备的使用方法，顾客表示不用，可以不必介绍。

3. 送茶水

根据顾客的喜好送不同的饮料，如冰水或茶。送茶水进顾客房间时要先敲门，得到顾客允许后方可开门进入顾客的房间。摆茶水时先放杯垫，然后将茶水杯摆在杯垫上，并讲："请喝茶。"茶水送到房间后，问顾客是否有其他吩咐，如没有，请顾客有事随时呼唤。

4. 送客服务

接到顾客退房通知，应记住顾客房间号码，了解顾客离开房间的准确时间后，即做好欢送顾客的准备工作。顾客离房时要提醒顾客仔细检查自己的行李物品，不要遗留物品在房间，送顾客到电梯厅。帮顾客按下楼的电梯钮并关照顾客进电梯。

（三）客房送餐服务礼仪

顾客用电话预约送餐时，要记住顾客的姓名、用餐人数、房号、点餐的品种、规格、数量、送餐时间，记完后要向顾客复述一遍，避免差错。

送餐进房时要先按门铃，经顾客允许后方可入房。见到顾客时要讲："早上好！"或"您好！""不好意思，打扰您了"。"我是来给您送餐的，餐桌摆在这里好吗？"顾客表示同意后，即给顾客开台摆位，按餐厅服务方式为顾客服务。

一切工作就序后即将账单拿给顾客签字。顾客签字或付现金后要向顾客表示："多谢！"离开房间时要礼貌地向顾客道别并将客房门轻轻关上。

顾客用完餐后，要与客房服务员配合，及时将餐具点数收回。

（四）洗衣服务礼仪

服务员收到顾客送洗的衣物时，必须仔细检查顾客衣物有无破损、严重污点、褪色、不堪洗涤，衣袋里有无东西，衣物的扣子有无脱落等缺点，如有必须与顾客讲明，并当顾客面核对件数。

送洗的衣物必须按质、按时、按要求如数送交给顾客。若有缺损，顾客会不客气地要求索赔，遇到这种情况应表示歉意，并协助顾客办理赔偿事宜。

第三节　饭店餐饮部礼仪服务规范

一、餐饮部员工的素质要求

（一）良好的形象

饭店餐饮服务人员应该注意自己的形象，注重仪表仪容，这是礼仪礼貌服务的重要内容之一。饭店餐饮服务人员应按规定着装（工作服），服装要整齐、清洁、佩戴公牌标志上岗。

上岗时候不得佩戴手镯、耳环、戒指等饰品，不要留长指甲和抹指甲油，发型要端庄大方。

站姿要飒爽、端正，给人以矫健、大方、优美之感。

坐姿要稳重、文雅、给顾客以温和、端庄、雅观之感。

走姿要潇洒、自然、大方，给人以轻捷、欢悦、洒脱之感。

神态要安详、自然，笑容可掬，给人以热情洋溢、充满活力之感。

（二）爱岗敬业精神

餐饮部通常是由采购、厨房、餐厅、宴会厅和管事五部分组成，工种繁多、机构庞大复杂，人员众多。要求从事餐饮服务的人员，必须充分认识到餐饮服务工作与其他工作一样，都是饭店正常经营运转不可缺少的部分。要热爱自己所从事的专业，在实践中逐步培养起对专业的浓厚兴趣，这样，才能在本职工作岗位上端正工作态度，潜心钻研服务技巧。

（三）殷勤周到的服务

餐饮工作人员绝不可漫不经心或在工作时因想入非非而走神，必须不断地、机敏地照料进餐的顾客，密切注视你所服务的桌子正在发生的动作、可能发生什么情况、用餐的速度、进餐过程等。这样，当需要加酒、撤盘或需要额外的调料时，就会提前做好准备，使进餐者感到舒适，使得服务更加有条不紊。

（四）要有经济头脑

任何饭店员工都有一个共同的重要责任——降低成本。在餐饮中，每天不知有多少好东西被当做废料丢弃掉，这是最大的也是最无法计算的浪费。一个好的员工不会故意损坏、浪费个人的或企业的财产，许多浪费是在无意识中发生的。一个训练有素的餐厅员工，应该多加注意，以减少浪费。

（五）熟练运用专业操作技能

作为一名合格的餐饮部员工，对主要菜系应该有一个基本的了解，这对于更好地向顾客提供尽善尽美的服务，无疑是大有益处的。

（六）讲究各种服务礼节

饭店餐饮服务中的礼节，依约定俗成的习惯和各种通行惯例是很多的并且有讲究的。餐饮服务人员应做到以下几点。

嘴勤。就是要做到对于用餐顾客有问必答，有呼必应。主动向顾客介绍和询问有关情况，要及时应答。同时以一定的文化素养为基础，根据当时的具体情况，适时地向顾客介绍一些名菜的典故，不仅可以淡化顾客等菜时的无聊，而且可使其对尚未送上来的菜产生极大的兴趣和食欲。

眼勤。即是要眼观六路、耳听八方，像俗话讲的要“眼里有活儿”。根据顾客的往来、进餐程度、举止行动，准备判断顾客的要求，及时主动提供服务。

手勤和腿勤。餐饮服务人员要经常在自己负责的餐桌周围自然地走走看看，及时地端茶、擦桌、收盘、送菜等。

（七）掌握文明语言运用技巧

作为餐饮人员，要讲究语言艺术，掌握文明语言运用技巧，语言要力求准确、恰当，说话要语意完整，合乎语法，要依据场合，多用敬语，要注意语言、表情和行为的一致性。服务人员应在尽量讲普通话的基础上，再掌握1～2门外语，以利于饭店礼仪礼貌服务工作的开展。

二、餐饮部员工礼仪规范

（一）卫生礼仪

由于餐厅是与食物接触的场所，所以餐厅工作人员必须非常注意个人的卫生，具体来说要做到以下几点。

1. 个人卫生

在餐厅工作的人员要定期接受身体检查，持健康证上岗，有传染性疾病者不得继续上岗。员工要勤洗澡、洗头、理发，勤换内衣，身上无异味。岗位服装要整洁干净，发型大方，头发清洁无头屑。上岗前不饮酒，不吃异味食品。工作期间不吸烟，不嚼口香糖。不在服务区域梳理头发、修剪指甲，不佩戴戒指、手镯、耳环及不合要求的发夹上岗，不留长指甲和涂指甲油，不化浓妆，不喷气味过浓的香水。男服务员不得留长头发，不蓄大鬓角。总的来说，餐厅员工的个人卫生要做到整洁、清洁、端庄。

2. 操作卫生

各餐厅服务员要把好饭菜卫生质量关。每餐工作前洗手消毒；装盘、取菜、传送食品要使用托盘、盖具。不得用手拿取食品。在服务过程中禁止挠头，咳嗽、打喷嚏要用手捂住。在整个服务操作过程中始终要保持良好的卫生习惯。

（二）迎宾领位人员服务礼仪

1. 领位准备

正式开餐前整理个人卫生，洗脸洗手刷牙，女迎宾领位员化淡妆，着装整洁，仪容仪表端庄、大方，心情舒畅，面带微笑，提前5分钟上岗，准备迎接顾客。

2. 领位服务

顾客来到餐厅门口，主动热情迎接。迎接语言亲切，态度和蔼。随后询问顾客人数，是否有订餐、订位等服务，语言要规范。迎宾顺序坚持按顾客到达先后，同一批顾客做到先主宾、后随员，先女宾、后男宾，符合礼仪顺序。

3. 送客服务

顾客用餐结束来到餐厅门口，主动问候，征求意见。主动告别顾客并欢迎顾客再次光临。

（三）中餐服务礼仪

1. 顾客订餐

（1）顾客订餐、订座，服务员要接待主动，态度热情，面带微笑，语言亲切。

(2) 服务员询问顾客用餐时间、订餐内容、座位要求准确，复述顾客姓名、房号、用餐人数和时间。

(3) 做好记录，提前安排好座位。

(4) 电话订餐或订座，电话铃声3声内接听，繁忙时请顾客稍候，并表示歉意。

(5) 接听电话态度和蔼，语言清晰。

(6) 预订准确，安排适当，等候顾客到来。

2. 迎接顾客

(1) 顾客来到餐厅，领位员主动问好、微笑相迎。

(2) 对常客或回头客能称呼姓名。

(3) 协助顾客存放衣物，按顺序引导顾客入座。

(4) 订餐订位顾客按事先安排的座位引导。

3. 上菜服务

(1) 各餐桌按顾客点菜顺序先后上菜。

(2) 无先到后上，后到先上的现象发生。

(3) 顾客点菜后，20分钟内开始上菜，除甜品、水果外，顾客菜点45分钟内出齐。

(4) 需增加准备时间的菜肴事先告诉顾客大致等候时间。

(5) 上菜遵守操作程序，使用干净托盘，掌握上菜节奏与时间，托盘走菜姿态轻稳，无碰撞、打翻、溢出现象发生。

(6) 菜点上桌，双手呈放，摆放整齐、规范。

(7) 爆炒食品上桌，示意顾客用餐巾遮挡。

(8) 菜肴饮料上桌齐全后告诉顾客，祝顾客用餐愉快。

4. 看台服务

(1) 菜点上桌，示意顾客用餐，为顾客斟第一杯酒水。

(2) 顾客用餐过程中，适时体察顾客需求，照顾好每一台面的顾客。

(3) 上菜、撤盘遵守操作程序，需要顾客用手食用的食品，同时上盛有茶水的净手盅。适时为顾客添斟酒水。

(4) 根据顾客进餐需要，适时撤换脏盘、整理台面。

(5) 顾客吸烟，打火及时，烟缸撤换及时，烟缸内烟头不超过3个。

(6) 餐厅为不吸烟的顾客设无烟区座位，桌上立有标牌。

(7) 整个看台服务做到台面照顾全面周到，上菜撤盘准确及时，待客服务周详细致。

(四) 西餐服务礼仪

1. 餐前准备

(1) 每餐正式开餐前，服务员应将餐厅卫生打扫干净。

(2) 将台面摆放整齐，横竖成行，餐具布置完好，整洁大方，环境舒适。

2. 顾客订座

(1) 顾客订餐、订座，服务员应服务热情，彬彬有礼，语言运用熟练、规范。

(2) 询问顾客订餐、订座内容，要求用餐时间及复述订餐内容具体明确，记录清楚，事先做好安排。

3. 迎接顾客

（1）领位员要熟知餐厅座位安排、经营风味、食品种类、服务程序与操作方法。

（2）顾客来到餐厅门前，领位员微笑相迎，主动问好，常客、贵宾要称呼姓名。

（3）引导顾客入座，遵守礼仪顺序。

（4）订餐、订座顾客按事先安排引导，座位安排适当。

（5）顾客入座，主动拉椅，交桌面服务员照顾。

4. 餐前服务

（1）顾客入座后，桌面服务员主动问好。

（2）询问顾客餐前用鸡尾酒、饮料或冰水，服务操作主动热情，斟酒、送饮料服务规范，没有滴洒现象。及时双手递送菜单，伺候顾客准备点菜。

5. 开单点菜

顾客审视菜单并示意点菜时，服务员立即上前，询问顾客需求，核实或记录点菜内容，注意顾客所点菜肴与酒水匹配，善于主动推销，主动介绍产品风味、营养与做法。

6. 上菜服务

（1）顾客点菜后，服务员应按面包、黄油、冷菜、汤类、主菜、旁碟、甜点水果、咖啡、红茶顺序上菜。

（2）5 分钟上凉菜，20 分钟内上热菜。菜点需要增加制作时间，告知顾客大致等候时间。各餐桌按顾客点菜先后次序上菜。

（3）上菜一律用托盘，托盘走路稳，姿态端正。菜点上桌介绍产品名称，摆放整齐，为顾客斟第一杯饮料，示意顾客就餐。

（4）上菜过程中，把好质量关，控制好上菜节奏、时间与顺序，无错上、漏上、过快、过慢现象发生。

7. 看台服务

（1）顾客用餐过程中，照顾好每一个台面的顾客。顾客每用完一道菜，撤下餐盘刀叉，清理好台面，摆放与下一道菜相匹配的盘碟刀叉。服务操作快速、细致。

（2）符合西餐服务要求，每上一道菜，主动及时为顾客分菜、派菜，分派操作熟练准确，斟酒及时。

（3）上顾客需要用手食用的菜点，同时上茶水洗手盅。

（4）顾客用餐过程中，随时注意台面整洁。及时撤换烟缸，烟缸内的烟头不超过 3 个。上甜品前，撤下台面餐具，服务及时周到。

8. 结账清台

（1）顾客用餐结束示意结账时，服务员应将账单准备妥当，账目记录清楚，账单夹呈放顾客面前，收款、挂账准确无误。

（2）顾客结账后，表示感谢。

（3）顾客离座，服务员要主动拉椅，微笑送客，征求意见，欢迎再次光临。

（4）顾客离座后，清理台面快速轻稳，台布、口布、餐具按规定收好，重新铺台，摆放餐具，3 分钟完成清台、摆台，准备迎接下一批顾客。

（五）重要宴会接待服务礼仪

1. 酒水服务

（1）重要宴会要设酒吧台，酒吧台的装饰布置要十分讲究。酒和饮料可根据请客对象和宴请标准而定。一般可多摆设几种酒和饮料，使酒吧台显得丰盛排场。

（2）酒会和宴会过程中，酒水服务一般由酒水部服务员进行。服务人员一定要按酒水服务的程序周到细致地进行服务，动作要敏捷，技术要娴熟，要注意关照每位顾客，令顾客满意。

2. 分菜服务

（1）重要的宴会要设分菜服务台。

（2）出菜：菜从备餐间到宴会厅，一般从正主位右手边第二与第三位顾客之间将菜上席，给顾客观赏的造型并向顾客介绍菜名或菜的烹制方法。

（3）分菜：给顾客观赏和介绍完，将菜撤到服务台分菜。上菜前要按每席宴顾客数先将碟整齐地摆在服务台上，然后分菜，分菜要按分量和件数均匀分配。

（4）上菜：上菜要按先主宾后主人的程序，按顺时针方向上到每位顾客正前方席上，有装饰盘的上到装饰盘的正中央。

（5）撤碟：顾客碟里的菜已吃完或不吃后菜可一起全部撤走，不可吃完一个撤一个。这样做还未吃完菜的顾客会不好意思吃。

（六）酒吧服务礼仪

（1）迎客要求：微笑、见到顾客即上前招呼。

（2）带位要求：在顾客前侧引领入座，点明人数，准确好台椅后再带位。

（3）拉椅示座。

（4）递酒牌：翻开酒牌递给顾客（先女后男）。

（5）问饮品：说明鸡尾酒配方，介绍白酒，问明是否加冰、净饮或者加上其他饮料。

（6）复述菜单：把顾客所点菜单复述一遍，检查错漏。

（7）出酒水。

（8）上台：在顾客右边送上饮品，并说明品名，饮品放于顾客面前，先女后男，不能一次在同一位置上齐，纸巾、小食品放于易拿之处，朱古力、冰水、白兰地、甜酒放成“品”字形。

（9）巡餐：巡台时为顾客倒满啤酒、汽水，收掉杂物，并再问是否要加另一杯饮品，用正确的方法换烟灰盅。

（10）结账、谢客：预先打好酒水结账单，并确保准确无误。用账单夹把账单夹好递给顾客，并向顾客致谢，付现款时要在顾客面前清点数目，零钱，底单要送还给顾客。在顾客离开时，再次道谢，并欢迎再次惠顾。

（七）洋酒服务礼仪

（1）验酒：出示酒时，左手持底部，右手持酒的颈部，顺手一推，左手打直，右手靠自己胸前倒，把有酒名厂牌的一面向客户展示。

（2）开酒：酒瓶开启时，先将外围的铁丝或外围的密封线撕开，接着打开酒瓶与瓶盖子连接处，然后一只手扶酒瓶，另一只手大拇指顺着握颈力量将瓶盖向外推。葡萄酒需要用专用开瓶器开启。

（3）倒酒：一手持扶底部，一手持颈部前线，倾斜倒入公杯七分满，再倒入小杯，为避免遗有余滴的酒漏出杯外，应在倒入公杯七分满后，保持酒瓶姿势不变，然后向自己里面方向旋转回来，停顿一下，使余滴流入瓶内，再将盖子盖好。

（4）加冰块：除白兰地酒不加冰块外，其余的酒在加冰块时要注意冰块的数量的含义。

第四节　饭店康乐部礼仪服务规范

一、康乐部员工的素质要求

（一）注重仪容仪表

康乐部服务人员要服装整洁，仪容端庄大方，举止规范、自然，体现出对顾客的尊重。

（二）一视同仁、周到服务

康乐部的员工，必须把微笑放在第一位，礼貌周到地为顾客服务。对于到康乐部的顾客，必须一视同仁热情欢迎，以礼相待。坚持“顾客至上，质量第一”的服务宗旨，使顾客在情感上真正感受到“娱乐是享受”的浓浓氛围。

顾客到来时，要有礼貌，向顾客致以问候，并询问顾客是否已预订了活动的项目，同时为顾客登好记。需记时的活动项目要记好时间，需要先收费的活动项目要请顾客向收费员交费，收完费后要给顾客收据或票据。

带顾客进入活动场所时，要走在顾客左前方，随顾客的走动向前走，与顾客保持一定的距离，不可太远，也不可太近。需要开门时，要为顾客开门。

将顾客带到活动场所后，要礼貌地向顾客告别并欢迎下次再来。

（三）具备和掌握相关知识

作为康乐部的员工，由于工作的需要，还要具备一些的能力和知识：具有一定的语言文字能力；至少掌握一门日常应用的外语；能自觉遵守涉外人员的纪律和酒店规章制度；具有热爱、熟悉本职工作、责任心强、热情为顾客服务的精神；熟知康乐设备设施状况和操作技能的业务管理知识；对一些需要陪练的服务项目，如网球、台球等，服务人员要经过专门训练，在掌握专业技能后才能上岗；了解顾客心理，熟练地引导顾客进行康乐活动；身体健康，能胜任本职工作。

二、康乐部员工礼仪规范

（一）歌舞厅服务礼仪

在歌舞厅为顾客提供服务时，要面带微笑，态度温和亲切大方，将顾客带到座位，要询问顾客的意见，询问顾客需要什么饮料并祝愿顾客度过一个愉快的夜晚。

（二）音乐茶座服务

服务员要热情接待，并根据顾客的特点和需要，将顾客引领到适当的座位上。并征求顾客需要什么酒水、食品。与此同时服务员还要细心观察顾客的动态，以便提供所需要的服务。在茶座结束的时候，全体服务员要站到门口欢送顾客，表示谢意，并欢迎再次光临。非本店住客离去时，帮助顾客叫出租车，并送顾客上车，致谢，道再见。

（三）游泳池服务礼仪

饭店游泳池一般是免费为本饭店的顾客提供服务的，一般不接待非住客。顾客进入游泳池凭饭店房卡，服务员即带顾客到更衣室更衣；顾客来到游泳池，要准确记录顾客姓名、房号、到达时间、更衣柜号码。

（四）卡拉OK厅服务礼仪

接到预订包房通知后，在顾客未进包房前，做好准备工作。顾客到后，即通知DJ房做好准备。为顾客调试图像、音量，顾客询问时热心为顾客解答。在顾客娱乐的过程中要密切注意包房里面的情况，及时处理音响设备出现的各种问题。

（五）桑拿服务礼仪

顾客到达，主动问好，热情迎接顾客，询问有无预订。准确记录顾客姓名、房号、到达时间和提供更衣柜号码、钥匙、分配浴室。主动提供毛巾、服务用品。顾客进入桑拿浴室做准备，开始桑拿，调好温度。顾客享用桑拿浴期间，每10分钟巡视一遍，注意顾客情况，若有呼唤，随时伺候。及时提供顾客要求的各项服务。

在桑拿期间，服务员要密切注视顾客的动静，每隔几分钟就要从门的玻璃窗上观望，看看顾客浴疗是否适宜，防止发生意外。顾客离开时，要提醒顾客不要忘了东西，拾到任何遗留的物品，要立即上交台班或主管。对顾客要说谢谢光临，欢迎以后再来，并送客到门口。

（六）健身房服务

健身房服务员要具有较好的专业外语对话能力，仪容整洁，精神饱满，身体健康，待客热情、大方、有礼，能熟练地掌握和讲解健身器材，善于引导顾客参加健身活动。在顾客到来时，服务员要介绍设备的性能和操作方法。当顾客要健身，并要求辅导时，服务员应主动示范。坚守岗位，严格执行健身房规定，注意顾客健身动态，随时给予正确的指导，确保顾客安全健身，礼貌劝止一切违反规则的行为。

（七）保龄球服务礼仪

顾客前来打保龄球时，应准确记录顾客姓名、房号、运动时间。要主动问好，运用准确、规范的服务语言，询问顾客是按每人一局还是按时间租用保龄球道。根据顾客预订及人数和球道出租情况安排球道。在投球道的记分台上为顾客设定人数及局数，计算机开好自动记分。如遇客满，商请顾客排队等候。顾客玩球的过程中，提供巡视服务，观察操作设备是否准确，保证自动回球、记分显示、球路显示等设施正常运作。巡视员精神状态要良好，能及时、准确、礼貌地提醒顾客注意球场秩序，向顾客讲解保龄球运动知识时要清楚、明确。

及时纠正违反球场规则和妨碍他人的行为，迅速排解顾客纠纷。始终保持球场秩序井然，在整个服务过程中要做好耐心周到。提醒顾客，不要取他人的用球。取球时要辨认自己的球号与颜色。球道两边若有人预备掷球时，应待两旁人掷出后进行。顾客休息时需要饮料、小吃，主动及时询问需求，做好记录，并迅速提供服务。顾客离开时，应主动告别，并欢迎再次光临。

（八）网球服务礼仪

顾客前来打网球时，要向顾客介绍球场设施，开放时间，服务项目并准确记录顾客姓名、运动时间。提供更衣柜钥匙、毛巾等用品，服务要细致。顾客打网球时，视需要及时提供顾客需要的各种服务。帮助顾客保管好衣物，主动为顾客当裁判记分。顾客要求出租或修理球拍，应及时、周到地提供服务。在顾客休息时需要饮料、小吃，应主动询问并做好记录，并迅速提供服务。顾客离开，应主动告别并欢迎再次光临。

（九）台球服务

顾客来到的时候，迎接顾客，运用准确、规范的语言主动问好。根据顾客人数、球台出租状况迅速安排球台。要准确记录顾客姓名、房号、台球桌号、运动时间。及时提供球杆、台球服务。若顾客已满，商请顾客排队等候或先进行其他活动。顾客在玩球的过程中，为初学者提供讲解示范，并及时提供其他需要的服务。顾客在休息时需要饮料、小吃，要主动及时询问需求，做好记录，并迅速提供服务。顾客离开时，应主动告别，并欢迎再次光临。

第五节　饭店安全保卫部礼仪服务规范

一、安全保卫部员工的素质要求

（一）较高的业务水平

安全保卫部人员在平时应注意学习，应有较强的政策观念和政策水平，在处理问题时，既要有原则，又要有一定的灵活性。安全保卫工作是一项政策性很强的工作，安全保卫部人员除了具有法律知识外，还要具有一定的专业知识。要通晓以事实为基础、以材料为依据、以法律为准绳的一些具体办案知识，要掌握诸如消防工作的基本常识，这样才有可能在实际工作中做到心里有数，事半功倍。

（二）以礼相待，文明执勤

安全保卫人员可以说是饭店的门面，言谈举止，既能反映出人员的道德素质，又直接影响饭店的对外形象，因此，在工作中一定要服装整洁、神情庄重、态度和蔼，既按原则办事，又不能讲粗俗的话语，注意文明礼貌，做到文明执勤。

二、安全保卫部员工礼仪规范

（一）保安部经理服务礼仪

（1）熟悉和掌握饭店内部治安情况，了解和掌握社会治安情况及其对饭店的影响，对治安工作要有敏感性，积极主动地做治安保卫工作，防患于未然。

（2）善于策划饭店的安全保卫工作。在危急情况下能够沉着冷静，妥善指挥，使危机事件能够得到迅速妥善的处理。

（二）治安保卫部经理的服务礼仪

（1）要有法律知识、法制观念。熟悉饭店情况，掌握饭店内部治安保卫的特点，对什么地方要设保卫岗，什么地方设巡逻岗，什么时间、什么范围内需加强保卫等，必须心中有数。

（2）善于策划饭店的安全保卫工作，在危机情况下能够协助保安部经理妥善处理危机事件。

（三）治安警卫班班长的服务礼仪

（1）掌握饭店内部的治安情况，了解和掌握饭店保卫工作的特点，熟悉自己警卫范围的情况，妥善安排本属区的治安保卫工作。

（2）要有法律知识和法制观念，熟悉治安保卫业务，掌握饭店治安保卫工作的规律。

（3）工作上一定要服从指挥，忠于职守，积极协助上级处理各种违法乱纪情况。

（四）保安员的服务礼仪

（1）仪容要求：上班着装整齐，仪容端庄，精神饱满，坚持文明礼貌执勤。穿着、佩戴要整齐，执勤时要有精神，使顾客感到既庄重又温和。

（2）礼貌要求：对顾客要有礼貌，语言要亲切。无论是干预或劝解，态度都要和蔼，绝不可凶神恶煞，使人感到缺乏教养。

（3）法纪要求：保安员要认真学习有关法规和各项政策纪律，增强法制观念和政策、纪律观念，自觉地遵纪守法和执法。敢于与一切不良行为作斗争，发现违法犯罪分子积极奋勇擒拿。

第六节　饭店商场部礼仪服务规范

一、商场部员工的素质要求

（一）注重仪容仪表

商场部员工是直接面向顾客、为顾客服务的。商场的环境如何，服务人员的形象如何，将直接影响顾客的购物心理。因此，不但商场应保持地面、货柜、商品的整洁，商品放置美观有序，而且服务人员要服装整洁，仪容端庄大方，举止规范、自然，体现出商场的欣欣向荣和对顾客的尊重。

（二）一视同仁，微笑服务

商场部员工，必须以微笑服务作为自己的职业习惯，礼貌周到地为顾客服务。对于到商场购物的顾客，必须一视同仁热情欢迎，以礼相待。坚持“顾客至上，质量第一”的服务宗旨，使顾客在情感上真正感受到“购物是享受”的浓浓亲情氛围。

（三）要有相应的知识

一般来说到饭店商场部购物的顾客都有一定的教养，而商场部出售的商品，相对来说档次也比较高。

饭店商场员工应该提高职业素质，主要包括：商场的行业信息；服务业的职业道德；涉外人员准则与外事纪律；商场员工的基本职业要求；个人卫生与仪容仪表标准；礼貌常识与外事礼节训练；人际关系处理技巧等。

商场员工要求掌握1～2门外语，这是与不同国籍顾客进行语言沟通必要的业务要求。对于不同层次的员工，要求掌握外语的语种、熟练程度、听说读写的能力也各不相同，但英语作为国际通用语言，要求商场员工必须基本掌握日常用语。

（四）吃苦耐劳的精神

为了适应饭店顾客早出晚归的生活规律，饭店商场部的营业时间有别于社会上一般商场。为充分利用早、晚的黄金时间，一般营业时间都要从早到晚，远远长于社会商场。这就要求饭店商场部员工必须具有吃苦耐劳的精神，在长时间的工作情况下，保持良好的心态，向顾客提供优质的礼仪礼貌服务。

（五）熟练的业务技能

由于饭店商场客流量呈不均衡性，忙和闲的反差较大。服务人员闲时不应无所事事。忙时应镇定自若，熟练操作，应付自如，重点服务，照顾其余。既不要因只顾应付眼前顾客而冷落了其他顾客，也不要慌慌张张。这就需要商场部服务人员要熟悉本职工作业务范围，熟练运用操作技能，胜任本职工作。

二、商场部员工礼仪规范

（一）商场部营业员服务礼仪

（1）主动热情、耐心周到，接待顾客要面带微笑。

（2）环视柜台橱窗，注视每位顾客的动向和视线，端正姿势等待顾客前来选购商品。

（3）当顾客购物时，要使用礼貌用语。

（4）耐心向顾客介绍商品的特点、性能、用途、产地、价格等情况，了解顾客的需要。

（5）对顾客提出的各种问题要详细地解答。

（6）树立“顾客至上，服务第一”的意识。

（7）结账时，收款时，款项要准确无误；要将顾客所购商品和价格重复一遍，以免发生差错，货款交付无误后，将所包好的商品交给顾客，向顾客道别，使其满意离去。

（二）营业员仪表礼仪

1. 着装

（1）着装应整洁、大方，颜色力求稳重，不得有破洞或补丁。纽扣需扣好，不应有掉扣，不能挽起衣袖。

（2）商场、职能部室驻点员工上班必须着工衣。工衣外不得着其他服装，工衣内衣服下摆不得露出，非工作需要，不得在商场、办公室外穿工衣。

（3）男员工上班时间应着衬衣、西裤、系领带。女员工应着有袖衬衫、西裤、西装裙或有袖套装。

（4）上班时间不宜穿短裤、短裙及无袖、露背、露胸装。

（5）上班时间必须佩戴工牌，工牌应端正佩戴在左胸适当位置，非工作需要不得在商场、办公场所以外佩戴工牌。

（6）男员工上班时间应穿深色皮鞋，女员工应穿丝袜、皮鞋。丝袜不应有脱线，上端不要露出裙摆。鞋应保持干净。不能穿拖鞋、雨鞋或不穿袜子上班。

2. 仪容

（1）注意讲究个人卫生

（2）头发应修剪整齐、保持干净，禁止奇异发型。男员工不能留长发，禁止剃光头、留胡须。女员工应留长发并以发带或发卡夹住。

（3）女员工提倡上班化淡妆，不能浓妆艳抹。男员工不宜化妆。

（4）指甲修剪整齐、保持清洁，不得留长指甲，不准涂指甲油。上班时间不得喷香水。

（5）上班前不吃葱、蒜等异味食物，不喝含酒精的饮料，保证口腔清洁。

（6）进入工作岗位之前应注意检查并及时整理个人仪表。

3. 表情、言谈

(1) 接人待物时应保持微笑。

(2) 接待顾客及来访人员应主动打招呼，做到友好、真诚，给其留下良好的第一印象。

(3) 与顾客交谈时应全神贯注、用心倾听，

(4) 提倡文明用语，“请”字、“谢”字不离口，不讲“服务忌语”。

(5) 通常情况下员工应讲普通话。接待顾客时要使用同种的语言。

(6) 注意称呼顾客、来访顾客为“先生”、“小姐”、“女士”或“您”，如果知道姓氏的，应注意称呼其姓氏。指第三者时不能讲“他”，应称为“那位先生”或“那位小姐”或“女士”。

4. 举止

(1) 应该保持良好的仪态和精神面貌。

(2) 坐姿应端正，不得坐在工作台上、座椅扶手上，不得盘腿或跷二郎腿。

(3) 要保持良好的站姿，身体不能东倒西歪。

(4) 与同事行走不得勾肩搭背，与顾客相遇应靠边行走，不得从两人中间穿行。请人让路要讲对不起。非工作需要不得在工作场合奔跑。

(5) 不得当众挖耳、抠鼻、修剪指甲，不得敲打柜台、货架、商品，不得跺脚、脱鞋、伸懒腰。

(6) 不得用眼神或物品为顾客指引方向。用手指示方向时，要用手掌不能用手指，掌心要自然向上。

(7) 上班时间不得说笑、闲聊，不得大声说话、喊叫。不得唱歌曲、吹口哨。

(8) 注意自我控制，在任何情况下不得与顾客或同事发生争吵。

(9) 各级管理人员不得在顾客面前斥责员工。

(10) 上班时间不能吃东西或看与工作无关的书报。

(三) 为顾客服务时的礼仪

1. 采用站姿的场合

(1) 为顾客服务的站姿，俗称“接待员的站姿”。

(2) 在自己的工作岗位上接待服务对象时，营业员可以采用站姿。

2. 注意事项

(1) 头部可以微微侧向自己的服务对象，但一定要保持面部的微笑。

(2) 手臂可以持物，也可以自然地下垂。

(3) 在手臂垂放时，从肩部至中指应当呈现出一条自然的垂线。

(4) 小腹不宜凸出，保持良好站姿。

(四) 柜台营业员的站姿礼仪

1. 柜台营业员的待客站姿

待客站姿亦称为“长时间站姿”、“障碍物挡身时的站姿”或稍息。当一个人长时间持续一种站姿，难免会有疲惫感。在柜台后站立，经常就会碰到这一情况，在情况允许时，

正确地采用柜台待客的站姿，以便更好地使营业员稍作休息。这种站姿可以使营业员不失仪态美，又可以减缓其疲劳。

2. 注意事项

(1) 手脚可以适当地进行放松，不必始终保持紧张的状态。

(2) 可以以一条腿为重心的同时，将另外一条腿向外侧稍微伸出一些，使双脚呈叉开状。

(3) 双手指尖朝前轻轻地扶在身前的柜台上。

(4) 双膝要尽量地伸直，不要令其出现弯曲。

(5) 肩、臂自然放松，在敞开胸怀的同时，一定要伸直脊背。

(五) 恭候顾客的站姿礼仪

1. 恭候顾客的站姿

(1) 恭候顾客的站姿，又称“等人的站姿”或“轻松的站姿”。

(2) 当营业员在自己的工作岗位上尚无人接待，或者恭迎服务对象的来临时，大都可以采用这种站立的姿势。

2. 注意事项

(1) 双脚可以适度地叉开，两脚可以相互交替放松，并且可以踮起一只脚的脚尖。

(2) 肩、臂自然放松，手部不宜随意摆动。

(3) 上身应当伸直，并且目视前方。

(4) 头部不要晃动，下巴须避免向前伸出。

(六) 营业员服务礼仪

1. 导购服务

(1) 顾客来到商场门口，服务员应面带微笑，亲切迎接。大方、自然地引导顾客进入商场浏览观看商品。常客、贵宾能称呼姓名，照顾周到。

(2) 顾客购买商品离开商场，主动表示祝贺，告别顾客，欢迎再次光临。

(3) 顾客询问有关商品种类、质量、价格、商标等，回答应主动、准确，有问必答。

2. 协调配合

(1) 导购人员日常应注意商场顾客购物动态和商品安全，与前厅售货员和收款员配合密切。

(2) 堆存商品，货架商品紊乱要随时协助整理，发现可疑现象或极个别不法人员进入商场要提高警惕。

(3) 遇有特殊情况或不法分子作案，通知保安部人员及时、妥善处理。

(七) 营业员礼貌用语使用礼仪

1. 营业员须知的一般服务用语

(1) 暂时离开柜台时，应说：“请您稍等一下。”

(2) 重新回到柜台时，应说：“真对不起，让您久等了。”

（3）自己疏忽或没有解决办法时，应说："真抱歉"或"对不起"。

（4）提供建议让顾客决定时，应说："若是您喜欢的话，请您……"

（5）希望顾客接受自己的建议时，应说："实在是很抱歉，这个意见您看怎么样……"

（6）当提出几种建议提供给顾客时，应说："您的意思怎么样呢？"

（7）遇到顾客抱怨时，应仔细聆听顾客的意见并予以记录，如果问题严重，不要立即下结论，而应请主管出面向顾客解释，其用语为："是的，我明白您的意思，我会将您的意见汇报经理并尽快改善。"

（8）在店门口遇到购买了本店商品的顾客时，应说："谢谢您，欢迎再次光临。"（面对顾客点头示意）

（9）收银空闲，面对还在其他收银台等候结账的顾客，应说："欢迎光临，请您到这里来结账好吗？"

2. 收银员的禁忌

（1）收银员在为顾客做结账服务时，从头到尾不说一句话，只是闷着头收银，脸上也没有任何表情。

（2）找钱给顾客时，没有用双手将零钱及发票交给顾客，而是将发票及零钱放在收银台上。

（3）收银员彼此互相聊天、谈笑，当有顾客走来时，往往不加理会或自顾自地做事。等到顾客开口询问时，便以敷衍的态度回答，然后继续聊天或做自己的事。

（4）当顾客询问时，只是让对方等一下，即离开不知去向。由于没有告诉对方离去的缘由，使顾客不知所措，到底要不要等或等多久。

（5）当顾客在收银台等候结账时，负责该柜台的收银员突然告知顾客："这台机不结账了，请到别的收银台去"，立即关机离开。让排队的顾客浪费了许多等候的时间又必须重新排队。

（八）营业员开展微笑服务的标准

（1）要有发自内心的微笑。微笑是一种愉快心情的反映，也是一种礼貌和涵养的表现。

（2）要排除烦恼。一位优秀的营业员脸上总是带着真诚的微笑，营业员必须学会化解和淡化烦恼与不快，时时刻刻保持一种轻松的情绪，把欢乐传递给顾客。

（3）要有宽阔的胸怀。营业员要想保持愉快的情绪，心胸宽阔极其重要。接待过程中，难免会遇到出言不逊、胡搅蛮缠的顾客，营业员一定要记住"忍一时风平浪静，退一步海阔天空"。

（4）要与顾客进行情感沟通。微笑服务，并不仅仅是一种表情的展示，更重要的是与顾客情感上的沟通。当你向顾客微笑时，要表达的意思是："见到您我很高兴，愿意为您服务。"

经典案例

一天上午，某公司在一家五星级饭店的多功能会议厅召开会议。其间，该公司职员李小姐来到商务中心发传真，发完后李小姐要求借打一个电话给总公司，询问传真稿件是否清晰。

“这里没有外线电话。”商务中心的服务员说。

“没有外线电话稿件怎么传真出去的呢?”李小姐不悦地反问。

服务员：“我们的外线电话不提供免费服务。”

“我已经付了20元传真费了。”李小姐生气地说。

服务员：“我收了你的传真费，并没有收你的电话费啊?!更何况你的传真费也不够。”

李小姐说：“啊，还不够?到底你要收多少呢?开个收据我看一看。”

“我们传真收费的标准是：市内港币10元/页；服务费港币5元；3分钟通话费港币2元。您传真了两页应收港币27元，再以1∶1.08的比价折合成人民币，我们要实收人民币29.16元。”服务员立即开具了传真和电话的收据。

李小姐问：“传真收费还有电话收费是根据什么规定的?”

“这是我们饭店的规定。”服务员出口便说。李小姐：“请您出示书面规定。”

“这不就是价目表吗。”服务员不耐烦地回答说。李小姐：“你的态度怎么这样?”

“您的态度也不见得比我好呀。”服务员反唇相讥。

李小姐气的付完钱就走了。心想：五星级服务，难道就是这样的吗?

案例分析

作为一家五星级的饭店，出现如此的服务态度，着实让人担忧。饭店商务中心的大量工作主要是秘书性质的工作，由于商务中心服务人员是在饭店内为顾客服务，而且对其工作质量的评价，主要是以服务人员的经验与效率为出发点的。所以，做一名合格的商务中心工作人员必须具备良好的个人素质，其具体要求是：

1. 修养良好，热情礼貌；
2. 业务熟练，经验丰富；
3. 举止庄重，严守秘密；
4. 耐心专注，一丝不苟；
5. 有条不紊，讲求效率。

本案例中的服务员不具备一名合格商务人员的基本素质。其实对于一个五星级饭店来说，顾客对饭店的要求更高，服务人员举止文雅、热情、亲切、工作认真而有礼貌等都会给顾客留下深刻的印象。好的印象就会使顾客欣然接受服务；差的印象就会使顾客悻悻离去，并在脑海中留下坏的记忆，这就是我们老生常谈的饭店服务质量问题。

经验总结

饭店服务人员在上岗之前要接受规范的岗位礼仪培训，同时员工还要掌握过硬的专业技能并在实际工作中严格的按照规定办事。最为重要的是，要时时刻刻保持对顾客的耐心和爱心。

饭店服务质量是一个综合的概念，它不仅包括饭店的服务设施设备、整体布局等饭店的功能设施，这些只是为顾客提供生活工作或社会交际的最基本的条件，更重要的是饭店的服务质量，即指顾客入住饭店后，其费用开支和所得到的服务是否相符。一般饭店顾客的服务价值标准是以尽可能的支出，得到更高的享受。服务质量的高低受诸多因素的影响，在这里，服务人员的素质、态度与服务技巧是关系到服务质量的决定因素。

接待服务工作是一门综合艺术，是非常讲究接待服务方法、技巧的。要提高服务质量，就要求服务人员必须接受专业的训练，才能使他们无愧于五星级的标志。

本章小结

饭店员工提供专业的礼仪服务的前提是员工必须掌握娴熟的专业技能。本章通过饭店的岗位分工，介绍各部门的岗位要求和礼仪规范，从而达到规范员工礼仪服务的目的。主要包括饭店前厅部礼仪服务规范、饭店客房部礼仪服务规范、饭店餐饮部礼仪服务规范、饭店康乐部礼仪服务规范、饭店安全保卫部礼仪服务规范、饭店商场部礼仪服务规范。

精选习题

一、填空题

1. 前厅部员工的素质要求包括：________、________、________、________。
2. 总机服务员要以____________为服务宗旨，做好接转服务工作。
3. 顾客对客房的要求是________、________、________。
4. 待客站姿也称为____________、____________或稍息。
5. 恭候顾客的站姿，又称________或____________。
6. 营业员暂时离开柜台时，应说________________。

二、简答题

1. 前厅服务员有哪些礼仪规范？
2. 用自己的话说说专业礼仪服务对酒店工作人员的重要性。
3. 谈谈微笑对于服务员的重要性。

走近饭店

实训项目三：

【实训名称】

模拟饭店前厅、客房、餐厅工作场景

【实训内容】

在教师的指导下练习用正确的礼仪规范处理发生在饭店中的一些事件。

【实训步骤】

1. 由教师布置本次实训任务。
2. 分组并选定组长。
3. 组员讨论并确定本组表演的主题（前厅、客房、餐厅三选一）。
4. 由组长对本组队员进行任务及角色分工。
5. 排练小品。
6. 模拟表演（2 课时）。
7. 组长对本小组案例进行点评。

【实训点评】

1. 采用的方法是否正确？
2. 什么样的做法能达到最好的效果？

第四章　提供独特的专业礼仪服务

旗袍风波

一位西欧颇有身份的女士来华访问，下榻北京一家豪华大饭店。饭店以贵宾的规格隆重接待：总经理在饭店门口亲自迎接，从大堂入口处到电梯走廊，都有漂亮的服务员夹道欢迎，问候，贵宾入住的豪华套房里摆放着鲜花、水果……西欧女士十分满意。陪同入房的总经理见女士兴致很高，为了表达饭店对她的心意，主动提出赠送一件中国旗袍，她欣然同意，并随即让饭店裁缝给她量了尺寸。总经理很高兴能送给尊敬的女士这样一件有意义的礼品。

几天后，总经理将赶制好的鲜艳、漂亮的丝绸旗袍送来时，不料这位洋女士却面露愠色，勉强收下，后来离店时却把这件珍贵的旗袍当做垃圾扔在饭店客房的角落里。总经理大惑不解，经多方打听好不容易才了解到，原来这位洋女士在饭店餐厅里看到女服务员都穿旗袍，误以为那是女侍者特定的服装款式，主动赠送旗袍，是对自己的不尊敬，故生怒气，将旗袍丢弃一边。总经理听说后啼笑皆非，为自己当初想出这么一个“高明”的点子而懊悔不已。

思考：1. 这位总经理错在哪里？

2. 酒店工作人员应该如何避免出现这种类型的错误？

第一节　我国主要客源国的礼仪礼貌

礼俗风情是某一国家、民族长期形成的，具有相对稳定性的礼节、人情、风尚、行为习惯、心理倾向等的总和，是一个民族区别于另一个民族的重要特征。

礼俗风情是一个历史范畴，随着社会的变迁、经济和文化的发展，还会出现新的内容与形式。各国、各民族和各地区由于不同的文化背景、礼仪传统和行为习惯，形成的礼俗风情存在很大的差异，因此我们在交往，尤其是涉外交往中必须了解和掌握，以此作为入国问俗、入国随俗的依据，从而成功地与交际对象建立良好的关系。

一、亚洲地区的礼仪习俗

（一）日本

日本古称大和，后来正式定名为日本国，具有“日出之国”的意思。日本人酷爱樱花，以其象征民族精神，因为樱花看起来平凡，可是汇集起来却很有气势。每年3月末、4月初，当春风从赤道纬线北上，樱花便由南向北顺势铺开，成林成片，如火如荼，日本人像过节一样，聚集在樱花树下，饮酒赏花，摄影留念，日本在世界上享有“樱花之国”的美称。日本人多信仰神道和佛教。

1. 交际习俗

日本是以注重礼节而文明的国家，讲究言谈举止的礼貌。日本人见面时，要互相问候致意，鞠躬礼是日本最普遍的施礼致意方式，一般初次见面时的鞠躬礼是30度，告别时是45度，而遇到长辈和重要交际对象时是90度，以示尊敬。妻子送丈夫，晚辈送长辈外出时，弯腰行礼至看不见其背影后才直起身。在较正式的场合，递物和接物都用双手。在国际交往时，一般行握手礼。

日本人在谈话时，常使用自谦语，贬己抬人。与人交谈时总是面带微笑，尤其是妇女。

日本人与他人初次见面时，通常会互换名片，否则即被理解为是不愿与对方交往。在一般情况下，日本人外出时身上往往会带上自己的好几种印有不同头衔的名片，以便在交换名片时可以因人而异。

称呼日本人时，可称之为“先生”、“小姐”、“夫人”。也可在其姓氏之后加上一个“君”字，将其尊称为“某某君”。

日本人见面时除了行问候礼之外，还要问好致意，见面时多用“您早”、“您好”、“请多关照”，分手时则以“再见”、“请休息”、“晚安”、“对不起”等话语。

日本经济发达与日本人努力勤奋的工作精神分不开，日本的工作节奏非常快，而且讲究礼节。他们工作时严格按日程执行计划，麻利地处理一切事务；对公众对象“唯命是从”，开展微笑服务；公私分明；对待上司与同事十分谦虚，并善于克制忍耐；下班后对公司的事不妄加评论。

2. 主要禁忌

日本人的忌讳礼俗很多。日本人忌紫色和绿色，认为是悲伤和不祥之色。

日本人忌讳“4”和“9”，因为它们分别与“死”和“苦”发音相似。日本人喜欢奇数，不喜欢偶数，尤其对“3”、“5”、“7”数字特别喜欢。

日本人有三人不合影的习俗，因为他们认为在中间被左右两人夹着是不祥的预兆，很不吉利。

他们对狐狸和獾的图案很反感，认为这两种动物图案是晦气、狡猾、贪婪的象征。菊花和菊花图案是皇族的象征，送人的礼品上不能使用这一图案。

日本人喜欢仙鹤和乌龟，认为它们是长寿的象征。使用筷子有许多禁忌，如忌将筷子直插饭中，不能用一双筷子依次给每个人夹、拨菜肴。还有忌用半途筷、游动筷等。

3. 衣食特点

在商务、政务活动中，日本人要穿西式服装；在民间交往中，有时也会穿自己的国服——和服。与日本人交往时穿着不宜过分随便，因为他们认为衣着不整是没有教养的表现。

“日本料理”的特点是以鱼、虾、贝等海鲜为烹调原料，可热吃、冷吃、生吃或熟吃。主食为大米，逢年节和生日喜欢吃红豆饭，喜欢吃酱和喝大酱汤。餐前餐后一杯清茶。方便食品有“便当”（盒饭）和“寿司”等。

在日本，人们普遍喜欢喝茶，久而久之，形成了“和、敬、清、寂”四规的茶道。茶道具有参禅的意味，重在陶冶人们的情趣。它不仅要求幽雅自然的环境，而且还有一整套的点心、泡茶、献茶、饮茶的具体方法。

（二）韩国

韩国也称大韩民国，古称高丽，具有璀璨的文化遗产和美丽的风光。这里夏季多雨，气候湿润，经济发达。韩国的主要宗教是佛教，除此之外，一些韩国人也信奉儒教、天主教或天道教。

1. 交际习俗

男士见面时习惯微微鞠躬后握手，并彼此问候。当晚辈、下属与长辈、上级握手时，后者伸出手来后，前者须以右手握手，随后再将自己的左手轻置于后者的右手之上。韩国人的这种做法，是为了表示自己对对方的特殊尊重。

韩国妇女一般情况下不与男士握手。女士之间习惯鞠躬问候，社交时则握手。韩国人与外国人交往时，可能会问及一些私人的问题，对此不必介意。韩国人有敬老的习惯，任何场合都应先向长者问候。

在一般情况下，韩国人在称呼他人时爱用尊称和敬语，但很少会直接叫出对方的名字。要是交往对象拥有能够反映其社会地位的头衔，那么韩国人在称呼时一定会屡用不止。

在社交场合，韩国人，特别是年轻一代的韩国人，大部分都会讲英语，并且将此视为有教养、受过良好教育的标志之一。由于迄今为止仍对日本昔日的侵略占领耿耿于怀，韩国人对讲日语的人普遍没有好感。

2. 主要禁忌

韩国人大都珍爱白色，对熊和虎十分崇拜。

在韩国，人们以木槿花为国花，以松树为国树，以喜鹊为国鸟，以老虎为国兽，对此，不要妄加评论。

由于发音与“死”相同的缘故，韩国人对数目“4”十分反感，受西方习俗的影响，不少韩国人也不喜欢“13”。韩国人忌将“李”姓解释为“十八子李”。在对其国家进行称呼时，不要将其称为“南朝鲜”、“南韩”或“朝鲜人”，而宜称“韩国”、“韩国人”。

韩国人的民族自尊心很强，反对崇洋媚外，提倡使用国货。在韩国一身外国名牌的人，往往会被人看不起。

在韩国，忌谈的话题有：政治腐败、经济危机、意识形态、南北分裂、韩美关系、韩日关系及日本之长等。

3. 饮食特点

韩国人的饮食，在一般情况下以辣和酸为主要特点。韩国人以大米为主食，主要是米饭和冷面。他们喜欢中国的川菜，爱吃牛肉、瘦猪肉、海味、狗肉和卷心菜等。“韩国烧烤”很有特色。

韩国人的饮料很多。韩国男士通常酒量都不错，对烧酒、清酒、啤酒往往来者不拒。韩国妇女多不饮酒。韩国人喜欢喝茶和咖啡。但是韩国人不喜欢喝稀粥和清汤，他们认为穷人才会如此。

在用餐时韩国人用筷子。近年来，出于环保的考虑，韩国的餐馆里往往只向用餐者提供铁筷子。关于筷子，韩国人的讲究是，与长辈同桌就餐时不许先动筷子，不可用筷子对别人指指点点，在用餐完毕后要将筷子整齐地放在餐桌的桌面上。

在宴会上，韩国人一般不把菜夹到顾客盘里，而由女服务员替顾客夹菜，各道菜陆续端上，每道菜都须尝一尝才会使主人高兴。

（三）泰国

泰国正式名称是泰王国，自称孟泰，泰语中“孟”是国家的意思，“泰”是自由的意思，“泰国”即自由之国。佛教是泰国的国教，全国人口的90%以上信奉佛教。在社会各方面，佛教都对泰国人发挥着重要作用和影响。泰国的历法采用的是佛历。泰国男士年满20岁后，都要出家一次，当3个月的僧侣，即使国王也不例外，否则会被人看不起。几乎所有泰国人的脖子上都佩有佛饰，用来趋吉避邪。

1. 交际习俗

由于信奉佛教，泰国人在一般交际应酬时不喜欢握手，而是带有佛门色彩行合十礼。行合十礼时，需站好立正，低眉欠身，双手十指相互并拢，并且同时问候对方“您好”，合十的双手举得越高越表示对对方的尊重。行合十礼时，晚辈要先向长辈行礼，身份、地位低的先向身份、地位高的行礼，对方随后还之以合十礼，否则是失礼的。

泰国人很有涵养，总喜欢面带微笑，所以泰国也有“微笑之国”的美称。在交谈时，泰国人总是细声低语。在其看来，跟旁人打交道时面无表情、愁眉苦脸，或是高声喧哗、大喊大叫，是不礼貌的。与泰国人交往不要信口开河，非议佛教，或是对佛门弟子有失敬意，特别是不要对佛祖释迦牟尼表示不恭。

2. 主要禁忌

泰国人认为头是智慧所在，神圣不可侵犯的，不能用手去触摸佛像的头部，这将被视为极大的侮辱，若打了小孩的头部，会被认为触犯了藏在小孩头中的精灵，孩子会生病的。别人坐着的时候，切勿让物品超越其头顶。见面时，若有长者在座，晚辈应坐下或蹲跪以免高于长者的头部，否则就是对长者的不恭。所以，在泰国，当人们走过或坐或站着的人的面前时，都得躬身而行，表示不得已而为之。

人们认为用左手拿东西给别人是鄙视对方的行为，所以给人递东西都用右手，切忌用左手。

在泰国民间，狗的图案是被禁止的。泰国人的家里大都不种茉莉花，因为在泰语里，它与“伤心”发音相似。

在泰国，睡莲是国花，桂树是国树，白象是国兽，对于这些东西，千万不要表示轻蔑，或是予以非议。

泰国宪法规定，国王是神圣不可侵犯的，对泰国国王和王室成员，绝不允许任意评说。

3．饮食特点

泰国人不爱吃过甜或过咸的食物，也不吃红烧的菜肴。喜食辛辣、新鲜之食物，最爱吃的是体现其民族特色的“咖喱饭”。

泰国人是不喝热茶的，他们的做法是，在茶里加上冰块，令其成为冻茶。他们绝不喝开水，而习惯直接饮用冷水。在喝果汁时要加少许盐末。

（四）新加坡

新加坡全称是新加坡共和国。“新加”在梵文中是“狮子”的意思，“坡”在梵文中是“城”，因此新加坡又称“狮城”。由于新加坡是一个岛国，面积极小，华侨普遍称其为“星洲”、“星岛”。新加坡气候宜人，环境优美，是一个城市国家，故又有“花园城市”的美誉。新加坡是世界第二大港口。

1．交际习俗

在社交场合，新加坡人与他人见面的礼节多为握手。其礼仪习俗呈现多元化的特点，如在社交活动中，华人往往习惯于拱手作揖，或行鞠躬礼；马来人则大多数采用本民族的“摸手礼”。所以与新加坡人打交道要遇人问俗。

新加坡特别强调笑脸迎客，彬彬有礼。人际交往中讲究礼貌、以礼待人，不但是每个人应具备的基本素养，而且也已成为国家和社会对每一个人所提出的一项基本行为规则。

新加坡十分注重“礼治”，政府专门制定了《礼貌手册》，对于人们的各种不同场合的所作所为是否符合礼仪都作出了严格的规定。在新加坡不讲礼貌会寸步难行。

新加坡人崇尚清爽卫生，对于蓬头垢面、衣冠不整、胡子拉碴的人，都会让人侧目而视。

2．主要禁忌

新加坡人喜欢红色。认为红色是庄严、热烈、喜庆、吉祥的象征，会激励人们奋发向上。在一般情况下过多地采用紫色、黑色不受人们欢迎，因为他们认为紫色、黑色是不吉利的。

新加坡人不喜欢“4”和“7”这两个数目，因为华语中“4”发音与“死”相似，而“7”被认为是消极的数字。在新加坡人看来“3”是“升”，“6”是“顺”，“8”表示“发”，“9”则表示“久”都是吉祥的数字。

在新加坡不能说“恭喜发财”。因为在他们看来，“发财”有“横财”之意，祝愿对方发财无疑是鼓动他去发“不义之财”，是一种损人利己的行为。

在新加坡乱扔果皮、废纸、吐痰或在公共场所吸烟、嚼口香糖、过马路闯红灯都会被罚款，罚款额之高相当于一个普通工人一个月工资，搞不好还会吃官司，甚至被鞭打。

3. 饮食特点

中餐是新加坡人的最佳选择，粤菜、闽菜等十分受欢迎。口味喜欢清淡，偏好甜食，讲究营养，平日爱吃米饭和各种生猛海鲜，对于面食不太喜欢。

新加坡人大都喜欢喝茶，他们经常在清茶中放橄榄之后饮用，称之为“元宝茶”，认为喝这种茶可以令人财运亨通。新加坡人还喜欢喝鹿茸酒、人参酒等补酒。

（五）马来西亚

马来西亚位于亚洲的东南部，介于太平洋、印度洋之间。马来西亚是个多民族的国家，各民族都保留其传统文化、习俗。马来族是东南亚的一个人数较多的重要民族，除了主要分布在马来西亚外，还分布在印尼、泰国等地。该民族有许多独特的风俗习惯。

1. 交际习俗

姓名和称呼。名在前，姓在后。男的在姓和名之间用“宾”隔开，女的用“宾节”隔开，表示“某某的儿子（女儿）”。

服饰。马来人男士下装大都用单手布料做成纱笼，上装叫“巴汝”。遇到喜庆节日，男士上穿“巴汝”，下着西式长裤，腰部围一纱笼，头戴“宋谷”帽，足登皮鞋，是马来男士的礼服。马来女装，上衣宽如袍，下着纱笼，纱笼手工编织各式金黄色图案，美丽夺目。

婚礼。马来人的婚礼十分隆重，一般要举行两三天，实行“三礼”，即“饰发礼”、“染手掌礼”、“并坐礼”。

在马来西亚，不同民族的人采用不同的见面礼节。马来西亚人的常规做法是；向对方轻轻点头，以示尊重。除男人之间交往以外，马来西亚人很少相互握手，男女之间尤其不会这么做。马来西亚人传统的见面礼是“摸手礼”。它的具体做法为：与他人相见时，一方将双手首先伸向对方，另一方面则伸出自己的双手，轻轻摸一下对方伸过来的双手，随后将自己的双手收回胸前，稍举一下，同时身体前弯呈鞠躬状。与此同时，他们往往还会郑重其事地祝愿对方：“真主保佑！”或“一路平安”，被问候者要回以：“愿你也一样好。”

2. 主要禁忌

跟马来西亚人接触时，必须注意以下几个方面。

（1）不要触摸被其视为神圣不可侵犯的头部与肩部。

（2）不要在其面前跷腿、露出脚底，或用脚去挪动物品，因为他们认为在人体上脚的地位最为低下。

（3）不要用一手握拳，去打另一只半握的手，这一动作在马来西亚人看来是十分下流的。

（4）与其交谈时，不要将双手贴在臀部，不然有勃然大怒之疑。

（5）不要当众打哈欠，万不得已要打哈欠时，必须以手遮挡住口部，否则便是失敬于人的。

3. 饮食特点

马来人多数信奉伊斯兰教，以大米为主食，肉食主要食牛肉，喜辣味，咖喱牛肉风行全国。马来西亚人禁止喝酒，常饮咖啡和茶。马来人进餐用手抓取，一般用右手。嗜好嚼槟榔，饮椰子酒和咀嚼烟草。

受伊斯兰教教规影响，马来西亚的穆斯林人不吃猪肉，不吃自死之物和血液。不使用一切猪制品。由于他们认为狗是一种会带给人们厄运和瘟疫的肮脏动物，乌龟是一种象征“春药”或“色情”的不吉祥的动物，所以都不吃。平时，他们爱吃米饭，喜食牛肉，极爱吃咖喱牛肉饭，并且爱吃具有民族风味的“沙爹”烧肉串。

马来西亚人十分好客，他们认为：顾客在主人家里若不吃不喝，等于不尊敬主人。马来西亚人在用餐时，不用刀叉或筷子，而是直接用右手取食。餐毯上往往要放上几碗清水，以供“洗手”之用，这是一种象征性的礼节。进餐时，人们不用椅子，男士盘腿，女士屈腿，席地而坐。菜肴食物摆在地上的草席或餐毯上。

只有在十分正式的宴请中，马来西亚人才以刀、叉、匙进餐，平常他们用餐时只用右手抓食食物。由于左手被视为“不洁之手”，因此禁用其取食物或饮料。万不得已须以左手帮助右手之前，应向在场之人表示歉意。以左手向其他人递送食物或饮料，在任何情况下都是不许可的。在一般情况下，马来西亚的印度人也惯于抓食食物，而不使用任何餐具。

在用餐时，马来西亚人很讲究卫生。在用餐前，他们必定先用清水冲手。在餐桌上，则多备有水盂，以供人们用餐时刷洗手指。对用湿毛巾干擦手部，他们是不习惯的。

（六）印度

印度共和国，位于南亚次大陆的南部，面积298万平方公里，人口11.5亿，是个多民族国家。印地语为国语，英语为官方语言和商业用语。首都新德里。83%的居民信奉印度教。

1. 交际习俗

印度是一个讲礼节的民族，又是一个东西方文化共存的国度。有的印度人见到外国人时，能用标准的英语问候“你好”，有的则用传统的佛教手势——双手合十。印度教徒见面和告别多施双手合十礼，并互相问好祝安。行礼时要弯腰触摸长者的脚。印度人在双手合十时，总是把双手举到脸部前才算合十。这种招呼，显得比握手高尚、文雅，令人有一种“仙风道骨”之感。你必须注意的是，切莫在双手合十的时候，也同时点头（外国人在印度常有这种动作，容易引起当地人的嗤笑），那就破坏了亲切和气的气氛，显得有点不伦不类了。

在印度，迎送贵宾时，主人献上花环，套在顾客的颈上，妻子送丈夫出远门，最高的礼节是摸脚跟和吻脚。现在，城市中男女见面已多实行握手，表示亲热时还要拥抱。在大多数地方，男人相见或分别时，握手较普遍。男人不要和印度妇女握手，应双手合十，轻轻鞠躬。男人不要碰女人，即使在公共场合也不要和女人单独说话，妇女很少在公共场所露面。

印度人相见应递英文名片，英语是印度的商业语言。主客见面时，都要用双手合十在胸前致意。口中念着：“纳玛斯堆”（梵文：“向您点头”，现在表示问好或祝福）。晚辈在行礼的时候弯腰摸长者的脚，表示对长辈的尊敬。许多家庭妇女忌讳见陌生男士，不轻易和外人接触。但如果邀请男人参加社交活动时应请他们偕夫人同来。一般关系的男女不能单独谈话。

印度人是用摇头表示赞同，用点头表示不同意。人们用手抓耳朵表示自责；召唤某人的动作是将手掌向下摆手指，但不能只用一个指头；指人时也要用整个手掌，不能用一两个指头。在印度，若以左手把东西交给对方，对方会认为你是蔑视他，或怀有恶意。交东西时，必须用右手交出，或使用双手。吃饭也只能用右手。

到印度庙宇或家庭做客，进门必须脱鞋。迎接贵客时，主人常献上花环，套在顾客的颈上。花环的大小长度视顾客的身份而定。献给贵宾的花环既粗又长，超过膝盖。给一般顾客的花环仅到胸前。到印度家庭做客时，可以带水果和糖果作为礼物，或给主人的孩子们送点礼物。

2. 主要禁忌

印度人大多信奉印度教，一小部分人信奉伊斯兰教、基督教、锡克教、佛教等。他们忌讳白色，认为白色表示内心的悲哀，习惯用百合花当做悼念品。他们忌讳弯月的图案。他们把1、3、7视为不吉利的数字，所以总要设法避免这些数字的出现。他们忌讳左手传递东西或食物，也不愿见到有人使用双手与他们打交道。印度教徒最忌讳众人在同一盘中取食，也不吃别人接触过的食物，甚至别人清洗过的茶杯，也要自己再洗涤一遍后才使用。伊斯兰教徒禁食猪肉，也忌讳使用猪制品。由于印度人敬牛如神，所以他们也禁食牛肉。

印度耆那教徒有忌杀生，忌食肉类，忌穿皮革和丝绸的民间习俗。他们甚至把飞虫等都列入不能误伤的忌项，就连地里种的萝卜、胡萝卜等蔬菜也都忌吃。印度阿萨姆邦的居民，对来访顾客不接受、品尝他们敬让的槟榔果是极为不满的，认为这样是对主人的不友好和不信任。印度的锡克教人禁止吸烟。印度人不爱吃蘑菇、笋、木耳、面筋、烤麸等，也不喜欢旺火爆炒的菜肴。

3. 饮食特点

印度人素食者多，且等级越高荤食者越少，等级低者才乐于吃肉食。由于印度南部气候炎热，当地人一般味重，好辛辣食物，北部印度人的口味相对就轻多了。印度是个香料之国。印度菜的烹调也极重视对香料的运用，主要调料就有十几种，几乎做每种菜肴都离不开。印度北部人烹制羊肉和家禽最为拿手，一般的炮制方法是将鸡肉、羊肉或其他肉类切成小块，腌好后用铁扦串起来挂在天多炉内，用火烘烤至熟。印度人喝茶的方法别具一格，一般是把茶斟入盘中，用舌头舔饮。他们一般都不爱喝汤，认为任何一种汤都无法与无色无味、冰凉爽口的白开水相比。他们喜欢吃中餐，喜欢分餐制，不习惯用刀叉和筷子，一般用手抓食。印度人在饮食嗜好上有如下特点：注重喜欢分餐进食，注重菜品酥烂；口味一般不喜太咸，偏爱辣味。主食以米饭为主，对面食中的饼类也颇感兴趣。爱吃鸡、鸭、鱼、虾和羊肉；蔬菜喜欢西红柿、洋葱、菜花等；调料喜用黑茴香、黑芥末子、黑胡椒、小豆蔻、丁香等；对炸、烤、烩、烧、煮等烹调方法制作的菜肴偏爱。与此同时，印度人还特别喜爱中国的粤菜、苏菜。

（七）菲律宾

菲律宾融合多元文化的民族风情。菲律宾人既传承了亚洲人的勤劳与朴实，又吸收了西班牙人和美国人的轻松与活泼，东西合璧，形成了独特气质。他们性格随和爽朗、生活悠闲、能歌善舞、热情奔放。

1. 交际习俗

菲律宾人打招呼时用抬眉头以示问候。当你遇到不幸或不顺心的事情时，要是看到他们大笑，你不必生气，因为他们没有不好的意思。

菲律宾人的名字通常是教名在先，随后是母姓首字，再是父姓。菲律宾人在社交场合与顾客相见时，一般都行握手礼；与好友相见时通常很随便。菲律宾伊斯兰教徒见面时，要双手紧握，表示亲如兄弟。

菲律宾不少年轻人追求美国生活方式，西式服装十分流行。菲律宾妇女最普遍的服装有两种，都不穿鞋子。男士的民族服装是纱笼。到教堂时，一般要穿比较正统的服装，否则就是一种不虔诚的表现。

2. 主要禁忌

菲律宾人喜爱打听私人情况，因此，与人谈话时要小声。老年人在菲律宾特别受到尊重，见面时要先向年长者问候、让座，一般情况下不能在老人面前抽烟。

在菲律宾收受或者赠送礼物不要当众打开，否则顾客会有被当众羞辱的感觉。菲律宾人很忌讳“13”这一数字和星期五。他们认为“13”是“凶神”，是厄运和灾难的象征，所以是令人极为厌恶的数字。菲律宾人不爱吃生姜，也不喜欢吃兽类内脏和腥味东西，对整条鱼也不感兴趣。还有，菲律宾人不喝牛奶和烈性酒。

在菲律宾，忌进门时脚踏门槛，当地人认为门槛下住着神灵，不可冒犯；有些菲律宾人家，特别讲究屋内整洁、干净，他们常常习惯于进屋前先脱鞋；忌红色，认为红色是不祥之色；忌鹤和龟以及印有这两种动物的图形，跟人打交道，你就不能“面无表情”，或是“三缄其口”。你若是面无表情或一声不发，他们会认为你不怀好意，或是不愿意跟他们打交道。菲律宾人与其他一些东南亚国家一样，忌讳左手传递东西或抓取食物。他们认为左手是肮脏、下贱之手，使用左手是对他人的极大不敬。

3. 饮食特点

菲律宾人的饮食，一般以大米、玉米为主。农民煮饭前才舂米。米饭是放在瓦罐或竹筒里煮，用手抓饭进食。

菲律宾人最喜欢吃的是椰子汁煮木薯、椰子汁煮饭。玉米作为食物，先是晒干，磨成粉，然后做成各种食品。城市中上层人大多吃西餐。

菲律宾的名菜有烤乳猪，即烤小猪（Dechon）；巴鲁特（Balut），即煮熟的孵化到一半的鸡蛋；阿恰拉（Atchara），即炒番木瓜、洋葱、蔬菜片加胡椒；鲁必亚（Lumpia），将虾、鸡肉、猪肉和可可混合烧煮而成；阿道包（Adobo），将蘸了醋的鸡肉或猪肉焖透，使得肉本身又滑又烂；还有烤猪腿（CrispyPate）、香蕉心炒牛肚（Kare～Kare），等等。菜常用香醋、糖、辣椒等调味。

（八）越南

越南也是一个东南亚地区的礼仪之邦。对于越南人，有其公认的礼仪。如果你在与越南人的交往过程中表现得诚心诚意和彬彬有礼，那么就不容易得罪人。越南人不会因为一个外国人没能百分之百遵守他们的礼节而予以责怪。

1. 交际习俗

在日常生活当中，越南人的穿着打扮可以说是比较朴素、实用，便于劳动。通常，越南人之中的大部分人都喜欢上身穿一件素色的衬衣，下身穿一条宽松肥大的深色裤子；许多男性还习惯留分头发型，上身着净色衬衣，下身着深色西裤，让人感觉很像中国20世纪80年代初的知识青年；还有很多年轻人有由于气候形成的习惯，就是T恤衫加肥佬裤。只有在政务或商务活动中，穿成套西装、套裙、皮鞋的人才较为常见。

在节日庆典之时，越南人有穿着本民族服装的偏好，往往要穿长袍。男士一般上穿黑色长衫，下着白色宽腿裤，并且头缠紫巾；女士则上穿白色圆领斜襟短衫，下穿黑裙或彩裙。

在人际交往之中，越南人普遍很讲礼貌，并且注重以礼待人的种种具体细节。路遇亲朋好友，则通常要主动热情地上前向对方打一个招呼，至少也要向对方点头致意。又如男同志之间的发烟的动作，就初次见面的人来说，发烟的人是主动拿出整包烟递于对方，由对方亲手拿一支而非自己掏出一支递到对方手上。在公众场合，越南人对长辈则表现得尊重有加。与长辈一同出行时，他们必然会请其先行在前。万一要超过长辈走在前面时，则需先向对方打个招呼以示尊重。与熟人相见时，越南人都会向对方致以亲切的问候。在越南，人们最常用的问候语是“你的身体好吗？”

2. 主要禁忌

越南人忌讳三人合影，不能用一根火柴或打火机连续给三个人点烟，认为不吉利。不愿让人摸头顶，席地而坐时不能把脚对着人。当然，有的行为细节对于非常熟悉的人而言则不忌讳。越南人用餐时使用筷子，不过他们对将筷子直插于饭菜之中是最禁忌的。他们就餐不用桌子，而是惯于将饭菜一次上齐，摆在一个大炕上，然后围坐而食。在越南人家中就餐时，吃得多多宜善。要是剩的东西过多，对主人是失敬的。在越南民间，许多民族都有用动物进行祭祀之习。凡拟作祭祀之用的动物，必须精心饲养，绝对不能再去出售。

越南的少数民族，在饮食上也多有一些各自的禁忌。例如，瑶人不吃狗肉，芒人不吃鹿子肉，占白尼人不吃猪肉，加菲尔人不吃牛肉，等等。

3. 饮食特点

在餐饮习惯上，越南人的主食是大米。有时，他们也吃一些薯类和面食。在口味方面，他们喜欢清淡的食物，爱吃生、冷、酸、甜的东西。通常，他们不喜欢将菜肴烧得过熟，也不大喜欢吃脂肪过多的食物。越南人一般不爱吃的东西有：羊肉、豆芽、甜点和过辣的菜肴。

在烹制菜肴时，越南人大都爱用花生油或大豆油，有时还会往里大量加入醋和干蒜瓣。他们最常用的佐餐调料，是一种叫“鱼露”的东西，它有生、熟之别，闻起来气味很冲，就像腐鱼烂虾的气味。但深受越南人的喜爱。有不少越南人还爱吃血冻，如猪血冻、牛血冻、鹿血冻、鸭血冻，等等。

他们爱饮茶、咖啡以及各式酸汤。在饭桌上，酒也是他们必不可少的一种待客之物，因此这也蕴涵着他们独特的一种酒文化。

在日常生活里，越南人颇爱嚼食槟榔。主要是将其切片后，与蚌壳粉等物一起入口咀嚼，但不得咽下去。这种做法，据说可以固齿、驱虫、清热、除湿。

二、美洲国家的礼仪习俗

（一）美国

美国全称为美利坚合众国，地处北美洲中部，美国人主要信奉基督教、天主教。美国的绰号是“山姆大叔”，也有“世界霸主”、“超级大国”、“国际警察”、“金元帝国”、“车轮上的国家”等代称。

1. 交际习俗

美国人是“自来熟”，他们为人诚挚，乐观大方，天性浪漫，性格开朗，善于攀谈，喜欢社交，似乎与任何人都能交上朋友。与人交往时讲究礼仪，但没有过多的客套。朋友见面，说声“Hello”就算打招呼。每个人热情开朗，不拘小节，讲究效率，不搞形式主义。

美国人在待人接物方面，具有下述四个主要的特点。

第一，随和友善，容易接近。美国人为人诚挚，乐观大方，天性浪漫，好交朋友。用中国人的话来讲，美国人大概属于那种“自来熟”的类型。在交际场合，他们喜欢主动跟别人打招呼，并且乐于主动找人攀谈。如果愿意，美国人是可以跟任何人交朋友的。

在美国人看来，人缘好，善于结交朋友，是取得个人成功的基本条件之一。不愿扩大自己的交际圈，甚至拒绝与他人接近的人，不仅个人心理上存在问题，而且对于交往对象以及其他接触的人，也是不够友好和尊重的。

第二，热情开朗，不拘小节。在日常生活中，美国人主张凡事讲究实效，不搞形式主义。他们不是不讲究礼仪，而是反对过分拘泥于礼仪，过分矫揉造作。

美国人的见面礼节，大约是世界上最简单不过的了。在不了解对方的中国人看来，简直有怠慢他人、敷衍了事之嫌。

在一般情况下，同外人见面时，美国人往往以点头、微笑为礼，或者只是向对方“嗨”上一声作罢。若非特别正式的场合，美国人甚至连国际上最为通行的握手礼也略去不用了。若非亲朋好友，美国人一般不会主动与对方亲吻、拥抱。在商务往来中，他们尤其不会这么做。

在称呼别人时，美国人极少使用全称。他们更喜欢交往对象之间直呼其名，以示双方关系密切。若非官方的正式交往，美国人一般不喜欢称呼官衔，或是以“阁下”相称。对于能反映其成就与地位的学衔、职称，如“博士”、“教授”、“律师”、“法官”、“医生”等，他们却是乐于在人际交往中用做称呼的。在一般情况下，对于一位拥有博士学位的美国议员而言，称其为“博士”，肯定比称其为“议员”更受对方的欢迎。

第三，城府不深，喜欢幽默。普通的美国人，大都比较朴实、直率。在待人接物中，他们喜欢在符合礼仪的前提下直来直去。对于“听话听声，锣鼓听音”之类的做法，他们不仅不习惯，而且还往往难于接受。与美国人打交道时，表现得过于委婉、含蓄，或是有话不明讲，而代之以旁敲侧击，巧妙地暗示，效果未必能够尽如人意。

美国人的处世风格，总体上是潇洒浪漫。他们主张充分地享受生活，凡事都要尽可能去尝试一下。许多美国人所信奉的格言，就是“To try”（去尝试）。在平时，他们喜欢笑面人生，爱开玩笑。跟美国人相处时，若是不明白这一点，而一味地恪守“喜怒不形于色”的中国古训，无形之中就会使对方与自己拉开距离，甚至会让对方对自己敬而远之。

第四，自尊心强，好胜心重。美国人一般而论都有很强的好胜心。他们喜欢见异思迁，崇尚开拓，在人际交往中大都显得雄心勃勃，做起事情来也会一往无前。受这一风气影响，美国的孩子一旦长大成人，就要自立门户，自己去闯天下，与父母算清经济账。听凭父母为自己做主，处处依赖父母的美国青年人，会被人们瞧不起。

在美国，即使是父子、朋友，外出用餐时，往往也会各付各的账。在人际交往中，美国人是不喜欢向别人借钱的。他们认为，借钱应该上银行，找个人借钱就是索要的意思。在一个美国人的一生中，不搬上几次家，不换上几回工作，往往是不可思议的。凡此种种，均与美国人的好胜心强存在着因果关系。

在人际交往中，美国人自尊心强，也是出了名的。自尊、自信本是一桩好事，但是有个别美国人却在这个方面走了极端，以至于发展为傲慢自大，唯我独尊。这些人认为，世间的一切事物都是美国第一，美国最佳。对于外国的事情，他们总喜欢以美国的经验作为判断是非的准绳，指手画脚，妄加非议。他们的这种自以为是的做法，令世人颇有微辞。

2. 主要禁忌

美国人忌“13”和“星期五”。他们不喜欢黑色，偏爱白色和黄色，喜欢蓝色和红色。崇尚白头鹰，将其敬为国鸟。在动物中，美国人最爱狗。认为狗是人类的忠实朋友。对于那些自称爱吃狗肉的人，美国人是非常厌恶的。在美国人眼里。驴代表坚强，象代表稳重，它们分别是共和党和民主党的标志。

在美国，成年同性共居于一室之中，在公共场合携手而行或是勾肩搭背，在舞厅里相邀共舞，都有同性恋之嫌。

美国人认为个人空间不可侵犯，所以与美国人相处要保持适当的距离，碰了别人要及时道歉，坐在他人身边应征得对方认可，谈话时不要距离对方过近。

美国人大都喜欢用体态语表达情感，但忌讳盯视别人、冲别人伸舌头、用食指指点交往对象等体态语。

3. 饮食特点

美国人的饮食习惯，一般可以说是因地区而异，因民族而异。就总体而言，其共同特征是：喜食“生”、“冷”、“淡”的食物，不刻意讲究形式与排场，而强调营养搭配。在一般情况下，美国人以食用肉类为主，牛肉是他们的最爱，鸡肉、鱼肉、火鸡肉亦受其欢迎。若非穆斯林或犹太教徒，美国人通常不禁食猪肉。然而，在美国人之中，爱吃羊肉者却极为罕见。

美国人所不吃的食物，主要有狗肉、猫肉、蛇肉、鸽肉、淡水鱼与无鳞无鳍的鱼，动物的头、爪及其内脏，生蒜、韭菜、皮蛋，等等。

受快节奏的社会生活影响，美国人的饮食日趋简便与快捷，因此，快餐在美国得以大行其道。热狗、炸鸡、土豆片、三明治、汉堡包、面包圈、比萨饼、冰激凌等，在美国可谓老少皆宜，早已成为美国人平日餐桌上的主角。

美国人爱喝的饮料有冰水、矿泉水、红茶、咖啡、可乐与葡萄酒。新鲜的牛奶、果汁，也是他们天天必饮之物。在宴会上祝酒时，他们习惯于高举自己的酒杯，并不讲究非要使自己的酒杯低于他人。

在人际交往中，美国人有时会请亲朋好友上自己家里共进晚餐。美国人看重的是这一形式本身，而在实际内容上却不甚讲究。美国人请客之时只准备两三道菜，是极为正常的。

用餐的时候，美国人一般以刀叉取用。在切割菜肴时，他们习惯于先是左手执叉，右手执刀，自左至右将其切割完毕，然后，放下餐刀，将餐叉换至右手，右手执叉而食。

美国人用餐的戒条主要有以下七条：①不允许进餐时发出声响；②不允许替他人取菜；③不允许吸烟；④不允许向他人劝酒；⑤不允许当众宽衣解带；⑥不允许议论令人作呕之事；⑦入口之物不宜再吐出来。总之，美国人认为，在用餐时理当表现得斯文一些。

（二）加拿大

加拿大作为国名，出自当地土著居民的语言，本意是“棚屋”。也有人讲它来自葡萄牙语，意思是“荒凉”。它位于北美洲北部，除极少数印第安人和因纽特人外，国民多是英、法移民的后裔，多数信奉天主教。加拿大境内多枫树，素有“枫叶之国”的美誉。长期以来加拿大人民对枫叶有深厚的感情，加拿大国旗正中绘有三片红色枫叶，国歌也是《枫叶，万岁》。加拿大有“移民之国”、“粮仓”、“万湖之国”等美称。

1. 交际习俗

加拿大人讲究礼貌，但又喜欢无拘无束，不爱搞繁文缛节。加拿大人性格开朗热情，对人朴实友好，容易接近。人们相遇时，都会主动打招呼、问好，握手是其见面礼，拥抱、接吻等见面礼只适用于亲友、熟人、恋人和夫妻之间。

加拿大人在人际交往中的自由与随和，是举世知名的。他们对于交往对象的头衔、学位、职务，只在官方活动中才使用；在中国社交活动里普遍必备的名片，普通加拿大人不常用，只有公司高层商务活动中才使用名片。

2. 主要禁忌

枫叶是加拿大的象征，是加拿大国旗、国徽上的主题图案。因此枫叶被加拿大人视为国花，枫树定为加拿大的国树，对此要充分尊重。在加拿大白色的百合花主要用来悼念死者，因其与死亡有关，所以绝对不可以之作为礼物送给加拿大人。白雪在加拿大人心目中有着崇高的地位，并被视为吉祥的象征与避邪之物。在不少地方人们甚至忌讳铲除积雪。加拿大人很喜欢红色与白色，因为那是加拿大国旗的颜色。

与加拿大人交谈时，不要插嘴，打断对方的话，或是与对方强词夺理。议论性与宗教，评说英裔加拿大人与法裔加拿大人的矛盾，处处将加拿大与美国联系起来进行比较，将加拿大视为美国的“小兄弟”，或是大讲美国的种种优点和长处，都是应当避免的。

3. 饮食特点

在日常生活里，加拿大人的着装以欧式为主。在参加社交应酬时，加拿大人循例都要认真进行自我修饰，或是专门上一次美容店。在加拿大，参加社交活动时男士必须提前理发修面，妇女们则无一例外地进行适当的化妆，并佩戴首饰。不这样做会被视为对交往对象的不尊重。

加拿大的饮食习惯与英美比较接近，口味比较清淡，爱吃酸、甜之物和烤制食品。忌吃肥肉、动物内脏、腐乳、虾酱以及其他带腥味、怪味的食物。在一日三餐中，加拿大人最重视晚餐，他们喜欢邀请朋友到家中共进晚餐。

（三）巴西

“巴西”一词，来源于葡萄牙语，意即“红木”。巴西有“宝石之国”、“可可王国”、“咖啡王国”、“未来的世界”、“天然橡胶”。位于南美洲东部和中部，面积851万平方公里，人口1.41亿，是南美洲面积最大、人口最多的国家。巴西是世界上种族融合最广泛的国家之一，被人们称为“人种的大熔炉”。日本一些企业转到这里，大批日本人在巴西落了根，日本移民及后裔有70多万，它是一个天主教国家，88%的人口信奉天主教。

1. 交际习俗

从民族性格方面来讲，巴西人在待人接物上所表现出来的特点主要有两方面。

一方面，巴西人在人际交往中喜欢直来直去，有什么说什么。坦率而豪放的巴西人对于中国人的含蓄委婉和喜怒不形于色，往往难于理解。他们认定，一个人假如喜欢另外一个人，那么跟他打交道时，就应当面带喜色，并且在自己的举止言行上要表现得热情洋溢。与他人相处时，如果面无笑容，态度冷淡，那么就等于是在向对方暗示——“我一点儿也不喜欢你”，或是“我不愿意同你待在一起”。对于巴西人的这一讲究，中国人一定要加以注意，并且要在同对方进行交往时，努力把自己对对方的好感、热情、友谊，表里如一地统一起来，恰到好处地表现出来。

另一方面，巴西人在人际交往中大都活泼好动，幽默风趣，爱开玩笑。在精力充沛、感情外露的巴西人看来，能说会道，妙语连珠，快人快语，是一种本领。有人曾戏言：“巴西人所讲的三句话中，必定会有一句是笑话。巴西人如果说起话来失之于幽默，那么就不称其为巴西人了。”的确，在现实生活里，要让天性乐观、能歌善舞的巴西人讲起话来，从头到尾一直严肃，是很不容易的。对巴西人乐于开玩笑的这一特点，中国人在与其交往时，心理上要有所准备。万万不可认为对方这样做，是嬉皮笑脸，不够正经，存心怠慢于人。

目前，巴西人在社交场合通常都是以拥抱或者亲吻作为见面礼节。只有在十分正式的活动中，他们才相互握手为礼。

除此之外，在巴西民间还流行着一些较为独特的见面礼节。第一，握拳礼。行此礼时，先是要握紧自己的拳头，然后向上方伸出拇指。这一做法，主要用于问安或致敬。第二，贴面礼。它是巴西妇女之间所采用的见面礼节。在行礼时，双方要互贴面颊，同时口里发出表示亲热的亲吻声。但是，用嘴唇真正去接触对方的面颊，却是不允许的。第三，沐浴礼。它是巴西土著居民迎宾的礼节。当顾客抵达后，主人必定要做的头一件事，便是邀请顾客人室洗浴。顾客沐浴的时间越久，就表示越尊重主人。有时，主人还会陪同顾客一道人浴。宾主双方一边洗澡，一边交谈，显得大家亲密无间。

在日常生活里，巴西人几乎人人都能歌善舞。巴西的桑巴舞举世闻名。巴西土著居民在欢迎贵宾时，通常还会举行专门的仪式。这种仪式往往包括三项程序。首先，要由一名巫师朝顾客的脸上吹气，以驱除对方有可能带来的疾病。其次，要由男主人泪流满面地发表欢迎演说。他们认为，眼泪是对和平使者最好的欢迎。最后，则要由女主人使用一种以树汁、唾液调制而成的特殊颜料，把顾客的脸蛋上涂抹成红色或者黑色。这是主人善意的一种表示。

2. 主要禁忌

巴西人对于蝴蝶十分偏爱。他们认为，蝴蝶不仅美丽，而且还是吉祥之物。

处于宗教方面的原因，巴西人忌讳“13”、“666”等数字。他们所忌讳的色彩，则是被其视为象征悲伤的紫色和代表凶丧的棕黄色。

与外人交谈时，巴西人不但神采飞扬，滔滔不绝，而且还喜欢跟对方拍拍打打。他们爱聊足球，爱讲笑话，爱听趣闻。对于国内政治、经济、民族问题，则会闭口不谈。

在人际往来中，巴西人极为重视亲笔签名。不论是写便条、发传真，还是送礼物，他们都会签下自己的姓名，否则就是不重视交往对象。对使用图章落款的做法，巴西人是不习惯的。

在巴西，一位女士最好不要邀请一位关系普通的男士共进晚餐。对于对方的邀请，也不宜接受。否则就有可能使对方产生误会。

跟巴西人打交道时，不宜向对方赠送手帕或刀子。

英美人所采用的表示“OK”的手势，在巴西人看来，是非常下流的。

3. 饮食特点

巴西人平常主要是吃欧式西餐。因为畜牧业发达，巴西人所吃的食物之中肉类所占的比重较大。在巴西，人们最爱吃牛肉，尤其是爱吃烤牛肉。在巴西，人们认为：不同部位的牛肉，烤制之后味道大不相同。巴西人普遍爱吃切开之后带血丝的牛肉，认为它鲜美无比。

在巴西人的主食之中，巴西特产的黑豆占有一席之地。巴西人最爱吃的菜肴名为“烩费让”。“费让”，意即杂豆。它是用黑豆、红豆等杂豆，加上猪肉香肠、烟熏肉、甘蓝菜、橘子片，用沙锅烹煮而成。在巴西，“烩费让”被称为国菜，是宴请时不可缺少的主角。

巴西人喜饮咖啡、红茶和葡萄酒。巴西人与咖啡有着不解之缘。长期以来，巴西咖啡的产量与出口量均居世界首位。人们不仅自己天天离不开咖啡，而且还喜以之待客。巴西人在饮咖啡时，能够一杯又一杯接着喝。在巴西，人们饮酒时提倡饮而不醉。醉酒，被巴西人视为粗俗至极。

（四）阿根廷

阿根廷作为国家的名称，出自拉丁语“白银”一词，因此阿根廷有“白银之国”之称。其实，阿根廷并不产银。在那里，银可泛指财富。由于阿根廷是世界上主要的谷物、肉类生产国与出口国之一，人们习惯称之为“世界粮仓和肉库”。

阿根廷的行政区划，是将全国划分为23个省和联邦首都。阿根廷的首都，是布宜诺斯艾利斯。在西班牙语里，它的含义是“一帆风顺”、“好空气”。作为南美第二大城市，它有“南美巴黎”之称。

1. 交际习俗

阿根廷人在日常交往中所采用的礼仪与欧美其他国家大体上是一致的，并以受西班牙的影响为最。后来，随着意大利移民增多，意大利的礼仪逐渐对阿根廷人的待人接物也产生了不少的影响。另外，因为阿根廷人大多信奉天主教，所以一些宗教礼仪也经常见诸阿根廷人的日常生活之中。

在交际应酬之中，阿根廷人所采用的见面礼节，一般都是握手礼。当亲朋好友相见时，男性之间通常会互相拥抱，而女性之间则大多双手紧握着对方的两手，同时与对方互吻面颊。

在与交往对象相见时，阿根廷人的一个特殊的讲究，是与对方握手的次数多多益善。他们认为：不断地与对象握手，非但不是多余之事，反而是表示亲热、友好的必行之法。因此，与阿根廷人打交道时，首先要对对方不断握手的做法表示理解。

告别之际，阿根廷人惯于与交往对象互致祝福。此时此刻，一定要注意与对方"有来有往"，因为"来而不往，非礼也"。阿根廷人最常用的祝福语，有"祝您走运"和"祝您幸福"。

在交际场合，对阿根廷人一般均可以"先生"、"小姐"或"夫人"相称。对未婚的阿根廷青年男士，亦可称之为"少爷"。在许多场合，将上述尊称与交往对象的学衔、职衔连在一起使用，例如，称之为"校长先生"、"工程师小姐"、"博士先生"等，往往更受对方欢迎。

在阿根廷，除占人口绝对大多数的白人之外，还有少量的当地土著居民。在与对方进行接触时，务必要尊重他们在称呼方面的特殊讲究。一般而论，阿根廷当地土著居民的自尊心极强，他们一向认为自己才是阿根廷的主人，并且一直生于斯，长于斯。因此，他们对所谓"印第安人"这一带有明显的外来移民色彩的称呼十分反感。近几年来，有一些中外学者总是在想方设法地论证，所谓"印第安人"是在殷商时期迁往美洲大陆的中国人。实际上，这一说法是极令阿根廷当地土著居民反感的。如果非要如此这般与对方"套近乎"、"攀亲戚"，搞不好就有可能会让自己难以下台。

阿根廷土著居民普遍习惯于"隐姓埋名"。在他们看来，人的姓名是人体的组成部分之一。听任他人对自己指名道姓，必然会给自己带来不幸。所以，在一般情况下，阿根廷土著居民很少会将本人的真名实姓告诉给陌生人。有意思的是，阿根廷土著居民向初次交往者自我介绍时，几乎总是会以别人的姓名代替自己的姓名。有的时候，他们则会临时给自己起上一个新的名字。他们在这样做的时候，并不认为自己是在说谎，或是对交往对象不够诚实。

2. 主要禁忌

与阿根廷人交谈时，最受其欢迎的话题主要有：足球及其他体育运动、烹饪技巧、家庭陈设、对孩子的称道，等等。阿根廷人所忌讳的话题，则包括军人政权、马岛战争、白人与土著居民的关系、对宗教的否定，等等。需要强调的是，阿根廷人普遍开朗、奔放，他们对于在人际交往中沉默寡言的人，是非常不喜欢的。

拜访阿根廷人时，可相机赠送一些小礼品。但是，送其菊花、手帕、领带、衬衫，等等，都是不适当的。另外，赠送贴身所用之物，也不为阿根廷人所欢迎。

跟外人打交道时，阿根廷人认为双方靠近一些，可表示亲近之意。在阿根廷，人们用手指轻轻敲脑袋，表示"我在动脑子"。而吻自己指尖，则表示："哇，好漂亮！"

3. 饮食特点

阿根廷人普遍喜欢吃欧式西餐，并以牛肉、羊肉、猪肉为喜食之物。在所有肉类中，阿根廷人最喜欢吃牛肉，人均年消费竟达 70 千克以上。在吃牛肉时，他们名堂颇多，不仅将其按不同部位分为几十个等级，而且可以以之烹调出多道菜肴。

在阿根廷所有的牛肉菜肴之中，人们最爱吃的是“阿萨多”。其实，它就是烤牛肉。在阿根廷，“阿萨多”有着“国菜”之名。在款待来宾时，它往往是菜单上不可或缺的主角。除此之外，其他品种的烧烤菜，也大受阿根廷人的欢迎。

为了出口创汇，阿根廷政府曾规定：每个星期五为“禁肉日”。在这一天，市场上不得出售牛肉，餐馆中也不准供应牛肉。

有不少阿根廷人喜食鱼虾。但是，他们通常是不吃海参与鳝鱼的。

在阿根廷，人们喜欢的饮料有红茶、咖啡与葡萄酒。有一种名为“马黛茶”的饮料，最具有阿根廷的特色。所谓“马黛茶”，准确地讲，是由以瓜瓢作为杯子，冲泡巴拉圭冬青而成的。在喝“马黛茶”时，标准的方法，是要以特制的银吸管吸饮。在待客时，“马黛茶”往往是非上不可的。喝完它之后，顾客应当咂吧咂吧嘴，以示大饱口福。

（五）墨西哥

墨西哥作为国家之名，来自当地土著居民所崇拜的太阳神的别名“墨西特里”。在当地土著居民的语言里，“墨西哥”意即“战神指定的地方”。在世界上，墨西哥被誉为“白银王国”、“玉米之乡”、“仙人掌之国”、“硫黄之乡”、“陆上桥梁”、“美洲陆桥”、“温和的高原之国”、“拉丁美洲的旅游之花”。

1. 交际习俗

在人际交往之中，墨西哥人总是表现得既热情、活泼，又不失文雅、礼貌。不管与什么样的人打交道，墨西哥人总能对对方笑脸相向，并且总是表现得积极、主动而友好。因此，有人曾经评论说：“墨西哥人是最容易与之相处的，而且也是最容易与之交上朋友的。”

在墨西哥，熟人相见之时所采用的见面礼节，主要是拥抱礼与亲吻礼。在上流社会，男士们往往还会温文尔雅地向女士们行吻手礼。不过，跟陌生之人初次相见时，墨西哥人却绝对不会这么做。在一般情况下，尤其是与不熟悉的人打交道时，墨西哥人所采用的见面礼节，不是与对方握手，就是代之以微笑。

墨西哥的土著居民与亲友告别时，有些时候还会施“赠弓礼”，即向亲友赠送一张弓、一支箭和几张剪纸，以示对对方的敬意与祝福。在他们看来，弓箭象征着征服大自然的力量，象征着食物与房子，而剪纸则象征着神灵和上帝的保佑。

需要称呼别人时，墨西哥人的做法是比较保守的。在正式场合，他们从不主张直接去称呼交往对象的名字。只有彼此之间十分熟悉的人，才会有例外。通常，他们最惯于使用的称呼方式，与欧洲人的正统做法相仿，即在交往对象的姓氏之前，加上“先生”、“小姐”或“夫人”之类的尊称。

对于某些可以体现出交往对象具有一定的社会地位的头衔，诸如“博士”、“教授”、“医生”、“法官”、“律师”、“议员”、“工程师”之类，墨西哥人则极爱使用。

在墨西哥，人们没有称呼他人为“阁下”的习惯。

同朋友们相处的时候，性格爽朗、能歌善舞的墨西哥人是很会玩、很爱玩的。墨西哥人爱好斗牛，因此斗牛士备受尊重。他们为人非常爽快，喜怒哀乐往往溢于言表。中国人对于这一点，千万不要大惊小怪。只有在谈起生意来的时候，墨西哥人才会显得一本正经，不再说说笑笑。

热情好客的墨西哥人，一般都很喜欢邀请亲朋好友们上门做客。不过，要是打算前去拜访墨西哥人的话，最好事先进行预约，否则是不会受到对方欢迎的。

前去赴约的时候，墨西哥人一般都不习惯于准点到达约会地点。在通常情况下，他们的露面总要比双方事先约定的时间，晚到一刻钟至半个小时左右。在他们看来，这也是一种待人的礼貌。有鉴于此，在接待墨西哥来宾时，一定要保持足够的耐心，留出充裕的“提前量”，并且切勿对对方的姗姗来迟加以责怪。

2. 主要禁忌

墨西哥人忌讳将黄色的花或红色的花送人。他们认为，前者意味着死亡，后者则会带给他人晦气。

在墨西哥，蝙蝠及其图案为人们所忌讳。在墨西哥人眼里，蝙蝠凶恶、残暴，是一种吸血鬼。在该国，人们不仅不惧怕骷髅，反而认为它象征着公正，喜欢以其图案进行装饰。

墨西哥人喜爱白色，但却对紫色深为忌讳。墨西哥人所讨厌的数字是“13”、“666”与“星期五”。

接到墨西哥人用西班牙语所写来的信件，切勿采用其他语言复信，不然就会被墨西哥人视为失礼。

中国人以掌心向下比画孩子身高的手势，在墨西哥人看来是侮辱人的。在他们那里，这一动作仅可以用以表示动物的高度。墨西哥人极少有夫妻并排而行的，他们主张丈夫应随行于妻子身后，以示尊重妇女，这被视为一种绅士风度。

在墨西哥的不少地方，做客之时，不应一进门就摘下自己的帽子。这种做法，在当地含有前来寻仇之意。

对于谈论政治腐败、军人地位、种族冲突、经济困境、墨美关系以及其他历史方面的话题，墨西哥人一般都兴趣不大。

3. 饮食特点

墨西哥人的饮食，是在当地土著居民传统风格的基础上，吸收了欧洲、特别是西班牙的烹饪技艺之后，逐渐发展起来的。在世界上，墨西哥菜不但颇有名气，而且的的确确自成一体。

从总体上讲，墨西哥人的传统食物主要是玉米、菜豆和辣椒。它们被人称为墨西哥人餐桌上必备的“三大件”。

墨西哥乃是玉米之乡。墨西哥人不仅爱吃玉米，而且还可以用它制作各式各样的风味食品。其中最有特色的是玉米面饼、玉米面糊、玉米饺子、玉米粽子，等等，有鉴于此，所以有人将玉米称做“墨西哥人的面包”。

墨西哥菜的特色，是以辣为主。有人甚至在吃水果时，也非要加入一些辣椒粉不可。

除了爱以菜豆做菜之外，墨西哥人还有吃仙人掌的嗜好。在他们看来，仙人掌与香蕉、菠萝、西瓜一样，可以当水果吃，以之入菜，在墨西哥人的家中是极其常见的。除此之外，仙人掌还被墨西哥人用来制作饮料。

在墨西哥，许多人都有以昆虫做菜的爱好。蚂蚱、蚂蚁、蟋蟀等，都可以成为墨西哥人享用的美味佳肴。

一般来讲，墨西哥人颇为好酒。顾客登门以后，他们往往会首先以酒款待。在墨西哥，人们最看重的酒，是一种用龙舌兰酿成的名为“台基拉”的酒，有人甚至将其称为墨西哥的国酒。

在墨西哥人所举办的迎宾宴会上，主人通常会首先向来宾敬酒，并且大都会主动提议宾主采用手臂交叉的“伊达尔戈式”的方式饮酒。在一般情况下，墨西哥人是不劝酒的。

墨西哥人大都不吃过分油腻的菜肴。用牛油烹制的菜肴和用鸡油制作的糕点，他们一般是不吃的。

三、欧洲地区的礼仪习俗

（一）俄罗斯

“俄罗斯”这一名称，是通过蒙古语转译过来的。最先，它是出自“罗斯”一词。关于“罗斯”这一词的本义，主要有两种解释，一说它来自其民族名称，指的是来自瑞典东海岸罗斯拉根地区的瓦兰吉亚人。另外一种说法，则是认为它带有“划船者”之意。过去，中国人曾将俄罗斯称为俄国。

1. 交际习俗

在人际交往中，俄罗斯人素来以热情、豪放、勇敢、耿直而著称于世。在交际场合，俄罗斯人习惯于和初次会面的人行握手礼。但对于熟悉的人，尤其是在久别重逢之时，他们则大多与对方热情拥抱。有时，还会与对方互吻双颊。在俄罗斯，这是常规的见面礼节。

在迎接贵宾之时，俄罗斯人通常会向对方献上“面包和盐”。这是给予对方的一种极高的礼遇，来宾必须对其欣然笑纳。

俄罗斯人有讲礼貌的好习惯。与他人相见时，他们通常都会主动问候“早安”、“午安”、“晚安”或者“日安”。

在称呼方面，过去，俄罗斯人习惯以“同志”称呼他人。而今，随着社会制度的变更，这一称呼除与老年人打交道之外，已不再流行。目前，在正式场合，他们也采用“先生”、“小姐”、“夫人”之类的称呼。在俄罗斯，人们非常看重人的社会地位。因此对职务、学衔、军衔的人，最好以其职务、学衔、军衔相称。

在俄罗斯民间，对于长辈可称之为“老爹爹”、“老妈妈”、“大叔”或者“大婶”。这种做法，与我国大体类似。

要强调的是：在俄语里有“您”这个称呼，它多用以称呼女士、长辈、师长、上司或贵宾，以表示尊重与客气。对于亲朋好友，最好还是以“你”相称。这既是为了向对方表示亲热，也是为了让对方不必拘束，随便一些。要是反其道而行，比如，一位长者将一个晚辈称为“您”，则多半带有讥讽之意，或是意在表示自己的不满或愤怒。

俄罗斯人的姓名，在一般情况下，是由本人名字、父亲名字和姓氏三个部分所构成的。姓名的排列顺序，通常是本人名字在前，父亲名字居中，姓氏则位居最后。例如，列宁的本名“弗拉基米尔·伊里奇·乌里扬诺夫”之中，弗拉基米尔是他本人的名字，伊里奇是父名，乌里扬诺夫才是姓氏。

在结婚前，俄罗斯妇女用的是父姓。在结婚之后，则一般改用丈夫的姓氏。至于本人名字和父名，则一点不作更改。有趣的是，他们的姓名往往以“娜”、“娅”、“娃”作为结尾。

有的时候，特别是在正式的书面文件中，在书写俄罗斯人的姓名时，亦可将其姓氏排在最前面，而将本人的名字与父名依次排于其后。必要的话，还可以将其本人名字与父名改用缩写，即仅写上二者各自的头一个字母。

依照俄罗斯民俗，在用姓名称呼俄罗斯人时，可按彼此之间的不同关系，具体采用不同的方法。通常，对较为熟悉者，俄罗斯人惯于只称其姓，或直接叫出对方的名字。为表示对交往对象特别的尊重与敬意，可将其本人名字与其父名连在一起称呼。至于有必要对长者表示特殊的尊敬时，则最好直接称呼其父名。对于家人或亲朋好友，有时还可以用其爱称相称。例如，可将“伊万”叫做“万尼亚”，可将“谢尔盖”叫做“谢廖沙”，等等。只有与初次见面之人打交道时，或是在极为正规的场合，才有必要将俄罗斯人的姓名的三个部分连在一道称呼。

2. 主要禁忌

拜访俄罗斯人时，赠以鲜花最佳，但送给女士的鲜花宜为单数。

俄罗斯人普遍偏爱红色，并视其为美丽的化身。他们最讨厌黑色，因为它仅能用于丧葬活动。

在数字方面，俄罗斯人最偏爱“7”，认为它是成功、美满的预兆。对于“13”、“666”、“星期五”，他们则十分忌讳。

俄罗斯人非常崇拜盐和马。他们认定：盐具有祛灾避邪的力量，马则会给人们带来好运。他们对兔子的印象大都极坏，并且十分厌恶黑猫。在俄罗斯，打碎镜子和打翻盐罐，都被认为是极为不吉利的预兆。

俄罗斯人主张“左主凶，右主吉”，因此，他们也不允许以左手接触别人，或以之递送物品。

在俄罗斯，蹲在地上，卷起裤腿，撩起裙子，都是严重的失礼行为。

俄罗斯人讲究“女士优先”，在公共场所里，男士们往往自觉地充当“护花使者”。不尊重妇女，到处都会遭白眼。

俄罗斯人忌讳的话题有：政治矛盾、寡头政治、经济难题、宗教矛盾、民族纠纷、车臣问题、苏联解体、阿富汗战争以及大国地位问题。

3. 饮食特点

在饮食习惯上，俄罗斯人讲究量大实惠，油大味厚。他们喜欢酸、辣、咸味，偏爱炸、煎、烤、炒的食物，尤其爱吃冷菜。总的讲起来，他们的食物在制作上较为粗糙一些。

一般而论，俄罗斯人以面食为主，他们爱吃用黑麦烤制的黑面包。除黑面包之外，俄罗斯人大名远扬的特色食品还有鱼子酱、红菜汤、酸黄瓜、酸牛奶，等等。吃水果时，他们大多不削皮。

在饮料方面，俄罗斯人很能喝冷饮。平时，他们十分爱吃冰激凌。在一般情况下，他们都很能喝烈性酒。具有该国特色的烈酒伏特加，是他们最爱喝的酒。他们酒量很大，在饮酒时，可以不吃菜，往往一醉方休。此外，他们还喜欢喝一种叫“格瓦斯”的饮料。

通常，俄罗斯人是不吃海参、海蜇、乌贼、黄花和木耳的。还有不少人不吃鸡蛋和虾。此外，鞑靼人不吃猪肉、驴肉、螺肉，犹太人也不吃猪肉，并且不吃无鳞无鳍的鱼。

用餐时，俄罗斯人多用刀叉。他们忌讳用餐发出声响，并且不能用匙直接饮茶，或让其立于杯中。通常，他们吃饭时只用盘子，而不用碗。

参加俄罗斯人的宴请时，宜对其菜肴加以称道，并且尽量多吃一些。俄罗斯人将手放在喉部，一般表示已经吃饱。

（二）英国

英国的正式名称是大不列颠及北爱尔兰联合王国，有时它也被人们称为“联合王国”、“不列颠帝国”、“英伦三岛”等。“英国”是中国人对其的称呼，出自“英格兰”一词，其本义是“盎格鲁人的土地”，而“盎格鲁”的含义则为“角落”。英国的主要宗教是基督教。英国的国教是英国国教会，也称圣公会。

1. 交际习俗

不喜欢被统称为“英国人”，而喜欢被称为“不列颠人”。习惯握手礼，女士一般施屈膝礼。男士如戴礼帽，遇见朋友时微微揭起以示礼貌。英国人注重实际，不喜空谈，他们社交场合衣着整洁，彬彬有礼，体现“绅士风度”。妇女穿着较正式的服装时，通常要配一顶帽子。

在社交场合，英国人极其强调所谓的绅士风度，坚持“女士第一”的原则，对女士尊重和照顾。他们十分重视个人教养，认为：教养体现出细节，礼节展现出教养。他们待人十分客气，“请”、“谢谢”、“对不起”、“你好”、“再见”一类礼貌用语，天天不离口。即使是家人、夫妻、至交之间，英国人也常常会使用这些礼貌用语。

在交际活动中，握手礼是英国人使用最多的见面礼节。在一般情况下，与他人见面时，英国人既不会像美国人那样随随便便地“嗨”上一声作罢，也不会像法国人那样非要跟对方热烈地拥抱、亲吻不可。英国人认为那样做都有失风度。

2. 主要禁忌

英国人忌 4 人交叉握手，忌“13”和“星期五”，忌用一次火点 3 支烟。不喜欢大象及其图案，讨厌墨绿色，忌黑猫和百合花，忌碰洒食盐和打碎玻璃。认为星期三是黄道吉日。喜欢养狗，认为白马象征好运，马蹄铁会带来好运。

在英国人看来，夸夸其谈、自吹自擂，说话时指手画脚都是缺乏教养的表现，所以与英国人刚刚认识就与他们滔滔不绝地交谈会被认为失态。和英国人交谈要小心选择话题，不要以政治或宗教倾向作为话题。另外不要去打听英国人不愿讲的事情，千万不要说某个英国人缺乏幽默感，这很伤他们的自尊心，他（她）会感到受侮辱。因为英国人历来以谈吐幽默、高雅脱俗为荣。

3. 饮食特点

通常一日四餐，即早餐、午餐、午茶点和晚餐，晚餐为正餐。不喜欢上餐馆，喜欢亲自烹调。平时以英法菜为主。“烤牛肉加约克郡布丁”被誉为国菜。进餐前习惯先喝啤酒或威士忌。讲究喝早茶与下午茶。

（三）法国

法国的正式名称是法兰西共和国。“法兰西”源于古代法兰克王国的国名。在日尔曼语里，“法兰克”一词的本义是“自由”或是“自由人”。“艺术之邦”、“时装王国”、“葡萄之国”、“名酒之国”、“美食之国”等都是世人给予法国的美称。法国首都巴黎更是鼎鼎大名的“艺术宫殿”、“浪漫之都”、“时装之都”和“花都”，法国的主要宗教是天主教，近80％的人是天主教教徒，其余的人信奉基督教、犹太教或伊斯兰教。

1. 交际习俗

法国人非常善于交际，即使是萍水相逢，他们也会主动与之交往，而且表现得亲切友善，一见如故。

法国人天性浪漫，在人际交往中，他们爽朗热情，善于雄辩，高谈阔论，爱开玩笑，幽默风趣，讨厌不爱讲话的人，对愁眉苦脸者难以接受。

他们崇尚自由，纪律性较差，不大喜欢集体行动，约会也可能姗姗来迟。法国人有极强的民族自尊心和民族自豪感，在他们看来，世间的一切都是法国最棒。例如，法国人懂英语的不少，但通常不会直接用英语与外国人交谈。因为他们认定，法语是世间最美的语言，与法国人交谈时若能讲几句法语，一定会使对方热情有加。懂法语而又不同法国人讲法语，则会令其大为恼火。

法国人注重服饰的华丽和式样的更新。妇女视化妆和美容为生活之必需。在社会交往中奉行“女士第一”的原则。法国人习惯行握手礼，有一定社会身份的人施吻手礼。少女常施屈膝礼。男女之间，女士之间及男士之间，还有亲吻面颊的习惯。社交中，法国人不愿他人过问个人私事。

2. 主要禁忌

法国人忌“13”和“星期五”。他们大都喜爱蓝色、白色与红色，不喜欢黄色和墨绿色。法国人视仙鹤为淫妇的化身，孔雀被看做祸鸟，大象象征笨汉。他们都是法国人反感的动物。视菊花、杜鹃花与核桃为不祥之物。

向法国人赠送礼品时，宜选具有艺术品位和纪念意义的物品，不宜送刀、剑、剪、餐具，或是带有明显的广告标志的物品作为礼品。男士向一般关系的女士赠送香水，也被法国人看做不合适的。

与别人交谈时，法国人往往喜欢选择一些足以显示其身份、品位的话题，如历史、艺术等。对于恭维英国、德国，贬低法国的国际地位和历史贡献，议论其国内经济滑坡、种族纠纷等问题他们不愿意予以呼应。

3. 饮食特点

法国人会吃，也讲究吃。法国菜风靡世界，被称为“法国大餐”。法国人喜欢吃蜗牛和青蛙腿，最名贵的菜是鹅肝。法国人喜欢喝酒，几乎餐餐必饮，白兰地、香槟和红白葡萄酒都是他们喜欢喝的。法国菜的特点是鲜嫩。法国人也非常喜欢中国菜。

（四）德国

德国的正式名称是德意志联邦共和国。“德意志”在古代高德语里，其含义为“人民的国家”或“人民的土地”。在世界上德国有“经济巨人”、“欧洲的心脏”、“出口大国”、“啤酒之国”、“香肠之国”等美称。德国的主要宗教是基督教和天主教。目前在德国全国总人口中，信奉基督教的约占47%，信奉天主教的约占36%。

1. 交际礼仪

德国人之间初次见面，如果需要第三者的介绍，作为介绍人要注意：不能不论男女长幼、地位高低而随便把一人介绍给另一人，一般的习惯是从老者和女士开始。向老年人引见年轻人，向女士引见男士，向地位高的人引见地位低的人。

双方握手时，要友好地注视对方，以表示尊重对方，如果这时把眼光移向别处，东张西望，是很不礼貌的行为。初次相识的双方在自报姓名时，要注意听清和记住对方的姓名，以免发生忘记和叫错名字的尴尬局面。在许多人相互介绍时，要做到尽量简洁，避免拖泥带水。

由于德语语言自身的特点，在与德国人交往中还会遇到一个是用尊称还是用友称的问题。一般与陌生人、长者以及关系一般的人交往，通常用尊称“您”；而对私交较深、关系密切者，如同窗好友、共事多年关系不错的同事，往往用友称“你”来称呼对方。交换称谓的主动权通常在女士和长者手中。称谓的变换，标志着两者之间关系的远近亲疏。对此必须熟练掌握和运用，这样才能得心应手地与德国人交往。

德国人十分遵约守时。德语中有一句话“准时就是帝王的礼貌”。德国人邀请顾客，往往提前一周发邀请信或打电话通知被邀请者。如果是打电话，被邀请者可以马上口头作出答复；如果是书面邀请，也可通过电话口头答复。但不管接受与否，回复应尽可能早一点儿，以便主人做准备，迟迟不回复会使主人不知所措。如果不能赴约，应客气地说明理由。既不赴约，又不说明理由是很不礼貌的。在德国，官方或半官方的邀请信，往往还注明衣着要求。接受邀请之后如中途有变不能如约前往，应早日通知主人，以便主人另作安排。如因临时的原因，迟到10分钟以上，也应提前打电话通知一声，因为在德国私人宴请的场合，等候迟到顾客的时间一般不超过15分钟。顾客迟到，要向主人和其他顾客表示歉意。

电影院中的迟到，人们可以习以为常，但对于音乐会的迟到，则是令人讨厌的。这时迟到者最好等到一幕或一个乐章结束后再入座。如等不急，需慢慢走到座位上，千万别走错排数，并且要对站起来让路的人轻说“谢谢”。

赴约赴宴，如遇交通高峰期，一定要提早出门，以免迟到。迟到固不礼貌，但早到也欠考虑。德国人如遇正式邀请，往往提前出门，如果到达时间早，便在附近等一等，到时再进主人家。

德国人不习惯送重礼，所送礼物多为价钱不贵、但有纪念意义的物品，以此来表示慰问、致贺或感谢之情，去友人家赴宴，顾客带上点儿小礼物，俗话说礼轻情意重，一束鲜花、一盒巧克力糖果或一瓶酒足已。当然，去德国朋友家做客的中国人如能送给女主人一件富有民族风格的小纪念品，那定会受到主人由衷的赞赏。如果只是顺便看望，那就不必带什么礼物了，最多给小孩子带点儿小玩意儿。如果是业务聚会，双方往来都是公事，只要按时应邀出席，不必另有表示。

在德国，如遇朋友乔迁或新婚，你可以事先同受礼者开诚布公地谈谈送些什么礼物好。有的德国新婚夫妇会把自己所需的日常用品列一份清单，送礼的朋友可在此单上画上自己送的东西，这样既可使新婚夫妇得到实惠，又令馈赠者高兴。

2. 主要禁忌

德国人对于黑色、灰色比较喜欢，对于红色以及掺有红色或红黑相间之色，则不感兴趣。

对于“13”与“星期五”，德国人十分讨厌。他们对于四个人交叉握手，或是在交际场合进行交叉谈话，也比较反感，因为他们认为这是不礼貌的。

德国人对纳粹党徽的图案“卐”十分忌讳。它与我国民间表示吉祥的“卍”颇为近似。只不过前者的开口是呈顺时针方向，而后者的开口是呈逆时针方向，切不可将二者混淆乱用。另外在德国跟别人打招呼时，切勿身体立正，右手向上方伸直，掌心向外。这一姿势过去是纳粹行礼的方式，因此也应避免。

与德国人交谈时，不宜涉及纳粹、宗教与党派之争。在公共场合窃窃私语或是大声讲话，德国人认为都是十分无礼的。

3. 衣食特点

德国人在穿着打扮上的总体风格，是庄重、朴素、整洁。他们不大容易接受过分前卫的服装，不喜欢穿着过分鲜艳花哨的服装，并且对衣冠不整、服装不洁者表示难于忍受。德国人在正式场合露面时，必须穿戴整齐，衣着一般为深色。在商务交往中，讲究男士穿三件套西装，女士穿裙式服装。德国人对于发型较为重视。在德国男士不宜剃光头，免得被人当做“新纳粹”分子。德国少女的发式多为短发或披肩发，烫发的妇女多为已婚者。

德国人讲究饮食，最爱吃猪肉，其次才是牛肉。以猪肉做成的各种香肠，令德国人百看不厌。德国人一般胃口较大，喜食油腻之物，在口味方面，德国人爱吃冷菜和偏甜、偏酸的菜肴，对于辣或过咸的菜肴则不太欣赏。德国人最喜欢饮啤酒，人人都是海量，当然他们对于咖啡、红茶、矿泉水也很喜欢。

（五）荷兰

荷兰作为一个国家的名称，来自日耳曼语“霍特兰”一词。“霍特兰”原来为荷兰的一个省，字面上的含义为“森林之国”。在正式场合，荷兰亦称“尼德兰”。“尼德兰”的本义是“低地之国”。“堤坝之国”、“风车之国”、“花卉之国”、“西欧花园”等，都是世人给予荷兰的十分形象的美称。

1. 交际习俗

在人际交往中，荷兰人的所作所为大体上有以下三个方面的特点。

第一，爱整洁，守秩序。荷兰人喜爱清洁，做事情讲究有板有眼，任何微小的细节都会安排得井然有序，有条不紊。平时，他们喜欢按照精确的日程表，有计划地工作和生活，不大愿意临时去做某件事情。

第二，性格直，办事快。荷兰人性格刚毅，为人爽快，办事果断，自信心甚强。平时，他们待人礼貌，而且非常善于体谅他人。与朋友相处时，他们乐于开诚布公，直言不讳，有时甚至不讲任何情面。对办事拖沓者，他们是看不起的。

第三，重节约，讲正统。荷兰人大都善于理财和赚钱，不仅如此，他们还十分节约，在商务谈判中，往往因此而显得斤斤计较。或许是荷兰的历史至今仍然令荷兰人引以为荣，或许是因为荷兰是一个君主制国家，荷兰人平时处世保守，人人都讲正统，不论做什么事情都要正儿八经。对“游戏人生”者，荷兰人鄙视至极。

在交际场合，对待不同的对象，荷兰人采取的见面礼节往往有所不同。工作时，或是与因公相识者见面时，荷兰人大都会行握手礼。但是，他们即使是在握手时，也十分介意自己能否保持风度，神态是否庄重，所以他们的握手在有些人看来，似乎不够热情，有点儿像是“例行公事”。

在日常生活中与他人见面，或是会见亲朋好友时，荷兰人大都会同对方以拥抱为礼。他们对于关系亲密者，经常还会行吻面礼。荷兰人在行吻面礼时，一般要在对方的双颊上各吻一次。在某些地区，人们还讲究要在交往对象的双颊上交替轻吻三下。

荷兰人的姓名与欧美绝大多数民族一样，都是名字在前，姓氏在后。但是他们的姓氏，又有单姓和复姓之分。在一般情况下，仅从荷兰人的姓名上，就可以判断出其性别。在荷兰，男人的姓名多以辅音结尾；而妇女的姓名则以元音结尾。

根据习惯，荷兰妇女婚前姓父姓，婚后则改用夫姓。然而，荷兰的女权主义者们为了显示自立和自尊，经常会在自己夫姓的后面再加上原来的姓氏，中间加一个连接号。这就是所谓复姓。

在荷兰，拥有爵位或封号，乃是一种荣耀。因此，拥有爵位、封号的荷兰人，往往会将自己的爵位、封号直接加在姓与名之间。

与荷兰人打交道时，务必要对其采用适当的称呼，他们对这一点特别在意，并且认为礼貌而得体的称呼，可以促进人与人之间的感情交流。

称呼一般关系的荷兰人，可称之为“先生”、“小姐”或“夫人”。对熟人相称，可以直接使用其本名。对于关系密切者，则可使其爱称。连姓带名一起称呼，往往多见于十分正式的场合。

称呼国王或王室成员时，且勿随意而为。对女王，要用“陛下”或“女王陛下”。对王室成员，则通常宜以“殿下”相称。

与荷兰人进行交往时，务必要注意对妇女表示尊重。这既是因为荷兰人讲究“女士优先”，更是因为他们目前在位的国王就是一位女性。

2. 主要禁忌

拜访荷兰人时，以送鲜花最好。但是要送单数，并以 5 枝或 7 枝最合适。在荷兰，给关系一般的女士送双数的鲜花，乃是失礼的行为。

风车也是“荷兰四宝”之一。过去在荷兰人的生活里，风车既是一种用于排水、磨面、锯木加工的工具，又被视为一种可用以传递信号或情感的媒介。在荷兰，风车若被摆成十字形，表示的是它正在恭候顾客上门。若是出殡的队伍经过风车附近时，必须使其停止转动，以示哀悼。每年5月的第二个星期六，还被荷兰人定为全国性的“风车日”。每到那一天，荷兰全国所有的风车都要启动旋转，供人们观赏。

常人用以提神的雪茄烟，在荷兰人手里竟然能起到类似于“红娘”的作用。当小伙子看上某位姑娘时，他就要一而再，再而三地找对方的父亲借火点雪茄烟。当他第三回前来借火时，姑娘的父亲如果对他中意，便会开门相迎。反之，则会请他吃闭门羹。获得父亲首肯后，姑娘见到小伙子的第一件事，是要为他点燃雪茄。等到婚礼举行时，新娘为新郎点燃雪茄，也是一道必不可少的程序。

荷兰人对于黄色十分喜爱，他们忌讳的数字与日期主要是“13”、“666”与“星期五”。

在举止行为上，荷兰人有不少讲究。在赞扬他人有头脑时，他们常以手指敲太阳穴来表示。在外人面前就座时，他们忌讳跷腿或抖腿。男士与女士一同上楼梯时，他们的讲究是男士在前，女士随后。在众人面前用牙签或手指剔牙，被他们看做是最没有教养的表现。

当荷兰人的家门上钉上了一块镶边的小木牌时，一般表明家里有产妇。所钉的小木牌是粉色的，说明生的是女孩。所钉的木牌是蓝色，说明生的是男孩。

荷兰人不喜欢被人称为“海上马车夫”。由于在荷兰天主教教徒与基督教教徒的数量不相上下，所以与其交谈时不宜涉及宗教信仰，尤其是这两个教派之间的差异与对立。金钱、物价、纳粹占领、美国问题以及荷兰与日本的历史纠葛等，也不宜与荷兰人谈及。

3. 饮食特点

荷兰人平时爱吃面食，但也不拒绝米饭。什锦炒饭和奶油炒饭，都是他们很爱吃的。在肉食方面，他们忌讳较少，牛肉、羊肉、猪肉、鸡肉都能吃。他们的口味较淡，爱吃偏甜、偏酸的一些菜肴，经常会吃冷菜。有趣的是，他们对中餐十分欢迎。在荷兰，中餐馆几乎到处可见。

在人际交往中，热情好客的荷兰人大都喜欢宴请自己的顾客。由于荷兰人以晚餐为正餐，所以他们通常会将正式的宴请安排在晚上。与众不同的是，为了显示正规，荷兰人经常会将宴请安排在营业性餐馆之中举行。

请客吃饭的时候，注重礼仪的荷兰人讲究上菜必须依照其传统顺序依次而行，即第一道菜上鲜汤，第二道菜上蔬菜，第三道菜上肉菜，第四道菜上奶酪制品，第五道菜上点心与甜品。这一既定次序稍有错乱，即被认作失礼。

荷兰人在设宴款待顾客时，通常会上一道由土豆、洋葱、胡萝卜混合烹调而成的菜肴。顾客们不仅一定要吃这道菜，而且届时务必要郑重其事，吃得津津有味。千万不要弃而不食，或加以抱怨。因为，它属于荷兰人的国菜。据说1574年荷兰与西班牙交战时，这道菜救过一时无以为食的荷兰人的命，所以他们对其怀有深深地敬意。每年10月3日，他们一定会吃此菜来“忆苦思甜”。

在宴请时，作为“荷兰四宝”之一的奶酪，是肯定会上的。不仅如此，平时他们也爱吃此物，甚至每餐必备。

由于盛产牛奶，所以久而久之它便成了荷兰人日常生活里的一种常规饮料。荷兰人天天都要喝牛奶，就如同中国人爱喝茶一样。不过，对于饮茶，他们兴致却不高。在待客时，荷兰人有时会上咖啡。与中国人“茶满欺客”的禁忌相仿，他们的讲究是不可将咖啡斟满杯子，而以三分之二杯左右为宜，否则即为失敬于人。

荷兰人在宴请顾客时，进食之慢是有名的。他们的习惯，是要边吃边聊，连吃带喝。因此跟他们一起吃上一顿饭下来，常常需要花上两三个小时。

（六）意大利

意大利作为国家的名称，译自英语。在意大利语里，它应为“意大利亚”。“意大利”一词，则出自古时人们对意大利的称呼“维大利亚”。“维大利亚”的本义是“小牛生长的乐园”。另外还有一种讲法，认为意大利这一名称来自该国一个古代部落首领的名字。也有人说，其含义为“牧羊场”。在世界上，意大利有着“欧洲花园”、“旅游之国”、“航海之国”、“欧洲炼油厂”等美称。

1. 交际习俗

在人际交往中，意大利人往往会表现出许多特别之处。与意大利人打交道时，尤其需要对其国家观念、宗教观念、身份观念和时间观念，有一定程度的了解。

由于现代意大利统一的时间不过才130多年，而且该国北部与南部地区经济发展水平相差悬殊，在一般情况下，意大利人的国家意识较为淡薄。他们平时很少会提到自己的国家，尤其对国名提及甚少。即使在国际交往中提起自己时，意大利人也大都只是提到自己是某某地区的人，而很少会自称“意大利人”。

同时，意大利人又具有极强的民族自尊心。在言谈话语里，他们往往会对本民族悠久的历史津津乐道，并且为自己的国家昔日曾经是整个世界的“主人和老师”而无比骄傲。对意大利往日的辉煌稍有异议，都会令其怒发冲冠。不仅如此，大多数意大利人，特别是意大利商人，都不会讲通行于世界的英语，他们并不认为这有什么不好。

意大利人的宗教观念极强。作为国教，天主教在意大利的影响极其巨大，各种天主教机构遍布于全国。仅在首都罗马，就有300多座教堂和7所教会大学。而全世界天主教的中心——教皇及其教廷，就位于罗马老城西北角的梵蒂冈。在意大利，大多数人不仅虔诚地信奉天主教，严格地恪守教规，而且真心实意地认为教会拥有至高无上的精神力量。实际上，天主教教会在意大利扮演着意大利人日常生活之中的统治者和指导者的角色。在该国，教会的势力无人比拟，往往说一不二。

意大利人的时间观念极为奇特。在外人眼里，他们似乎来去匆匆，却又不很守时，至少在社交活动中是这样的。一般来说，与别人进行约会时，许多意大利人都会晚到几分钟。据说，意大利人认为，这既是一种礼节，也是一种风度。

或许是长期受到艺术熏陶的缘故，意大利人重视友谊，善于交际。一旦得到了他们的信任，双方关系就会迅速升温。平时，意大利人举止潇洒，天真浪漫，心直口快，喜欢开诚布公，但又情绪波动较大。同德国人比，他们少了一分刻板；同法国人比，他们则又多了一些热情。

在交往应酬中，意大利人对自己“古已有之”的礼节非常重视，并且极力主动以本民族优秀的传统来净化社会风气。与他人初次见面时，他们礼数周全，极其客气。在一般情况下，他们大都会以握手礼作为见面礼节，并且会向对方问好。在熟人之间，举手礼、拥抱礼、亲吻礼也比较常用。

意大利的格瑟兹诺人碰上熟人、朋友时，往往会向对方行“压帽礼”，即以手将帽子拉低，这是重视对方的一种表示。其做法与欧美常见的“脱帽礼”有着明显的不同。

意大利人的姓名由两部分组成，其名字在前，姓氏居后。妇女婚前姓父姓，婚后则改姓夫姓。在正式场合，尤其是在书写函件、请柬时，宜称其全姓。在社交场合，可称其姓氏，或将其与“先生”、“小姐”、“夫人”连称。对于关系密切者，方可直呼其名。为了向交往对象表示恭敬之意，意大利人往往会以“您”相称。

与意大利人打交道时，我国国内所常用的下列称呼不宜使用。其一，“爱人”。在意大利，其含义为“情人”，即“第三者”。其二，“老人家”。意大利人讳“老”，这一称呼在他们听来具有明显的贬义。其三，“小鬼”。在中国，将小孩称为“小鬼”，是一种爱称。但在意大利人看来，其含义是“小妖怪”，对孩子既不尊重，而且又带有诅咒之意。

2. 主要禁忌

在意大利，玫瑰一般用以示爱，菊花则专门用于丧葬之事，因此这两种花不可以随便用来送给意大利人。送给意大利女士的鲜花，通常以单数为宜。

在动物方面，意大利人最喜欢猫和狗。对于其他生活在自然界的动物，尤其是各种鸟类，他们也十分喜爱。

意大利人最喜爱的色彩是绿色、灰色，对于蓝色和黄色，他们也给予种种好评。而对于紫色，他们则是较为忌讳的。

在图案方面，意大利有不少讲究。动物与鸟类的图案最受其欢迎，而仕女图案、十字花图案则为其所忌。

与其他欧美国家的人基本相似，意大利人最忌讳的数字与日期分别是“13”、“666”与“星期五”。除此之外，他们对于“3”这一数字也不太有好感。

在人际交往中，意大利人有着送礼之习。精美典雅的物品，诸如鲜花、名著、书画、工艺品、葡萄酒与巧克力，都是深受欢迎的。不过要记住，切勿将手帕、丝织品和亚麻织品送给意大利人。意大利人认为，手帕主要是擦眼泪的，因此属于令人悲情之物，故不宜送人。上门拜访意大利人时，他们一般讲究礼品要面呈女主人。

意大利人极爱聊天。在聊天的时候，他们具有下列三个特点。其一，话题多变，几乎无所不包。其二，搞“一言堂”。跟他们聊天，往往会变成聆听对方的“长篇演说”。其三，偏爱争辩。意大利人反对人云亦云，主张直言不讳，因此往往与别人发生争论。不过争辩一过，他们立刻会显得“风平浪静”，不会记仇。此外，对于谈论政治、宗教、纳税、美式橄榄球，意大利人往往会提不起兴趣。要是提起“黑手党”、贪污腐败、政治暗杀、小偷遍地、各地区经济发展不平衡，以及第二次世界大战时意大利曾追随德国法西斯的那段历史，则会令意大利人极为不快。

在人际交往中，意大利人不但表情丰富，而且有着很多独特的形体语言，他们尤其喜欢运用不同的手势来表达自己的思想感情。例如，竖起食指来回摆动，表示的是“不”、“不行”。用食指顶住面颊来回转动，表示的是“好吃”。以食指按在腮帮上转动两下，表示的是赞美某位女士“真漂亮”。五指并拢后，用食指的侧面敲击额头，表示的是“你真笨”。一边伸出手掌，一边撇嘴，表示的是“不清楚”，或“无可奉告”。五指并拢，掌心向下，对着腹部来回转动，表示的是“我饿了”，“我想吃一点儿东西”。伸出双手，手掌向上，并且耸动肩膀，表示的则是“我不知道此事”。

3. 饮食特点

意大利人很爱吃面食。通心粉、比萨饼等面食，都是他们的发明创造。除了面包、蛋糕之外，意大利人不把面食当主食吃，而只是当做一道菜来享用。在他们的餐桌上，通常第一道菜就要上面食，而且大都讲究要把它做成半生不熟。另外，意大利人还爱吃混入菜肴的炒米饭。不过，他们也是将其当做一道菜来吃的，并且讲究每次用餐之时，在面食、炒饭二者之中，只能选择一种。

通心粉，又叫意大利面条，或者根据其音译可叫做“帕斯塔”。它是意大利人平时最爱吃的一种面食。吃它的时候，不可以用餐刀切成小段，或以汤匙取用。正确的做法，是将它缠绕在餐叉上，然后送入口中，必要时可以匙帮忙，但吃时不得出声。

意式菜肴在口味上接近法式菜肴。它注重浓、香、烂，偏爱酸、甜、辣。在烹饪方法上，多采用焖、烩、煎、炸，而不喜欢烧、烤。

对于肉食与蔬菜、水果，意大利人都非常喜欢。在这一方面，他们的禁忌较少。

意大利人大都嗜酒，他们之中不少人鼻子红红的，据说就与饮酒过量有关。在饮酒时，他们注重与菜肴的搭配。在所有的酒类之中，他们最爱喝葡萄酒。目前，意大利是世界上最大的葡萄酒生产国。除饮酒之外，意大利人还爱喝咖啡和酸奶。

在一般情况下，意大利人以午餐为主餐。他们认为，拒绝其赴宴的邀请，是很不礼貌的。意大利人请客，大多爱在餐馆进行。他们的一顿宴请，一般要延续两三个小时。在席间，他们主张莫谈公事，以便专心致志地品尝美味佳肴。

（七）瑞典

瑞典作为国家的名称，是古时在该国建立的斯维亚国的名称演化而来的。在古高德语里，“斯维亚”一词的意思是“亲属”。在世界上，瑞典是闻名遐迩的“森林之国”、“千湖之国”和“福利国家”。

1. 交际习俗

从总的方面讲，瑞典人由于其所处的特殊的地理环境所决定，在性格上既乐观爽快，又沉默寡言；既乐于交际，又略显孤僻。

具体来说，在人际交往中，瑞典人大抵有着下述四个方面的基本特点。

第一，瑞典人在待人接物方面，大都表现得内向、平静。他们善于控制自己的情绪，并将此视为一种美德。在任何情况下，瑞典人都不会表现得气急败坏、忘乎所以或痛不欲生。在他们看来，情绪易于激动，动辄疾言厉色，是没有涵养的表现。

第二，瑞典人怯于社交应酬，喜欢独处。在人际交往中，瑞典人往往表现得稳重温顺，含蓄持重。他们善于独善其身，但却不善于主动与人进行交际活动。

第三，瑞典人很看重自己的面子。在人际交往中，他们既注意使自己举止有方，以礼待人，又十分介意他人是否重视自己，能否给予自己以符合身份的礼遇。

第四，瑞典人是世界上最为守时的人。他们在交往应酬中，绝对不会误时失约，而且也难以容忍误时失约之人。

在社交场合，瑞典人所用最多的见面礼节是握手礼。与外国人打交道时，他们尤其习惯与对方互相握手。与亲朋好友见面时，瑞典人往往会与对方拥抱、贴面，或是向对方脱帽、举手、点头致意。前者表示双方关系非同寻常，后者则意味着双方因经常见面而较为随意，却又不失礼貌。

与他人分手告别时，瑞典人习惯与大家首先握手道别，然后再各自去取自己的外衣、手套，并且离开。在他们看来，这一顺序天经地义，不这么做，即为失礼。瑞典人的这种做法，在世界上并不多见。

2. 主要禁忌

在色彩方面，瑞典人忌讳滥用黄色与蓝色。瑞典人忌讳的数字与日期，主要是“13”、“666”与“星期五”。

瑞典人普遍爱护动物和环境。他们对于伤害鸟类、猫、狗，或者当众吸烟，乱丢废弃物的行为，都十分反感。

与他人交谈时，瑞典人讲究既要正视对方，又不宜与对方相距过远或过近。在瑞典人看来，交谈者之间相距 1 米左右，才是最为恰当的。

同瑞典人聊天时，不宜涉及王室、宗教问题，不宜询问对方的政治倾向。对瑞典的“性开放”津津乐道，对瑞典古时的海盗之风再三提及，或是对其福利政策妄加评论，都会令瑞典人不满。

拜访瑞典人时，不宜赠送过分贵重的礼品，也不宜以酒相赠。送花或糖果，则一般都会大受欢迎。

做客告辞时，瑞典人往往是由主人提起的。顾客要是再三辞行而主人毫无表示，会被视作无礼之举。

3. 饮食特点

瑞典人的主食，一般以面食为主。在菜肴方面，瑞典人有三个主要特点：

第一，他们爱吃生冷之物。瑞典人爱吃鲜嫩的菜肴，因此他们上桌享用的菜肴往往半生不熟，而且大都又冰又凉。

第二，他们不大吃蔬菜与水果。这主要是因为瑞典地处寒温带，蔬菜、水果难以生长，并且价格昂贵。

第三，他们爱吃鱼肉。由于瑞典海岸线漫长，鱼类繁多，所以往往是鱼肉在瑞典人的菜肴之中充当主角。

瑞典人在饮料的选择上也有两大特点。一是他们酷爱咖啡。咖啡被定为瑞典人的国饮，用他们自己的话讲：“每天可以不吃面包，但是咖啡却不能不喝”，“不喝咖啡，就会睡不着觉。”二是他们一般不饮酒。这是因为该国乃是“禁酒之国”。不论是外出就餐，还是家中就餐，饮酒、售酒都有多种严格的限制，违者必受处罚。

在宴请顾客时，瑞典人也有多种讲究。在排列座次时，瑞典人习惯请主宾坐在主人左侧。在祝酒时，顾客必须在主人这样做过之后，才可以回敬对方。

（八）西班牙

西班牙作为国家的名称，其出处众说纷纭。有人认为它出自迦太基语，意为“野兔国”。有人认为它源自巴斯克语，含义为“边疆”或“海洋”。还有人认为它来自腓尼基语，本义为“埋葬”，转意则为“埋葬着财富、矿产”。在世界上，西班牙被人们誉为“海上强国”、“世界桥梁”、“地中海陆地”、“永不沉没的航空母舰”、“欧洲果园”、“橄榄王国”、“欧洲菜场”、“旅游王国”、“无雨之国”。

1. 交际习俗

受到拉丁文化的影响，西班牙人在待人接物方面大都显得性格开朗，热情奔放，诚实爽快，淳朴豁达。与西班牙人相处时，任何人都会为对方的鲜明的性格所感动。

与此同时，西班牙人又以自尊心和荣誉感强而著称于世。他们很讲面子，对任何可能冒犯其自尊的事情都十分敏感。有许多时候，为了维护自尊与荣誉，他们宁肯遭受某种程度上的损失，也绝不愿意公开承认自己的过失。对于维护其自尊与荣誉的人，西班牙人往往会知恩图报。

与法国人相似，西班牙人普遍认为：本国的语言是世界上最优美、最重要的语言。因此，与西班牙人进行交往应酬时，会讲西班牙语的人定会受对方的欢迎，而且往往还会得到对方的特殊关照。

在政务或商务活动中，西班牙人讲究要互换名片。假如对方递上了自己的名片，而不回敬他一张，是极其失礼的。需要注意的是，用于同西班牙人交换的名片，应当尽可能用西班牙语印制，这意味着对对方的一种尊重。

在人际交往中，热情奔放的西班牙人十分健谈，因而聊天成了西班牙人与朋友相处时的主要活动方式和休息方式。不论是在自家的客厅里，还是在酒吧、咖啡屋，只要有两三个西班牙人聚在一起，便会大聊其天，而且往往一开头就没个完。

西班牙人的聊天，可谓是一种地地道道的“信天游”。从他们喜爱的斗牛、足球，直到时事政治、文学艺术、家庭琐事，往往会无所不包。当西班牙人找你聊天时，应当尽可能地予以回应。不理不睬，三缄其口，定然会让对方十分难堪。

在外人看来，西班牙人在为人处世上略微显得有些粗狂急躁。另外，他们的时间观念也不太强。平日，他们的生活十分清闲。他们每天的工作时间甚短，休闲、娱乐的时间却甚多。有位外国作家曾就此议论说：“西班牙人只有在观看斗牛比赛时，才会准时到场。”不管怎么讲，与西班牙人相处时，对他们的这一特点要有心理准备。

西班牙人采用的见面礼节非常热烈。男士之间，通常要相互搂抱对方的肩膀。妇女之间则不仅要相互拥抱，而且还要互吻对方的双颊。只有在官方活动中，西班牙人才会采用握手礼。

2. 主要禁忌

在西班牙，鲜花乃是人际交往中送礼的佳品。但是，被其他欧美国家人士视为“爱情之花”的红玫瑰，除了被西班牙人送给演员和女朋友之外，以之送给其他女性，也是可以的。不适合送给西班牙人的鲜花，主要有菊花与大丽花两种，因为二者在西班牙均被看做是死亡的化身。

在西班牙，雄鹰和狮子都深受人们的宠爱。充满了“刀光剑影”的斗牛活动，不仅是一项融力量、胆识、技巧于一体的竞技活动，而且也是西班牙人机智勇敢、尚武好斗精神的直接写照。在西班牙，斗牛活动已被其视为“国粹”，几乎每个西班牙人都乐此不疲。

在西班牙人眼里，著名的斗牛士自然是自己的偶像。

在色彩方面，西班牙人最欣赏的，是象征吉祥的红色、象征高贵的黄色和象征庄严的黑色。

在数字和日期方面，西班牙人非常忌讳“13”、“666”与“星期五”。他们认为，碰上这类数字或日期，往往会使灾难或厄运临头。

西班牙人在日常生活里对花卉、石榴百看不厌，但是对于山水、亭台和楼阁，他们却很不喜欢。

与西班牙人交谈，不宜对天主教和斗牛活动予以非议，不宜将西班牙政治与外国政治进行比较，不宜对其国内的政治纠纷、恐怖主义活动或民族问题予以涉及。出于尊重交往对象的考虑，西班牙人一般不对别人说“不”字。

西班牙人提醒别人“当心”或“注意”时，时常会用其左手的食指先是放在下眼睑上，然后往外一抽。

在过元旦的那一天，西班牙人认为小孩子打架、骂人或是哭哭啼啼，都是不祥的预兆。为了不让小孩子们这样做，在这一天大人们往往会对小孩子有求必应，刻意讨好他们。

3. 饮食特点

西班牙人对于吃喝极其讲究。他们觉得：不懂得吃喝，做人就会失去乐趣。平时，他们不仅自己想方设法大饱口福，而且往往还习惯于请客吃饭。拒绝西班牙人赴宴的邀请，对于吃喝毫不讲究，弄不好就会被看做不近人情。

在世界各国之中，西班牙的节日之多是出了名的。西班牙人差不多每个月都有好几个节日，而且几乎所有的节日都与大饱口福有关。在西班牙人看来，所谓过节，主要就是要饱享美味佳肴。所以西班牙有一句人人皆知的民谚，叫做“饱口福，过节日”。

有趣的是，在西班牙，竟然还有口福节、烹调节、螃蟹节、苹果节、草莓节、葡萄酒节等直截了当地以食物或吃喝命名的节日。每逢此类节日来临，西班牙人自然而然地会名正言顺地大吃特吃一通。

西班牙人的日常饮食以面食为主，并且爱吃鱼肉、羊肉、牛肉、猪肉以及虾、蟹，对于猪的内脏，他们亦能接受。西班牙人不爱吃油腻、过咸的菜肴，又酸、又辣、比较鲜嫩的菜肴则大受其欢迎。

西班牙的名菜不胜枚举，其中比较著名的有烤乳猪、烤羊肉、熏香肠、鳗鱼馅饼以及红色的“巴戈五饭”，等等。

在饮料方面，西班牙人爱喝矿泉水、咖啡、啤酒和葡萄酒。西班牙的葡萄种植面积世界第一，因此西班牙人十分爱喝葡萄酒。他们喝汤时一定要喝冷汤，不像中国人那样爱喝热汤。

西班牙人通常以午餐作为正餐，而早餐与晚餐则大多较为简单。吃午餐时，西班牙人往往要全家人聚在一起，因此西班牙的大部分机关、单位每天下午 1 点半至 4 点半要停止办公或营业，专供人们回家去聚餐。

根据民俗，西班牙人在除夕之夜人人都要喝蒜瓣汤，并且要在新年钟声敲响时每人吃上 12 粒葡萄。前一种做法，是为了给自己祈求来年遂心如愿。后者，则是为了预祝自己在新一年的12个月里，月月诸事顺利。

四、大洋洲的礼仪习俗

（一）澳大利亚

澳大利亚作为国家的名称，来自于拉丁文。在拉丁文里，它的含义是“南方之地”。由于澳大利亚犹如一座大岛，故有“岛大陆”之称。因为它建国不久，有人又称之为“古老大陆上的年轻国家”。此外，它因为畜牧业发达、矿产丰富而有“牧羊之国”、“骑在羊背上的国家”、“淘金圣地”、“坐在矿车上的国家”之名。

1. 交际习俗

澳大利亚人在人际交往中呈现出的第一个基本特点是“亦英亦美”，以“英”为主。澳大利亚人在待人接物方面的习惯做法，依旧英国味道十足。在正式的官方交往与商务应酬中，就更是如此。有人曾经说过：“同澳大利亚人打交道，与同英国人打交道没有多大的差别。”由此可知，澳大利亚的社交礼仪在主流方面，深受英国的影响。

澳大利亚人在人际交往中呈现出的第二个基本特点是兼收并蓄，多姿多彩。这一特点，在澳大利亚人的交往应酬中表现得十分明显。以见面礼节而论，他们所行的既有拥抱礼、亲吻礼，也有合十礼、鞠躬礼、握手礼、拱手礼、点头礼，可谓无奇不有。

当时土著居民在见面时所行的钩手礼，便极具特色。它的做法是，相见的双方各自伸出手指来，令双方的手指紧紧钩住，然后再轻轻地往自己身边一拉，以示相亲、相爱。

进而言之，作为一个独立国家的人民，澳大利亚人在待人接物方面毕竟也有自己的总体特征，那就是他们人情味很浓，待人朴实无华。

或许是因为澳大利亚地广人稀，澳大利亚人普遍乐于同他人进行交往，并且表现得质朴、开朗、热情。过分地客套或者做作，均会令其不快。在讲英语的国家中，澳大利亚人可能是最无拘无束、轻松自在、爱交朋友的了。在公共场合，他们爱跟陌生人打招呼、聊天，并且爱请别人到自己家里做客。澳大利亚人的这种自由、实在劲儿，不但与英国人难以同日而语，而且连美国人也往往自叹弗如。

2. 主要禁忌

澳大利亚人最喜爱的动物除了国鸟琴鸟外，还有袋鼠。它被澳大利亚人视作澳洲大陆最早的主人。在澳大利亚人眼里，兔子是一种不吉利的动物。他们认为，碰到了兔子，可能是厄运将临的预兆。

在数字与日期方面，受基督教的影响，澳大利亚人对于“13”、“666”与“星期五”普遍反感至极。

在人际交往中，喜好娱乐的澳大利亚人往往有邀请友人一同外出游玩的习惯，他们认为这是密切双边关系的捷径之一。对此类邀请予以拒绝，会被他们理解成不给面子。

澳大利亚人崇尚人道主义和博爱精神。在社会生活中，他们乐于保护弱者。除了保护老人、妇女、孩子、弱小种族之外，他们还讲究保护私生子的合法地位，甚至将保护动物看做是自己的天职。议论种族、宗教、工会和个人私生活以及等级、地位问题，最令澳大利亚人不满。

同澳大利亚人打交道时，还有下列四点事项需要特别注意。

第一，澳大利亚人不喜欢本国与英国处处联系在一起。虽然不少人私下里会对自己与英国存在某种关系而津津乐道，但在正式场合，他们却反感将两国混为一谈。

第二，澳大利亚人不喜欢听“外国”或“外国人”这一称呼。他们认为，这类称呼抹杀个性。是哪一个国家，是哪个国家的人，理当具体而论，过于笼统地称呼是失敬的做法。

第三，澳大利亚人对公共场合的噪声极其厌恶。在公共场所大声喧哗者，尤其是门外高声喊人的人，是他们最看不起的。

第四，澳大利亚的基督徒有“周日做礼拜”的习惯。他们的这种做法“雷打不动”，想在这天与他们约会，往往“难于上青天”。

3. 饮食特点

澳大利亚人的饮食习惯可谓多种多样。就主流社会而言，人们一般喜欢英式西餐。其特点，是口味清淡，不喜油腻，忌食辣味。有不少的澳大利亚人还不吃味道酸的东西。

具体而言，澳大利亚人都爱吃牛羊肉，对于鸡肉、鱼肉、禽蛋也比较爱吃。他们的主食是面包，爱喝的饮料则有牛奶、咖啡、啤酒与矿泉水，等等。

一般来讲，澳大利亚人不吃狗肉、猫肉、蛇肉，不吃动物的内脏与头、爪。对于加了味精的食物，他们十分厌恶。他们认定味精好似“毒药”，令人作呕。

在用餐时，澳大利亚人是使用刀、叉的。在有些地方，比如加尔文市，人们外出用餐时必须衣冠楚楚，否则将被禁止入内。平时，澳大利亚人还很爱外出野餐，并以烧烤为主。

澳大利亚土著居民目前大多数尚且不会耕种粮食，不会饲养家畜。他们靠渔猎为生，并且经常采食野果。一般来说，他们的食物品种甚多，制作方法往往也各具特色。在进食的时候，他们经常生食，并且惯于用手抓食。

（二）新西兰

新西兰作为国家的名称，来自荷兰语“新泽兰”，意即“新的海中陆地”。“新西兰”则是对“新泽兰”一词的英语译法。由于新西兰距离其他大洲路途遥远，并且环境十分优美，故有“世界边缘的国家”、“绿色花园之国”和“白云之乡”的称号。新西兰的畜牧业极为发达，国民经济以其为主，因此又有“畜牧之国”、“牧羊之国”之称。

1. 交际习俗

与外人相见时，新西兰人所行的见面礼主要有下列三种。

第一，握手礼。这是新西兰人所用最多的见面礼节。不过与新西兰妇女握手时，必须男士先伸出手来。

第二，鞠躬礼。新西兰人在向尊长行礼时，有时会采用此礼。他们行鞠躬礼的做法十分独特，与中国人鞠躬时低头弯腰所不同的，新西兰人鞠躬时是抬着头，挺着胸的。

第三，注目礼。路遇他人，包括不相识者时，新西兰人往往会向对方行注目礼。即面带微笑目视对方，同时问候对方：“你好!”

新西兰的土著毛利人属于棕色人种。他们在欢迎来访者时，往往会采用自己的传统礼节。其中闻名遐迩的，就是世人所称的“碰鼻礼”。

“碰鼻礼”在毛利语里叫做“洪吉”。它的具体做法是：在迎接顾客时，主人要与对方彼此用鼻子尖，互相碰上两三次。按照毛利人的说法，双方碰鼻子的时间越长，就说明顾客所受的礼遇越高。为了让孩子鼻子长得高大一些，以方便行礼，毛利人的母亲常常用双膝夹孩子的鼻子。

在欢迎贵宾时，毛利人通常还会列队举行一定的仪式。在这种欢迎仪式上，毛利人除了载歌载舞之外，往往还会有意对顾客们吐舌头，瞪眼睛，扮鬼脸。据说，这些做法既是为了驱邪免灾，也是为了验证一下顾客有无相交的诚意。

新西兰人在人际交往中奉行“平等主义”。他们认为，所有人都是生而平等的。在普通的交际场合，新西兰人非常反对讲身份，摆架子。在新西兰，各行各业的人都会对自己的职业引以为荣，并且在彼此之间绝对不分三六九等。称呼新西兰人时，特别要注意：直呼其名常受欢迎，称呼官衔却往往令人侧目。

2. 主要禁忌

几维果，即中国人所说的猕猴桃，是新西兰人最爱吃的一种水果，并且是其待客和出口的主要果品。在新西兰人眼里，它是当仁不让的“国果”。

新西兰人喜爱动物。在所有动物之中，最让他们看重的，除了国鸟几维鸟外，还有狗。狗被新西兰人当成了人类的朋友。尤其是忠诚、勇敢的牧羊犬，更给以畜牧业为主的新西兰人帮了大忙，成为其不可缺少的助手。因此，在新西兰民间，一向有“勤奋的牧羊犬创造了新西兰”的说法。若是对新西兰人谈论狗肉如何好吃，如何大补，定然会触怒对方。

受基督教、天主教的影响，新西兰人讨厌“13”、“666”与“星期五”。要是有一天既是13日，又是星期五，那么新西兰人无论干什么事都会提心吊胆。对于在这一天外出赴宴、跳舞、观剧之类的邀请，他们则能推就推。

毛利人信奉原始宗教，相信灵魂不灭，因此对拍照、摄像十分忌讳。在一般情况下，最好不要这么做。

新西兰虽然大都讲英语，但是他们却不喜欢像英国人那样，用“V”字手势去表示胜利。

由于自然条件优越，生活富足，新西兰人大都喜爱户外运动。他们最喜爱的运动项目是赛马和橄榄球，并且常常以此作为交谈的话题。

3. 饮食特点

在新西兰，欧洲移民的后裔通常习惯于吃英式的西餐。他们的口味都比较清淡，对动物蛋白和乳制品的需求量很大。牛肉、羊肉、鸡肉、鱼肉都是他们所爱吃的。在用餐时，他们以刀叉取食，但是忌讳吃饭时频频与人交谈。

除了爱吃瘦肉之外，欧洲移民的后裔们还爱喝浓汤，并且对红茶一日不可或缺。受英国习俗的影响，他们也养成了“一日六饮”的习惯，即每天要喝六次茶。它们分别称做早茶、早餐茶、午餐茶、下午茶、晚餐茶和晚茶。每逢循例饮茶时，他们都会按部就班，一丝不苟。

新西兰人中爱喝酒的不少。不管是威士忌之类的烈性酒，还是啤酒或葡萄酒，新西兰人都非常喜欢。可是，饮酒在新西兰又受到了极为严格的限制。新西兰法律规定：在特许售酒的餐馆里，只准出售葡萄酒。在极少数准许销售烈性酒的餐馆里，顾客唯有购买了一份正餐以后，才有机会买到一杯烈性酒。

毛利人通常都爱吃一种叫做“夯吉”的食物，它是利用地热蒸熟的牛羊肉和土豆一类的东西。

在招待贵宾的时候，毛利人最高档次的大菜，叫做“烧食烤饭”。它的制作方法是，在地灶之中首先将许多鹅卵石烧红，泼上一瓢冷水后，将分层装有芋头、南瓜、白薯、牛排、猪肉、鸡肉、鱼肉等食物的铁丝筐放入，先盖上湿土，后以稀泥糊严，经数小时后取出，撒上食盐、胡椒。

五、非洲的礼仪习俗

（一）埃及

埃及之名，译自英语。在阿拉伯语里，它叫做“米斯尔”，其含义是“辽阔的国家”，此外还有一种说法，认为它来自古代腓尼基语“岛”这个词的发音。在世界上，埃及有“文明古国”和“棉花之国”等美称。

1. 交际习俗

在人际交往中，埃及人所采用的见面礼节，主要是握手礼。与跟其他伊斯兰教国家的人士打交道时的禁忌相同，同埃及人握手时，切忌用左手。

除握手礼之外，埃及人在某些场合还会使用拥抱或亲吻礼。埃及人所采用的亲吻礼，往往会因为交往对象的不同，而采用亲吻不同部位的具体方式。其中最常见的形式有三种。一是吻面礼，它一般用于亲友之间，尤其是女性之间。二是吻手礼，它是向尊长表示敬意或是向恩人致谢。三是飞吻礼，它则多见于情侣之间。

埃及人在社交活动中，根据交往对象行过见面礼节后，往往要双方互致问候。“祝你平安”，“真主保佑你”，“早上好”，“晚上好”，等等，都是他们常用的问候语。

在打招呼或问候时，埃及人讲究年轻者要首先问候年长者，位低者要首先问候位高者，步行者要首先问候骑乘者，一个人要首先问候多数人。

为了表示亲密，埃及人只要当时有时间，问候起交往对象来，往往会不厌其烦。除个人隐私问题之外，当时所能想到的人和事，他们几乎都会一一不漏地问候一遍。他们的这种客套，有时会长达几分钟，甚至十几分钟。

同样是为了表示亲密或尊敬，埃及人在人际交往中所使用的称呼也有自己的特色。老年人将年轻人叫做“儿子”、“女儿”，学生管老师叫“爸爸”、“妈妈”，穆斯林之间互称“兄弟”。这一类做法，往往并不表示二者具有血缘关系，而只是表示尊敬或亲切。

与埃及人打交道时，除了可以采用国际上通行的称呼，倘若能够酌情使用一些阿拉伯语的尊称，通常会令埃及人更加开心。这类尊称主要有：“赛义德”，意即“先生”，可用于称呼任何男性；“乌斯塔祖”，意即“教授”，可用以称呼有地位的人；“莱文斯”，意即“主席”，其用法与“乌斯塔祖”相同；“答喀突拉”，意即“博士”，可用于称呼政府官员。

埃及人非常好客，贵客临门，会令其十分愉快。去埃及人家里做客时，应注意以下三点：其一，事先预约，并要以主人方便为宜。通常在晚上6点以后以及斋月期间不宜进行拜访。其二，按惯例，穆斯林家里的女性，尤其是女主人是不待客的，故切勿对其打听或问候。其三，就座之后，切勿将足底朝外，更不要朝向对方。

2. 主要禁忌

埃及人很喜欢美丽华贵的仙鹤，认为它代表着喜庆与长寿。除讨厌猪之外，外形被认作与猪相近的大熊猫也为埃及人所反感。

埃及人最喜爱被其称为“吉祥之色”的绿色与“快乐之色”的白色两种颜色。他们讨厌的色彩也是两种。一是黑色，一是蓝色。两者在埃及人看来均是不祥之色。

在数目方面，“5”与“7”深得埃及人的青睐。在他们看来，“5”会带来吉祥，“7”则意味着完美。对信奉基督教的科普特人而言，“13”则是最令人晦气的数字。

在埃及民间，人们对“葱”很看重，认为它代表了真理。可是对“针”，人们却又非常忌讳，在埃及“针”是骂人的词。

埃及人在工作中对小费极为重视，并且将其作为日常收入的重要组成部分之一。在埃及办事情若不会给人小费，往往会举步维艰。

与埃及人交谈时，应注意下述问题：一是男士不要主动找妇女攀谈；二是切勿夸奖埃及妇女身材窈窕，因为埃及人以体态丰腴为美；三是不要称道埃及人家中的物品，在埃及这种做法会被人理解为索要此物；四是不要与埃及人谈论宗教纠纷、政党政治、中东政局以及男女关系。

3. 饮食特点

在餐饮方面，埃及人对礼仪极为讲究。在通常情况下，他们以一种称为“耶素”的不用酵母的平圆形面包为主食，并且喜欢将它同“富尔”、“克布奈”、“摩酪赫亚”一起食用。“富尔”即煮豆，“克布奈”即“白奶酪”，“摩酪赫亚”则为汤类。

埃及人很爱吃羊肉、鸡肉、鸭肉、土豆、豌豆、南瓜、洋葱、茄子和胡萝卜。他们口味较淡，不喜油腻，爱吃又甜又香的东西。冷菜、带馅的菜以及用奶油烧制的菜，特别是被他们看做象征着“春天”与勃勃生机的生菜，均受其欢迎。埃及人尤其喜爱吃甜点。在他们举行的正规宴会上，最后一道菜必为甜点无疑。此外，他们还习惯于以自制的甜点待客。顾客要是婉言谢绝，一点儿也不吃，会让主人极为失望，而且也是失敬于主人的。

在饮料上，埃及人酷爱酸奶、茶和咖啡。在许多大城市里，街头巷尾的咖啡摊随处可见。平时，埃及人有在街头的咖啡摊上用午餐的习惯。在那里，他们买上一杯咖啡，再用几块甜点，也就算做一顿便饭了。饮茶聊天，是埃及人一大乐趣。

在待客之时，主人往往在顾客一登门之后，便送上茶水，并且还要挽留顾客用餐。对于主人所上的茶水，顾客必须喝光。要是杯中遗留了一些茶水的话，是会触犯埃及人的禁忌的。同样的道理，顾客在主人家中用餐时，一定要尽量多用一些。否则就会被视为瞧不起主人，让主人不高兴。劝顾客多用餐，乃是主人的一项义务。

用餐的时候，埃及多以手指取食。在一些正式的场合，他们也惯于使用刀、叉和勺子。用餐之后，他们一定要洗手。

埃及人按照伊斯兰教教规，是不喝酒的。他们忌食的东西有：猪肉、狗肉、驴肉、骡肉、龟、虾、蟹、鳝，动物的内脏、动物的血液，自死之物，未诵安拉之名宰杀之物。整条的鱼和带刺的鱼，埃及人都是不喜欢吃的。

埃及人在用餐时，有两点禁忌。其一，忌用左手取食。其二，忌在用午餐时与别人交谈。他们认为那样会浪费粮食，是对真主的不敬。

（二）南非

南非作为国家的名称，得名于它所处的地理位置，即位于非洲大陆的南部。在当地人的口中，它被称为“阿扎尼亚”。“阿扎尼亚”一词源于阿拉伯语，意为“黑人的土地”。由于盛产钻石，它是举世闻名的“钻石之国”。绕经南非海域的好望角航线，是沟通东西方的海上要道。

1. 交际习俗

南非社交礼仪的主要特点，可以概括为“黑白分明”与“英式为主”。在较为正式的官方活动与商务交往中，这些特点表现得有点突出。

说南非的社交礼仪“黑白分明”，指的主要是：由于受到各自种族、宗教、习俗的制约，南非的黑人与白人所遵从的社交礼仪，往往差别不小，甚至大相径庭。这一特点，可以说是遍及待人接物的方方面面。例如，在人际交往中，南非的黑人往往会情感外露，形体语言十分丰富；而南非的白人则大多显得较为矜持，他们往往是喜怒不形于色。

南非的社交礼仪“英式为主”，因为在过去很长的一段历史时期内，白人掌握南非的政权，并且长期推行种族歧视政策，对黑人倍加压制，久而久之，白人的社交礼仪，特别是英国式的社交礼仪，便渐渐广泛地流行于南非社会。

以目前而论，在社交场合，南非人所采用的见面礼节主要是握手礼，他们对交往对象的称呼则主要是“先生”、“小姐”或“夫人”。西方人所讲究的绅士风度、女士优先、守时践约等基本礼仪，南非人不仅耳熟能详，而且早已身体力行。

作为一个独立种族，南非黑人毕竟有着自己的个性与尊严。随着南非白人正权的垮台，黑人的社会地位正在逐渐提高。在此背景之下，南非黑人在日常交往中不仅依然保留着自己的传统习惯，而且对其情有独钟。要对南非黑人真正表示尊敬，一个重要的做法，就是要对他们特殊的社交礼仪表示认同，而万万不可大惊小怪，讥笑非议。

有的时候，在黑人部族中，尤其是在广大农村，南非黑人的待人接物往往会表现出不同于主流社会的另外一种风格。

在行见面礼时，有些黑人会行拥抱礼，有些黑人会行亲吻礼，有些黑人会行一种形式独特的握手礼，即先用左手握住自己的右手手腕，然后再用右手去与人握手。

在迎送顾客时，许多地方的黑人往往会集体出动，列队相迎，载歌载舞，欢呼狂啸。他们习惯于以鸵鸟毛或孔雀毛赠与贵宾，顾客们此刻得体的做法，是要高高兴兴地将这些珍贵的羽毛插在自己的帽子上或头发上。

南非黑人的姓名尽管大多已经西方化了，“乔治”、“威尔逊”、“海伦”、“爱丽丝”都是他们常用的姓名，然而，在一般情况下，他们还是更喜欢在具体称呼上保留自己的传统，即在进行称呼时在姓氏之后加上相应的辈分，以表明双方关系异常亲密。比如，称南方黑人为“乔治爷爷”、“海伦大婶”，往往会令其喜笑颜开。

2. 主要禁忌

与南非人打交道时，首先需要了解交往对象的宗教信仰，并且认真地对其予以尊重。这一点，是至关重要的。

信仰基督教的南非人，最为忌讳“13”这一数字。对于“星期五”，特别是与“13日”同为一天的“星期五”，他们更是讳言忌提，并且尽量避免外出。

南非的黑人，特别是乡村里的黑人，有很多人都信仰本部族传承下来的原始宗教。他们一般都相信存在一种神秘力量，支配着人世间的一切。在许多地方，羊被视为宠物，人们对双角卷曲的羚羊尤为喜爱。

一般而论，南非的黑人都非常敬仰自己的祖先，认为祖先不仅有消灾祸的本领，而且还拥有惩罚子孙的力量。所以，他们特别忌讳外人对其祖先的言行举止表现出失敬。在有些部族中，即使是儿媳直呼公公的名字也被禁止。

在许多黑人部族里，妇女的地位比较低下。被视为神圣宝地的一些地方，诸如火堆、牲口棚等处，是绝对禁止妇女接近的。

由于历史的原因，南非人为人处世非常大胆直爽。与对方进行交谈时，过分地委婉或者兜圈子，是不受欢迎的。

跟南非黑人交谈时，有四个方面的话题切莫涉及：其一，不要为白人评功摆好；其二，不要评论不同黑人部族或派别之间的关系及其矛盾；其三，不要非议黑人的古老习俗；其四，不要为对方生了男孩而表示祝贺，在许多部族中，这件事并不令人欣喜。

3. 饮食习惯

在饮食习惯上南非人同样是“黑白分明”的。当地的白人平日以吃西餐为主，他们经常吃牛肉、鸡肉、鸡蛋和面包，并且爱喝咖啡与红茶。

在一般情况下，南非黑人的主食是玉米、薯类、豆类。在肉食方面，他们喜欢吃牛肉和羊肉，一般不吃猪肉，也不吃鱼。与其他许多国家的黑人有所不同的是，南非的黑人不喜欢生食，而是爱吃熟食，

南非最著名的饮料，是被称为“南非国饮”的如宝茶，在英语里的本义是“健康美容的饮料”。它深受南非各界人士的推崇，与钻石、黄金一道被称为“南非三宝”。

前往南非黑人家中做客时，十分好客的主人一般都要送上刚刚挤出来的新鲜的牛奶或羊奶，诚心诚意地请顾客品尝。有的时候，他们则会献上以高粱自制而成的、风味独特的啤酒。遇到这种情况，不论自己渴不渴，爱不爱喝，都一定要大大方方地“来者不拒”，尽量多喝一些，并且最好一饮而尽。若是百般推辞，坚决不喝一口，主人必定会很不高兴。

与南非的印度人打交道时，务必要注意：信仰印度教者则不吃牛肉，信仰伊斯兰教者则不吃猪肉。

第二节　我国主要少数民族礼仪

我国是一个多民族的大家庭，全国共有56个民族。其中汉族人口约占全部人口的92%。其他55个民族人口占全部人口的8%。我国约1亿少数民族人口主要分布于西部地区。在长期的历史发展中，各民族形成了自己的风俗习惯。随着旅游、经商等活动的盛

行，各民族间的交往越来越频繁。因此，了解其他民族的风俗习惯是非常有必要的。限于篇幅，下面仅介绍几个人口较多的少数民族。

一、回族

（一）概况

回族是我国人口较多、分布最广的一个少数民族。以13世纪东迁的中亚各族人、波斯人、阿拉伯人为主，包括7世纪以来侨居东南沿海一些阿拉伯和波斯商人的后裔，在长期发展中吸收汉族、蒙古族、维吾尔族等成分逐渐形成。现在，宁夏回族自治区居住着约30%的回族人口。回族语言逐渐习惯于以汉语作为本民族的共同语言。深受阿拉伯、波斯等传统文化的影响又吸收汉族文化是回族文化的特色。

（二）习俗

回族是信仰伊斯兰教的民族。回族人的日常生活、风俗习惯与宗教信仰有密切的联系。回族衣着与汉族基本相同，但也保留着自己的特点，男士有戴白布软帽，妇女有戴白色、绿色或黑色盖头的习俗。在饮食方面，回族人忌食猪肉、狗肉、马肉、驴肉和骡肉，不吃未经信仰伊斯兰教者宰杀的和自死的畜禽肉，不吃动物的血等；回族人日常喝水不用别人的杯碗，喜欢沐浴。聚居区的回族人平常洗脸、洗手一般不用脸盆而要用“汤瓶”（带嘴的水壶）。回族丧葬习俗一直保持伊斯兰教教规，实行土葬。

（三）禁忌

到回族地区或进清真酒店时，忌谈猪头。忌说“肥”字，一般用“壮”代替。不能触摸和践踏民族宗教标志。忌讳向少女赠送装饰品。不能进入产妇和病人的房间，不能在屋子里吹口哨、戴草帽。不能用筷子敲碗、打猫狗。禁止在家中谈论性方面的话题。

（四）节庆

1. 开斋节

开斋节是回族的传统节日（伊斯兰教历十月一日）。在斋月里，人们只能在每天日出前和日落后进食，整个白天不得吃饭喝水，称守斋。此外，还要清心寡欲。斋期满之日，所有虔诚的穆斯林要沐浴更衣，身着节日盛装，走亲访友，互相祝贺，互相馈赠礼品。

2. 古尔邦节

古尔邦节又叫宰牲节、库尔班节、尔德节等。是信仰伊斯兰教民族的共同节日。古尔邦节的时间定在伊斯兰教历的十二月十日。过节前，家家户户都把房舍打扫得干干净净，忙着精制节日糕点。节日清晨，穆斯林要沐浴馨香，严整衣冠，到清真寺去参加会礼。在节日期间，人人身着盛装，走亲访友，互相祝贺，馈赠礼品。

3. 圣纪节

圣纪节是伊斯兰教的重要节日，亦称圣忌节，冒路德节。为纪念先知穆罕默德的诞辰日。这一天，回族群众聚集在清真寺诵经、赞圣、礼拜，并由阿訇宣讲穆罕默德的生平简历，功绩品德，以及在传教中所受种种磨难和许多智勇、善辩、善战的生动历史故事，教育回族群众不忘至圣的教诲，做一个真正的穆斯林。

二、维吾尔族

（一）概况

“维吾尔”是维吾尔族的自称，意为“联合”。维吾尔族主要聚居在新疆维吾尔自治区天山以南的喀什、和田一带和阿克苏、库尔勒地区，其余散居在天山以北的乌鲁木齐、伊犁等地，少量居住在湖南桃源、常德以及河南开封、郑州等地。

（二）习俗

维吾尔族人居住的房屋是方形的，开天窗，屋顶平坦，可晾晒瓜果和粮食。室内砌实心土炕，高约0.3米，供起居坐卧。墙上开壁龛，内置食物和用具，有的壁龛还精心构成各种几何图案，以石膏作装饰。喜欢在墙上挂壁毯。冬季以火墙取暖，靠墙一边是待客的上座。住房多成院落，方形，大门忌朝西开。庭院十分洁净，多栽花木、葡萄、葫芦及果树。服饰方面一般都穿棉布衣。男士穿长袍，称为“袷袢”，右衽斜领，无纽扣，用腰带式长方巾扎腰。城市妇女多穿西式短上衣和裙子，农女多穿宽袖连衣裙，外套团体色对襟背心。不论男女老少，都喜爱戴四棱小花帽，称为“尕巴”。妇女多喜欢耳环、手镯、项链等装饰品，喜欢染指甲。画眉毛多把左右两条连成一线。少女以长发为美，将头发梳成十几条长发辫。婚后一般改梳两条，头上别一新月形梳子作装饰。也有把双辫盘成发髻的。在饮食方面，面粉、玉米和大米现已成为维吾尔族人民的日常主食。他们喜欢喝奶茶、吃馕，喜食拉面和包子。最具民族风味的食品是烤羊肉串和“抓饭”。“抓饭”以羊肉、羊油、胡萝卜、葡萄干、洋葱和大米做成，是节日和待客不可缺少的食品。

（三）禁忌

维吾尔族具有伊斯兰教民族所共有的饮食禁忌。此外，还忌讳穿短裤在户外活动。睡觉时，忌头东脚西，接受物品或给别人敬茶时，要用双手，忌用单手，更不能用左手。

（四）节庆

肉孜节、古尔邦节和圣纪节是维吾尔族的盛大节日。每逢节日，部分男女老少都尽情地跳起“赛乃姆”（一种群众性的集体舞），家家都吃着香甜的“普鲁”，男女老幼都喜欢戴四棱小花帽，这是维吾尔族特有的标志之一。

三、蒙古族

（一）概况

蒙古族是我国主要少数民族之一，主要居住在内蒙古自治区、东北三省及甘肃、青海、新疆等地，拥有人口约480万。蒙古人多信仰喇嘛教，大部分从事畜牧业。蒙古族人民的生产、生活是与草原密切相关的。

（二）习俗

蒙古族自古以来以性情直爽、热情好客著称。对家中来客，不管常客还是陌生人，都满腔热忱。首先献上香气沁人的奶茶，端出一盘盘洁白的奶皮、奶酪。饮过奶茶，主人会敬上醇美的奶酒，盛夏时节还会请顾客喝马奶酒。有些地区用手扒肉招待顾客，还有一定的规矩。例如，用一条琵琶骨肉配四条长肋骨肉进餐；牛肉则以一根脊椎骨肉配半节肋骨及一段肥肠敬客。姑娘出嫁前或是出嫁后回娘家都以羊胸脯肉相待，羊的小腿骨、下巴颏、脖子肉都是给晚辈和孩子吃的。接待尊贵的顾客或是喜庆之日则摆全羊席。

蒙古人长幼有序，敬老爱幼。到蒙古包牧民家做客，见到老人要问安。不在老人面前通过，不坐其上位，未经允许不要与老人并排而坐。称呼老人要称“您”，不许以“你”相称或直呼其名。见到牧民孩子不要大声斥责，更不能打孩子。不要当着家人的面说孩子生理上的缺陷。对孩子和善、亲切，被认为是对家长的尊重。

哈达是蒙古族日常行礼中不可缺少的物品。献哈达是蒙古族牧民迎送顾客和日常交往中使用的礼节。献哈达时，主人张开双手捧着哈达，吟唱吉祥如意的祝词或赞词，渲染敬重的气氛，同时将哈达的折叠口向着接受哈达的顾客。顾客要站起身面向献哈达者，集中精力听祝词和接受敬酒。接受哈达时，顾客应微向前躬身，献哈达者将哈达挂于顾客颈上。顾客应双手合掌于胸前，向献哈达者表示谢意。

斟酒敬客，是蒙古族待客的传统方式。他们认为美酒是食品之精华，五谷之结晶，拿出最珍贵的食品敬献，是表达草原牧人对顾客的敬重和爱戴。通常主人是将美酒斟在银碗、金杯或牛角杯中，托在长长的哈达之上，唱起动人的蒙古族传统的敬酒歌，顾客若是推让不喝酒，就会被认为是对主人瞧不起，不愿以诚相待。顾客应随即接住酒，接酒后用无名指蘸酒向天、地、火炉方向点一下，以示敬奉天、地、火神。不会喝酒也不要勉强，可沾唇示意，表示接受了主人纯洁的情谊。接着穿戴民族盛装的家庭主妇端来清香扑鼻的奶酒款待顾客，这也是蒙古族的传统礼节。

（三）禁忌

蒙古族忌讳任意打牧民的狗；忌讳食马、驴、骡等圆蹄动物；忌讳向火盆内吐痰、拍打火盆、跨过火盆、在火盆上烤鞋、袜、裤和脚；忌讳从衣帽、枕头、桌子、粮袋、锅台、磨盘、碾台、井口、泉上、绳子上越过；忌讳在蒙古包周围和麻尼杆附近，及牲畜圈内大小便；忌讳将印有文字的纸，特别是印有蒙藏文的纸作手纸；忌讳坐、站门坎，从人前走过、泼水、倒垃圾。吃饭时，须等主人敬让，不能自己先动手。蒙古包内的法器、经典、佛像等不准乱摸乱动。蒙古族也有忌门习惯。若家中有人生孩子，生病等都要忌门。一般是在蒙古包门前挂一红布条，或门前放一堆烟火。远方顾客必须进屋或家人外归时，要跨过火堆方可进入。

（四）节庆

1. 大年

蒙古族叫过春节为过大年，农区与汉族相仿，牧区另有自己的特色。大年前家家户户都要置办送亲友的礼物，清扫蒙古包，制作新的蒙古袍、蒙古靴，购置奶桶、毡子、锅盆等用具。从年三十到初五是最欢乐的几天。年三十晚上，全家老小围坐在摆满香喷喷食物并供有祖先名字的矮桌旁“守岁”。午夜，开始饮酒进餐。首先，儿女们要给父母和长辈敬酒祝愿，全家要多吃多喝，剩得越多越好，象征新的一年里吃穿不愁。唯有黄油、红糖、白面混合烙出的大圆饼（新年饼）每人只吃一口，意思是全家永不分离，永久团圆，永远过着甜甜蜜蜜的幸福生活。蒙古族讲究熬年。三十晚上，蒙古包灯火辉煌，马头琴声和歌声不断，通宵达旦。蒙古族的拜年有一年拜一次，也有一年拜两次的。初一，天还未亮，男女老少都换上新的服装，晚辈给双亲和老年人叩头、献哈达、敬酒。老人们斟上满满一碗奶，祝愿子女幸福。有些还要全家到寺庙向喇嘛叩头，求活佛保佑。新春期间，男女青年跨上骏马，带上哈达、美酒等礼物，三五成群，给每位亲友拜年。拜年途中，男女青年常常利用这个机会赛马，互相追逐，气氛热烈。

2. 小年

农历腊月二十三日。蒙古族对火神十分崇敬，认为火神可以赐予人们幸福与财富，把3天叫“日火”，30天叫“月火”，360天叫“年火”。小年正是送火神爷的“年火”日子，因此特别热闹。这天，要在“灶神”龛前烧香，供献牛羊肉、黄油、奶皮、糖果等食物，名为“灶祭”，全家团聚欢乐。晚上，把事先准备好的草或兽粪用火点着，再从各种供品中取一点，投进火堆，全家老少对着火焰向火神爷祷告，名为送灶神。

3. 那达慕

每年6～9月的牧闲季节，蒙古人在草原上举行盛大的民间体育娱乐活动，称“那达慕”大会。届时，周围50～10千米的牧民都驱车乘马赶来联欢会。“那达慕”的主要项目为：骑马——参赛者年龄不限，有少年儿童、青壮年，也有老年人。赛程通常为25～35千米，终点设在会场。参赛者身着华丽彩衣，头系红绿绸飘带，马不着鞍，人不穿靴袜。比赛开始，参赛者跃马驰骋，争先恐后，沿途观众欢呼，膝盖以上任何部位着地都为失败。摔跤——报名不分民族、地区，不限年龄，不限体重。比赛时，由裁判安排对手，实行单淘汰制，一跤定胜负。摔跤手的服装上衣用牛皮制成，上边钉满银钉或铜钉，后背中间有圆形眼镜或吉祥之类的字，下身穿肥大白裤，外套绣有各种动物和花卉图案的套裤，腰间系有红、蓝、黄3色绸子做的围裙，脚蹬蒙古靴或马靴。比赛场地简单，只要有一片草坪或松软空地，就可进行比赛。射箭——分静射和骑射两种。弓箭的式样、重量、长度、拉力都不限，一般规定每人射9箭，分3轮射完，以中靶的多少评定名次；骑射跑道为4米宽、半米多深、85米长的一条沟。靶位设3个，第一靶在两米高的木架上挂一个0.3立方米的白色布袋，第三靶是一个等边三角形的白色布袋。第一、二靶位在射手左侧，第三靶位在右侧。射手身着紧身彩袍，背上弓箭，乘马到起跑线。当裁判员发令后，便开始起跑，抽弓射箭。当射中某环时，环把便自动脱落，观众不断喝彩助威。夜幕降临，草原上飘荡着悠扬动听的马头琴声，年轻人跳起欢快的舞蹈，老人们围坐在帐篷前，品味着香甜的奶茶，谈论着美好的生活。

4. 敖包祭祀

敖包是蒙古语译音，也叫“鄂博”，是堆子的意思，即人工积成的石堆、土堆，在圆坛之上堆积石头为台，台基上面分成大、中、小3层，重叠成圆锥体，周围涂白土，高几十米，形似烽火台，远望又如尘塔。祭敖包的时间，多在水草丰茂的季节。届时，敖包上插树枝，上挂五颜六色的布条或纸旗，旗上写经文，并请喇嘛来焚香点火、诵经念咒。官民一起围着敖包，从左向右走3圈，祈神降福。祭祀礼仪大致有血祭——宰杀自己喂养的马、牛、羊，供奉在敖包之前；酒祭——将鲜奶、奶油、奶酒一滴滴洒在敖包前；火祭——在敖包前点燃干柴堆或动物粪便堆，各户走近火堆念自家姓氏，供上祭品，把“布呼勒马哈”（羊肉丸子）投进火里，火越烧越旺；玉祭——以玉为供品，现在一般用硬币或炒米等物替代玉。敖包礼仪结束后，要举行传统的骑马、摔跤、射箭、唱歌跳舞等娱乐活动。此后，参加娱乐活动的人开怀畅饮，男女青年往往借此机会相见，登高远游，互相追逐，诉说衷肠。

四、藏族

（一）概况

藏族主要分布在西藏、青海、甘肃、四川和云南等省区。居住在西藏地区的称“博巴”，居住在川西一带的称“博”“康巴”。藏族主要从事农业和畜牧业，西藏自治区建立于1965年9月9日，多信奉喇嘛教。

（二）习俗

由于藏族人民多生活在高原地带，因此他们的生活习俗多与高寒气候有关，又因为藏族群众普遍信仰藏传佛教，故他们的生活习惯等也受到藏传佛教的影响。藏袍是藏族人民的主要服饰，基本特点是袍子长及脚面，袖子宽大并长出手指10～20厘米，既无口袋，也无纽扣，只在腰间束一条带子。为便于活动，常袒露右臂或双臂。

藏族喜饮酥油茶、青稞酒，并有弹酒的礼俗。主食为糌粑、牛羊肉等。糌粑是用炒熟的青稞或豌豆磨成的面粉，用酥油或茶水拌食。藏族人好客。在用青稞酒招待顾客时，先在酒杯中倒满酒，端到顾客面前，这时，顾客要用双手接过酒杯，然后一手拿杯，另一手的中指和拇指伸进杯中，轻蘸一下，朝天一弹，意思是敬天神，下来，再来第二下、第三下，分别敬地、敬佛。这种传统习惯是提醒人们青稞酒的来历与天、地、佛的慷慨恩赐分不开，故在享用之前，要先敬神灵。在喝酒时，藏族人民的约定风俗是：先喝一口，主人马上倒酒斟满杯子，再喝第二口，再斟满，接着喝第三口，后再斟满。往后，就得把满杯酒一口喝干。这样做，主人才觉得顾客看得起他，顾客喝得越多，主人就越高兴，说明主人的酒好。藏民族敬酒时，对男客用大杯或大碗，敬女客则用小杯或小碗。藏族人民能歌善舞，勇敢淳朴。献“哈达”是藏族常见的一种礼节。“哈达”是藏族人民在迎送、馈赠、敬神及日常礼节上使用的纱巾和绸巾，多为白色。

（三）禁忌

接待顾客时，无论是行走还是言谈，总是让顾客或长者为先，并使用敬语，如在名字后面加个“啦”字，以示尊敬和亲切，忌讳直呼其名。迎送顾客，要躬腰曲膝，面带笑容、室内就座，要盘腿端坐，不能双腿伸直，脚底朝人，不能东张西望。接受礼品，要双手去接。赠送礼品，要躬腰双手高举过头。敬茶，酒，烟时，要双手奉上，手指不能放进碗口。藏族人绝对禁吃驴、马肉和狗肉，有些地区也不吃鱼肉。敬酒时，顾客须先用无名指蘸一点酒弹向空中，连续三次，以示祭天、地和祖先，接着轻轻呷一口，主人会及时添满，再喝一口再添满，连喝三口，至第四口时，必须一饮而尽。吃饭时要食不满口，咬不出声，喝不出响。喝酥油茶时，主人倒茶，顾客要待主人双手捧到面前时，才能接过来喝。禁忌在别人后背吐唾沫，拍手掌。行路遇到寺院、玛尼堆、佛塔等宗教设施，必须从左往右绕行。不得跨越法器、火盆、经筒，经轮不得逆转。忌讳别人用手触摸头顶。

（四）节庆

1. 藏历新年

藏历新年是藏族一年中最盛大的节日。藏历正月一日开始，3～5天不等。人们就准备过年吃、穿、用的节日用品。成千上万的农牧民涌入拉萨城，购买各种年货。此时是拉萨一年中最为繁忙的季节。除夕前两天，每户要打扫卫生。二十九日晚饭前，要在灶房正中墙上用干面粉撒上“八吉祥徽”。晚上，各家要吃面团土巴。在面团土巴中特意制作几个包有石子、辣椒、木炭、羊毛等夹心不同的面团。每一种夹心都有一种说法：石子预示心肠硬，木炭预示心黑，辣椒预示嘴如刀，羊毛说明心肠软。谁吃到某一种夹心面团，就预示着在新的一年里他的心肠如何。吃到这些夹心的人，均即席吐出，引起哄堂大笑，以助除夕之兴。初一这天，将青苗、油果子、羊头、五谷斗摆放到佛龛茶几上，预祝新的一年人寿粮丰。天还没亮，家庭主妇们便从河里背回“吉祥水”，然后唤醒全家人，按辈排定座位。长辈端来五谷斗，每人限抓几粒。向天抛去，表示祭神，然后依次抓一点送进嘴里。此后，长辈按次序祝“扎西德勒”（吉祥如意），后辈回祝“身体健康。”仪式完毕后，便吃麦片土巴和酥油煮的人参果，接着互敬青稞酒。初一，一般闭门欢聚，互不走访。初二，亲友之间互相登门祝贺，互赠哈达。在城乡演唱藏戏，跳锅庄和玄子舞。在牧区，牧民们点燃篝火，通宵达旦地尽情歌舞。民间还进行角力、投掷、拔河、赛马、射箭等活动。

2. 酥油灯花节

每年的五月十五日，西藏、青海等地各寺庙的喇嘛及民间艺人用酥油捏成各式各样的灯架，将五彩缤纷的花灯挂在街道上。夜幕降临，街道上花灯闪烁，宛若群星降落。花灯上有五彩油塑花卉，还有惟妙惟肖的飞禽走兽及人物。人们游于灯海之中翩翩起舞，通宵达旦。灯会上还有滑稽的木偶表演，使人们捧腹大笑。

3. 沐浴节

藏语叫“嘎玛日吉”，意思是洗澡，又叫“洗澡节”。它是藏族人民传统的节日，各地于每年夏末秋初择日举行，为期七天，届时，不论城镇还是乡村，农区还是牧区，人们骑着马，赶着车、带着帐篷、糌粑、酥油茶、青稞酒以及一些奶制品，三三两两，络绎不绝地来到拉萨河畔、雅鲁藏布江边和其他江河湖泊之旁，争相下水，尽情地在水中沐浴、嬉戏、游泳。然后用双脚踩洗各家带来的衣物、床被，和着歌声，把劳动和音乐融入了这节庆中。

五、傣族

（一）概况

傣族主要居住在我国西南边疆的云南省，大多生活在山川秀丽、气候温和、雨量充足的亚热带地区，多信奉佛教。

（二）习俗

傣族男士一般上穿无领对襟袖衫，下穿长管裤，以白布或蓝布包头。傣族妇女的服饰各地有较大差异，但基本上都以束发、筒裙和短衫为共同特征。筒裙长到脚面，衣衫紧而短，下摆仅及腰际，袖子却又长又窄。

傣族以大米为主食，最具特色是竹筒饭。制作方法是将米装进新鲜的竹筒后加水，放在火上烧烤，吃起来清香可口。

（三）禁忌

忌讳外人骑马、赶牛、挑担和蓬乱着头发进寨子；进入傣家竹楼，要把鞋脱在门外，而且在屋内走路要轻；不能坐在火塘上方或跨过火塘，不能进入主人内室，不能坐门槛；不能移动火塘上的三脚架，也不能用脚踏火；忌讳在家里吹口哨、剪指甲；不准用衣服当枕头或坐枕头；晒衣服时，上衣要晒在高处，裤子和裙子要晒在低处；进佛寺要脱鞋，忌讳摸小和尚的头、佛像、戈矛、旗幡等一系列佛家圣物。不能随便大声喧哗。

（四）节庆

“泼水节”是傣族人民送旧迎新的传统节日，时间在公历四月中旬。节日期间的主要活动是祭祀拜祖先、堆沙、泼水、丢沙包、赛龙船、放火花及歌舞狂欢等节日。

六、壮族

（一）概况

壮族是我国人口最多的少数民族。聚居于广西壮族自治区南宁、百色等地区。壮族有本民族的语言文字。壮族信仰多神教。

（二）习俗

壮族是个好客的民族，过去到壮族村寨任何一家做客的顾客都被认为是全寨的顾客，往往几家轮流请吃饭，有时一餐饭吃五六家。平时有相互做客的习惯，比如，一家杀猪，必定请全村各户每家来一人，共吃一餐。招待顾客的餐桌上务必备酒，方显隆重。敬酒的习俗为“喝交杯”，其实并不用杯，而是用白瓷汤匙。

顾客到家，必在力所能及的情况下给顾客以最好的食宿，对顾客中的长者和新客尤其热情。用餐时须等最年长的老人入席后才能开饭；长辈未动的菜，晚辈不得先吃；给长辈和顾客端茶、盛饭，必须双手捧给，而且不能从顾客面前递，也不能从背后递给长辈；先吃完的要逐一对长辈、顾客说“慢吃”再离席；晚辈不能落在全桌人之后吃饭。

尊老爱幼是壮族的传统美德。路遇老人要主动打招呼、让路，在老人面前不跷二郎腿，不说污言秽语，不从老人面前跨来跨去。杀鸡时，鸡头、鸡翅必须敬给老人。路遇老人，男的要称“公公”，女的则称“奶奶”或“老太太”；遇顾客或负重者，要主动让路，若遇负重的长者同行，要主动帮助并送到分手处。

（三）禁忌

壮族人忌讳农历正月初一这天杀牲；有的地区的青年妇女忌食牛肉和狗肉；妇女生孩子的头三天（有的是头七天）忌讳外人入内；忌讳生孩子尚未满月的妇女到家里串门。登上壮族人家的竹楼，一般都要脱鞋。壮族忌讳戴着斗笠和扛着锄头或其他农具的人进入自己家中，所以到了壮家门外要放下农具，脱掉斗笠、帽子。火塘、灶塘是壮族家庭最神圣的地方，禁止用脚踩踏火塘上的三脚架以及灶台。壮族青年结婚，忌讳怀孕妇女参加，怀孕妇女尤其不能看新娘。特别是怀孕妇女不能进入产妇家。家有产妇，要在门上悬挂柚子枝条或插一把刀，以示禁忌。不慎闯入产妇家者，必须给婴儿取一个名字，送婴儿一套衣服、一只鸡或相应的礼物，做孩子的干爹、干妈。

壮族是稻作民族，十分爱护青蛙，有些地方的壮族有专门的“敬蛙仪”，所以到壮族地区，严禁捕杀青蛙，也不要吃蛙肉。每逢水灾或其他重大灾害时，壮族都要举行安龙祭祖活动，乞求神龙赈灾。仪式结束后，于寨口立碑，谢绝外人进寨。

（四）节庆

1. 春节

最隆重的民间节日之一。腊月二十三日起，家家户户开始筹办过节物品。除夕这天全家欢聚，杀鸡杀鸭，煮出初一全天吃的米饭，叫“压年饭”，年三十晚上有守岁习俗。初一大清早，妇女们穿新衣新鞋，去河边、山泉、水井挑水，这是汲取新水的习俗。用新水加红糖、竹叶、葱花、生姜煮沸后全家喝，认为可使人变得聪明伶俐。春节期间习惯唱采茶歌、闹锣、舞龙、舞狮、跳打扁担舞、打陀螺、赛球、演戏等丰富多彩、民族特色浓郁的文体活动，整个节日热烈愉快。

2. 中元节

俗称“鬼节”，是广西各民族都过的一个较大的节日。农历七月十四这天，家家户户杀鸡宰鸭，蒸五彩糯米饭祭祀祖先古人和田公地母。是日不出门，不动土，以求全家平安。

3. 三月三歌节

又叫“歌圩”，“圩”意为集市。歌节是广西壮族人民十分喜爱的传统节日。歌节一般持续3天，地点在离村不远的空地上，以未婚者为主体，其他人也来参加或旁观。

第三节 宗教礼仪

宗教是人类历史发展过程中产生的一种社会现象，是人脑对客观世界一种虚幻的反映。宗教演变历史复杂，宗教现象与自然、历史、民族、经济、文化、政治等社会现象有错综复杂的联系。在历史上，随着社会形态的发展和各种政权形式的变更，宗教由拜物教、多神教发展到一神教，由氏族图腾发展到民族神和民族宗教，最后出现了世界性宗教。当今世界信仰宗教的教徒人数约占世界人口的60%以上，影响最大的是基督教、伊斯兰教和佛教。我国各民族的宗教信仰除世界三大宗教外，还有在中国土生土长的道教，称为中国的四大宗教。各种宗教都有独特的利益习俗，其中有许多已变成民间礼仪习俗。

一、佛教礼仪

（一）佛教的传播

公元2世纪，佛教开始由古印度向境外传播，向北传播形成北传佛教，向南传播形成南传佛教。北传佛教以大乘教派为主，主要流传于印度、中国、日本、朝鲜、越南等国。我国汉族大部分地区信奉大乘教派，故又称汉地佛教。传入西藏、内蒙古等地区的为喇嘛教。南传佛教以小乘教派为主，主要流传于斯里兰卡、缅甸、泰国、柬埔寨、老挝、马来西亚等国。

（二）佛教的常识

1. 佛教的教义

佛教的基本教义可分为四个部分，分别为“三法印”、“四谛”、“八正道”、“十二因缘”。“三法印”是佛教用以衡量天下事物是否符合教义的三条准则，即“诸法无我”、“诸行无常”和“涅槃寂静”。“四谛”是指苦、集、灭、道四条真理。“苦”指人生一切皆苦，苦海无边；“集”指造成人生痛苦的各种原因；“灭”指引导人们最终达到的理想境界；“道”指达到理想境界的方法。“八正道”是把“四谛”中的“道谛”进一步具体化，提出通往彼岸的八种方法，即正见（正确的见解）、正思维（正确的思考）、正语（正确的语言）、正业（正确的行业）、正命（正确的生活）、正精进（正确的努力）、正念（正确的意念）、正定（正确的禅定）。“十二因缘”涉及过去、现在、未来三世的因果链条。现世的果必然有过去世的因，现世的因必将引出未来世的果。过去的一生行为，决定今世一生的状况；今世一生的行为，决定未来来世一生的状况，这就是因果报应。

2. 佛教的经典及标记

佛教的经典由三大部分组成，即经、律、论三藏。经藏是以佛祖的语气叙述的典籍；律藏为约束佛教徒的言行而制定的清规戒律；论藏是历代佛教学者对佛经的释解和各宗各派学说的论著。佛教的标记是法轮，有吉祥万德之意，因为佛之法轮如车轮辗转可摧灭众生烦恼。

（三）称谓

佛教的称谓一般有“四众弟子”，“出家四众”，“出家五众”，“七众”之称。比丘、比丘尼为出家男女二众，优婆塞、优婆夷为在家男女二众，此为“四众弟子”。比丘、比丘尼、沙弥（俗称小和尚）、沙弥尼（俗称小尼姑），即为“出家四众，如加上式叉摩那（学戒尼），则称为“出家五众”，出家五众加在家二众称“七众”。

较高水平的僧人，根据具体情况称“法师”（通晓佛法的僧人）；“经师”（通晓经藏或善于诵读经文的僧人）；“论师”（精通论藏的僧人）；“律师”（通晓律藏的僧人）；“三藏法师”（精通经、律、论三藏的僧人）；“大师”，一般用以尊称著名僧人；“高僧”，对德行高的僧人的尊称。

还有以职务相称的，如住持（方丈）、监院（当家和尚）等。现在一般称和尚为师父，称尼姑为师太。

（四）常用的礼仪

1. 合掌

这是佛教徒的普通常用礼节。亦称合十。左右合掌，十指并拢，置于胸前，以表由衷的敬意。

2. 绕佛

围绕佛而右转，即顺时针方向行走，一圈、三圈或百圈、千圈，表示对佛的尊敬。

3. 五体投地

也称五轮投地。“五体”（或称五轮）指两肘，两膝和头。五体都着地，为佛教最高礼节。先正立合掌，然后右手撩衣，接着膝着地，接着两肘着地，接着头着地，最后两手掌翻上承尊者之足。礼毕，起顶头，收两肘，收两膝，起立。藏传佛教的五体投地则幅度很大。

（五）佛教的忌讳

在信奉佛教的东南亚国家，至今仍保留着浓厚的佛教习俗。在缅甸、泰国，家长常将男孩子送入庙里出家几年，一方面表示对佛的虔诚，另一方面孩子可以在僧人那里学习文化。在某些国家，如泰国，几乎每个男孩子都要经过这个阶段。信奉佛教的人在家里举办丧事时要请和尚来念经，行举哀之礼仪。佛教也有不少戒规，佛教主张不杀生，因此僧尼以素食为本。信佛的人，也规定在一定的时间吃斋，遇上此日，屠宰场停止屠宰，市场上也不出售肉食。佛教还有许多忌讳。如不要随便抚摩小孩的头顶，坐着不要跷二郎腿等。

二、基督教礼仪

（一）基督教的起源

基督教于公元1世纪由巴勒斯坦拿撒勒人耶稣创立。相传，耶稣奉圣父的命令，下降人世，拯救世人。后来由于叛徒的出卖，被罗马总督钉死在十字架上。后人把十字架作为信仰基督教的标记。基督教最初是犹太教的一支，于公元135年从犹太教中分裂出来。公元313年罗马皇帝君士坦丁大帝颁发《米兰赦令》，承认基督教的合法地位。公元392年，罗马皇帝狄奥多西一世正式承认基督教为罗马国国教。随着欧洲人开辟新航路和向外拓展殖民地，基督教势力逐渐遍布全世界。基督教于公元635年由波斯传入中国。公元1502年天主教由耶稣会传教士利马窦传入中国。鸦片战争后，新教各派陆续传入中国。

（二）基督教常识

1. 三大教派

在基督教发展史上，发生过两次大的分裂，形成三大教派。第一次分裂由争夺教权而引发，发生在11世纪中叶。分裂为西部的天主教和东部的正教（东正教）。天主教又称公教、加特力教。第二次分裂由宗教改革而引发，发生在16世纪。从天主教内部脱离出新的宗教——抗罗宗，在我国称为新教，又称为耶稣教或基督教。

2. 基督教的教义

（1）上帝创世说。在《圣经·创世记》中，基督教认为，在宇宙造出之前，没有任何物质存在，包括时间和空间都没有，只存在上帝及其“道”。上帝就是通过“道”创造一切，包括创造地球和人。故上帝是全能的，是真善美的最高体现者，是人类的赏赐者。人们必须无条件地敬奉和顺从上帝，否则就要受到上帝惩罚。

（2）原罪救赎说。基督教宣称，上帝创造人类的始祖亚当和夏娃，并被安置在伊甸园过着无忧无虑的生活。但夏娃和亚当经不起蛇的引诱，偷吃伊甸园里知善恶树上的禁果，因而被驱逐出园。亚当和夏娃的罪世代相传，成为整个人类的原始罪。这种罪，人类无法自救，只有忏悔基督即可为之赎罪。

（3）天堂地狱说。天堂是个极乐世界，信仰上帝而灵魂得救，都能升入天堂。不信仰上帝，不思改悔的罪人，死后灵魂受惩罚下地狱。天主教和东正教还为既不能升天堂，又不能下地狱者设炼狱，让其暂时受苦，炼净灵魂，罪恶赎完，可再升入天堂。

3. 经典及标记

基督教的经典为《圣经》，由《旧约全书》和《新约全书》两部分组成。基督教的标记为十字架（相传耶稣为替世人赎罪，被钉于十字架而死）。

（三）称谓

1. 牧师

牧师意为“牧羊人”。一般指专职的宗教职业者。《圣经·旧约》把牧羊人比喻成耶稣基督，把羊群比喻成教徒，所以基督教新教把主持教务和管理教徒的人称做“牧师”。

2. 长老

长老是指在一般教徒中有威望的人，是由各教堂教徒自行推选的，称做“长老”，参加教会的管理工作，但不作为专职的宗教职业者，仍然继续从事世俗职业。

3. 执事

执事是指基督教新教有些宗派在教徒中推选出来的协助长老和牧师管理教会事务的人。执事一般不放弃世俗职业，也不终身任职。

（四）常用的礼仪

1. 洗礼

这是基督教的入教仪式。经过洗礼后，就意味着教徒的所有罪过都获得了赦免。洗礼的方式有两种：点水礼和浸水礼。天主教多施点水礼，由主礼者（牧师或神父）将一小杯水蘸洒在受洗者额头上，或用手蘸水在受礼者额头上画十字。东正教通常施浸水礼，由主礼者口诵规定的经文，引领受洗者全身浸入水中片刻。

2. 礼拜

礼拜是信徒们在教堂中进行的一项包括唱诗、读经、祈祷、讲道和祝福的宗教活动，通常在每周日举行，即“主日礼拜”。据《圣经·新约》中记载，耶稣是在这天复活的。少数教派是规定星期六（安息日）做礼拜，称：勾“安息礼拜”。除每周1次的常规礼拜外，还有每月一次纪念耶稣受难的圣餐礼拜，为纪念亡故者而举行的追思礼拜、结婚礼拜、安葬礼拜、感恩礼拜等。

3. 祈祷

祈祷亦称祷告，指向上帝和基督耶稣求告，内容可以是认罪、感谢、祈求和赞美等。祈祷有口祷和默祷两种形式。个人单独进行的为私祷；在礼拜、聚会时由神职人员主颂的为公祷。祈祷完毕，颂称“阿门”，意为“真认”表示“唯愿如此，允获所求”。

4. 唱诗

唱诗即领唱或合唱赞颂、祈求、感谢上帝的赞美诗。这些赞美上帝的诗歌，大多有高音、中音、次中音、低音四部，以供合唱之用。

5. 告解

告解即忏悔，是信徒向神职人员告知自己的过错或罪恶，神职人员听后要对其劝导，并对忏悔的内容予以保密。

（五）基督教的忌讳

在与基督教徒的交往中，应注意这样的一些问题。基督教徒唯一崇拜上帝，忌拜别的神，忌造别的偶像，因此在与基督教徒的交往中不能以上帝起誓，更不可拿上帝和耶稣开玩笑。进教堂应衣冠整洁，进去后应脱帽，与人谈话应压低声音，不得妨碍对方正常的宗教活动。当教徒祈祷或唱诗时，旁观的非教徒不可出声，当全体起立时，应随其他人一起起立。向基督教徒赠送礼品，要避免上面有其他宗教的神像或其他民族所崇拜的图腾。在耶稣受难节，不要请基督教徒参加私人喜庆活动。另外，他们讨厌“13”和“星期五”，在基督教徒眼中“13”和“星期五”是不祥的。

13的禁忌

基督耶稣和其弟子在最后晚餐上，参加者中的第13个人正是为了贪图30块银币，将耶稣出卖给统治者犹大，使耶稣被钉在十字架上。这个故事流传很广，影响极深。西方人憎恶犹太人，同时也把“13”这个数字看成不幸的象征。

三、伊斯兰教的礼仪

（一）伊斯兰教的起源

伊斯兰意为“顺从”，指顺服唯一的神——安拉的旨意，创始人为穆罕默德。公元610年前后，穆罕默德宣布自己是“先知”，得到了部落主神“安拉”的启示，正式创立了伊斯兰教。教徒称为“穆斯林”，意思就是“顺服者”，即顺服安拉意志的人。公元622年，由于麦加贵族的迫害，穆罕默德不得不带领他的信徒，迁移到麦地那。在麦地那，穆罕默德着手组织武装，建立了宗教、政治、军事三位一体的穆斯林社会组织——乌马公社。公元630年，穆罕默德率军攻克麦加，废除克尔白神庙中360多种神像，只留下盎置在天房东南面壁上的黑色陨石，作为全体穆斯林朝圣的对象，并将神庙改成了清真寺。公元631年，穆罕默德统一阿拉伯半岛，建立了政教合一的国家。公元632年6月8日，穆罕默德因病逝世，伊斯兰教称其“归真”，葬于麦地那。此后，他的“哈里发”（意为继任者）们建立起跨欧、亚、非三大洲的阿拉伯帝国，把伊斯兰教传播到阿拉伯半岛以外的广大地区，最终使之由民族宗教发展为世界性宗教。7世纪中叶（唐朝初年），伊斯兰教沿着海、陆两条路线，即海上“香料之路”和西北“丝绸之路”传入中国。元朝时大批穆斯林从陆路移民至中国，与各地居民长期杂居融合，使伊斯兰教更为广泛地传播和发展。

在中国，伊斯兰教又称清真教，主要分布于我国西北部的甘肃、宁夏、新疆、青海等省、自治区。

（二）伊斯兰教常识

1. 教派

主要分为两大派：逊尼派和什叶派。其中，逊尼派是伊斯兰教最大的教派，中国穆斯林大多属于这一派。而与逊尼派对立的什叶派，人数较少，主要分布在伊朗、伊拉克、叙利亚、黎巴嫩、科威特、也门等国。

2. 教义

伊斯兰教的基本教义为“六大信仰”即信安拉，信仰安拉（真主）：是创造和主宰宇宙万物的唯一之神；信使者，穆罕默德是安拉派来的使者，负责传达神意，拯救世人；信天使，天使是安拉的差役，各司其职；信经典，安拉降示的《古兰经》是伊斯兰教根本的经典；信前定，人的一生命运以及世上的一切都是由安拉预先安排确定好的；信后世，人死后，其灵魂不死，通过末日审判，或入天国，或下地狱。

3. 经典及标记

伊斯兰教的经典是《古兰经》和《圣训》。《古兰经》又称《可兰经》，是伊斯兰教最基本的经典。“古兰”系阿拉伯语的译音，意为“诵读”、“读本”。伊斯兰教认为它是穆罕默德在创教过程中向信徒传达的安拉的启示。穆罕默德逝世后由其继任者整理成书。书中记载了穆罕默德的生平和传教活动、伊斯兰教的教义和教规、当时流行的历史传说和寓言、神话、谚语等。《圣训》又名《哈迪斯》，是穆罕默德的言行录，是对《古兰经》的补充和注释。新月是伊斯兰教的标记。

（三）称谓

伊斯兰教信徒称“穆斯林”，无论在什么地方，信徒之间不分职位高低，都互称兄弟，或叫“多斯提”（波斯语意为好友、教友）。对知己朋友称“哈毕布”（阿拉伯语语意为知心人、心爱者）。头上贫穷的穆斯林，一般称做“乌巴匀”（阿拉伯语语意为可怜者）。在清真寺做礼拜的穆斯林，统称为“乡老”。对到麦加朝拜过的穆斯林，在其姓名前冠以“哈吉”（阿拉伯文的音译，意为朝拜者），这在穆斯林中是十分荣耀的称谓。伊斯兰教对宗教职业者和具有伊斯兰专业知识者，通称为“阿訇”（波斯语的音译），它是对伊斯兰教学者、宗教家和教师的尊称。在中国，一般在清真寺任教职，并主持清真寺教务的阿訇，被称做“教长”或“伊玛目”，其中的年长者被尊称为“阿訇老人家”。对主持清真女寺教务或教学的妇女，称做“师娘”。对在清真寺里求学的学生称“满拉”、“海里发”。

（四）主要的礼仪

1. 五功

伊斯兰教规定，任何人只要念诵清真言和遵守“五功”就可以成为穆斯林。“五功”就是伊斯兰教规定必须履行的基本功修。五功分别为念功，即念“清真言”，心念或口念：“万物非主，唯有真主，穆罕默德是真主的使者”；礼功，即一日五次礼拜。每天在晨、晌、晡、昏、宵五个时辰面向麦加方向做礼拜五次；斋功，即斋戒，每年伊历 9 月斋戒一个月，每天从日出到日落穆斯林们不进食，禁止娱乐活动；课功，即施舍，穆斯林要根据自己的收入、财产缴纳定量课税，以救助穷人，我国穆斯林均为自愿捐奉；朝功，即朝拜，穆斯林凡身体健康、有经济能力者，一生中至少应去麦加朝拜一次。“大朝”（正朝）的朝觐时间为伊斯兰教历十二月八日至十二日。“大朝”之日为伊斯兰教的主要节日——宰牲节，我国称“古尔邦”节（十二月十日）。朝觐过的穆斯林被尊称为“哈吉”。除朝觐季节外，任何时候个人都可单独去麦加朝觐，称为“小朝”或“副朝”。

2. 饮食禁忌

伊斯兰教对穆斯林的饮食作了严格规定，如禁饮酒，禁食无鳞鱼，禁食猪肉，禁食被击死、勒死或跌死的动物肉，禁食虎、豹、蛇、鹰、马、骡、驴、狗等禽兽。

3. 大、小净

进礼拜殿前须做大、小净和脱鞋。一般性的礼拜可做小净，即洗净脸和手脚等。大净则是从头到脚依次洗遍全身。在沙漠地带，也可用沙土代替水洗，称为土净或代净。

4. 禁用左手

禁用左手待客敬茶、端饭、握手均用右手，用左手被视为不礼貌。

5. 禁露羞体

伊斯兰教认为，男士从肚脐到膝盖、妇女从头到脚都是羞体。在公共场合，男女穆斯林必须穿着不露羞体的衣服，女性必须戴面纱和盖头。穆斯林的男士多戴无沿小帽，又称“礼拜帽”或“回回帽”。

（五）伊斯兰教的忌讳

伊斯兰教有严格的禁忌，在与之交往中应注意。伊斯兰教徒忌偶像崇拜，只信安拉；禁模制、塑造、绘制任何生物的图像，包括人的形象。穆斯林禁酒喜茶，在接待穆斯林顾客时，最好用罐装饮料，如顾客饮茶，要用清真茶具。交谈时，不要用穆斯林禁忌的字词，如“猪”、“杀”、“死”，等等。到穆斯林家做客时，一般不要主动与妇女或少女握手、注目。对穆斯林的宗教信仰习惯要尊重，尽量不要随意评论。在进入清真寺时，不能袒胸露背，不能穿短裙和短裤，不经阿訇等寺内宗教职业人士批准，非穆斯林不准进入礼拜大殿，不准拍照。在穆斯林做礼拜时，无论何人何事，都不能喊叫拜者，也不能在礼拜者面前走动，更不能唉声叹气、呻吟。给信奉伊斯兰教的人送礼，忌送带有动物形象的东西，他们认为带有动物形象的东西会给他们带来厄运。同时与穆斯林握手或递送礼物不能用左手，更不能用单手，也不能将雕塑、画像之类的物品相赠。

四、道教的礼仪

（一）道教的起源

道教是中国本土宗教，创立于东汉末年，创始人为张陵（又称张道陵），属多神教。东汉顺帝时（125—144 年），四川的张陵自称太上老君授以义道法，命其为天师。他造作道书，创立了“五斗米道”，也叫“天师道”，尊老子为教主，魏晋南北朝时期，北魏的寇谦之（365—448 年）、南朝的陆静修（406—477 年）等道士，对道教做了多方面的改造以适应上层统治阶级的需要：东晋的道教学者葛洪（283—363 年）撰《抱朴子》，丰富了道教神仙思想内容。陆静修的再传弟子陶弘景（456—536 年）整理构造了一个整齐有序的神仙世界，并且主张佛、道、儒三教合流，对后世道教的发展影响极大。隋唐北宋时期，由于皇室扶持，道教发展达到隆盛的顶峰。这一时期，高道辈出，像隋唐时的王知远、孙思邈、吕洞宾，北宋的陈持、张紫阳、陈景元等，都是道教史上有影响的人物。金元时期，北方兴起了全真教派，道教分为全真、正一两大派系，一直延续至今。明代中叶以后，道教逐渐转衰。清代皇帝重佛抑道，使得道教的社会地位更趋衰落。

（二）道教常识

1. 教义

道教宣扬“道”是“万物之母”。“道”是超越时空的永恒存在，是天地万物的根源。被神化了的“道”是道教的核心信仰，是宇宙万物之中最核心的东西。“德”是道的行动。道教追求长生不老、肉身成仙。道教修炼的道劝和方术主要有内养（道教气功）、外养（炼制和服食丹药）和房中术（房中节欲养生之道）等。这些道术包含着许多古化学、医学、医药学和养生学的内容，在客观上为中国古代科学技术的发展做出了一定的贡献。

2. 道教经典和标记

道教的经典是《道藏》，《道藏》是道教经籍的总集，书中收录了除道教经书外，还收集有诸子百家和医学化学、生物、体育、保健以及天文地理等其他方面论著，是中国古代文化遗产的重要组成部分。八卦太极图是道教的标记。

（三）称谓

男教徒称道士，又称道士先生，可称方士、道人、羽人、羽客、羽衣、黄冠、又可尊称为天师、炼师。女教徒称道姑，也可称为女冠。道观的负责人可称为监院或住持，俗称当家的。教外人对道士、道姑可统称道长。

（四）主要礼仪

1. 斋戒

斋戒是道教中较为常见的祭祷仪式，意思是供斋神，祈祷神灵消灾赐福。大致程序是先设坛摆供，而后焚香、化符、念咒、诵经、赞颂。仪式进行中还有烛灯、音乐相配合。

2. 建醮

建醮即作道场。每年清明、农历七月十五日和十月初一要做道场，为羽化的（即死去的）道士超度亡灵。寻常信徒、百姓为了祈福攘灾或追荐亡灵，也可以出资请道士做道场。

3. 作揖

道士不论在与同道或与外客的接触中，习惯以拱手作揖为礼，向对方问好致敬，这是道教传统的礼仪。后辈道徒遇到前辈道长，一般可行跪拜礼或鞠躬礼。非宗教人员遇到道士，过去行拱手礼，现在也可以随俗，用握手问好。

4. 颂经

颂经是道教的主要宗教活动。道士每天要颂经两次，称早晚功课。早颂清净经，晚颂救苦经。

（五）道教的忌讳

我国的道教庙观和佛教寺院，大多地处名胜古迹，所以朝拜者和旅游者比较多。进入庙观，一般应注意以下方面：

行须缓步，语要低声。尊重庙观内的各项宗教设施活动。非经允许，不宜在宗教仪式的坛场内走动。不要随便询问道士，特别是全真派道士的年龄、身世和家庭情况。在道观内，如需摄影则应在规定的区域内进行，不可到处乱拍，非经允许，不要正面对着道士摄影，更不可随便到殿堂里拍摄神像。

粗心触犯了顾客禁忌

某饭店中餐宴会厅，饭店总经理宴请西藏一位高僧。中午 11 点，一群人簇拥着西藏高僧步入厅堂，两名服务员上前迎接，引领顾客入座，并麻利地做好了餐前服务工作，菜点是预订好的，按照程序依次上菜，一切服务在紧张有序地进行。食之过半，顾客要求上主食，三鲜水饺很快端上了桌面。在大家的建议下，高僧用筷子夹起一个水饺放入口中品尝，很快就吐了出来，面色仍旧温和地问："这是什么馅儿的?"服务员一听马上意识到问题的严重性，心里想坏了！事先忘了确认是否是素食。三鲜水饺虽是清真，但仍有虾仁等原料，高僧是不能食用的，忙向高僧道歉："实在对不起，这是我们工作的失误，马上给您换一盘素食水饺。"部门经理也赶来道歉。高僧说："没关系，不知者不为怪。"这次失误虽然很严重，由于高僧的宽宏大度，才得以顺利解决了。但留给服务员的是一个深刻的教训。

案例分析

信仰佛教的人和僧侣，对饮食的要求是严格的素食主义者。素食起源于宗教寺庙，供佛教徒、道教徒及忌荤腥者食用，是以豆制品、蔬菜、植物油为主要原料。而清真菜多以牛羊肉和蔬菜等为主要原材料，烹制成各种适合伊斯兰教的饮食习惯的菜肴。二者是有很大区别的。

由于服务员工作粗心，忽略了"素食"与"清真"的不同，以致为高僧上了有荤腥原料的食品，触犯了顾客禁忌，是严重的失礼。这么严重的失误发生在对 VIP 顾客的接待中，是个沉痛的教训。

经验总结

饭店服务员必须加强业务知识的学习，准确掌握顾客禁忌，不论工作多么繁忙，都要细心地检查每一个环节，认真接待好每位顾客，以避免触犯顾客的忌讳，引起不必要的麻烦。

本章小结

在接待来自不同的国家、地区、民族，有着不同的宗教信仰的顾客时，要求饭店工作人员要尊重其国家、地区、民族的文化，尊重他们的宗教信仰，在此基础上实施礼仪服务。通过本章的学习，主要帮助学生了解中国主要客源国的礼仪、我国主要少数名族的礼仪及宗教礼仪。

一、填空题

1. 德国城市________每年都举办闻名于世的啤酒节。
2. 韩国的国语是________。
3. 日本的国花是________。
4. 日本最高峰是________，被誉为"圣岳"。
5. 东京是日本第一大城市，而________是其第二大城市。

6. 印度的________是伊斯兰建筑艺术的明珠，是世界七大建筑奇迹之一。

7. 墨西哥的象征性植物是________。

8. 日本的教育制度是________年义务教育。

二、简答题

1. 我国的四大宗教是什么?

2. 我国的宗教政策是怎样的?

3. 道教礼仪在我们生活中有哪些表现?

走近饭店

实训项目四：

【实训名称】

模拟接待来自不同国家、民族、宗教信仰的顾客

【实训内容】

在教师的指导下练习用正确的礼仪方式接待来自不同国家、民族、宗教信仰的顾客。

【实训步骤】

1. 由教师布置本次实训任务。
2. 分组并选定组长。
3. 组员讨论并确定本组表演的主题（不同国家、民族、宗教信仰三选一）。
4. 由组长对本组队员进行任务及角色分工。
5. 排练小品。
6. 模拟表演（2 课时）。
7. 组长对本小组案例进行点评。

【实训点评】

1. 采用的方法是否正确?

2. 应该如何注意在实践中运用不同的礼仪手段接待来自不同国家、民族、宗教信仰的顾客。

参考文献

[1] 王晞，牟红．旅游实用礼宾礼仪［M］．重庆：重庆大学出版社，2007.

[2] 文通．新编现代酒店礼仪礼貌星级服务标准［M］．北京：中国纺织出版社，2008.

[3] 张岩松．新型现代交际礼仪实用教程［M］．北京：清华大学出版社，2008.

[4] 金正昆．国别礼仪新说［M］．北京：世界知识出版社，2008.

[5] 羽西．听礼仪专家讲故事［M］．北京：当代世界出版社，2008.

[6] 黄英，苑丽红．旅游与酒店礼仪［M］．广州：广东经济出版社，2008.

[7] 薛建红．旅游服务礼仪［M］．郑州：郑州大学出版社，2002.

[8] 蒋一凤．酒店管理180例［M］．上海：上海东方出版中心，1997.

[9] 徐桥猛，李丽．酒店管理经典案例分析［M］．广州：广东经济出版社，2007.

[10] 徐栖玲，等．酒店服务案例心理解析［M］．广州：广东旅游出版社，2003.

[11] 张永宁．饭店服务教学案例［M］．北京：中国旅游出版社，1999.